Jan Neruda

Die Hunde von Konstantinopel
Reisebilder

TSCHECHISCHE BIBLIOTHEK

Herausgegeben von Peter Demetz,
Jiří Gruša, Peter Kosta, Eckhard Thiele
und Hans Dieter Zimmermann

Eine Initiative
der Robert Bosch Stiftung

Jan Neruda

Die Hunde von Konstantinopel

Reisebilder

Ausgewählt, übersetzt und mit einem Nachwort von Christa Rothmeier

Deutsche Verlags-Anstalt
München

1863

München

Die zwei nackt aussehenden Türme der Frauenkirche, oben in zwei riesigen Birnen endend, und rundherum ein paar nichtssagende Häuser und Häuschen, so zeigt sich München dem Fremden. Und von diesem ersten Eindruck verliert sich wahrlich wenig. Die pfeilschnell fließende Isar verzweigt sich, manchmal allerdings künstlich, in zu viele und zu schwache Arme, als daß die Stadt durch den Anblick eines großen Flusses gewänne. Weit um die Stadt erstreckt sich eine unschöne, unfruchtbare Ebene; erst in den hintersten Nebeln schimmern die schneebedeckten Alpen.

Ich kann nichts dafür, daß mir München nur wie eine Kleinstadt vorkam. Mit Ausnahme einer einzigen, vom schönen, von Bürklein[1] erbauten Bahnhof zur Vorstadt Au führenden Straße sind die übrigen Stadtteile still, einzelne fast tot. Die Geschäfte können sich hinsichtlich Eleganz bei weitem nicht mit den Pragern messen, die Häuser sind vorwiegend häßlich, die Straßen unregelmäßig, schmal, schlecht gepflastert oder ganz ohne Belag. Schön sind nur zwei, die Ludwig- und die Maximilianstraße; doch ist die eine noch unfertig, die andere trotz ihrer Pracht fast zum Gähnen leblos. Hier residiert die österreichische Botschaft, in deren Haus ich – da der »Eintritt in die Kanzlei niemandem gestattet« ist – nur den Herrn Hausmeister und noch irgendeinen ähnlichen Herrn kennenlernte. Die französische Botschaft befindet sich in der lebhafteren Briennerstraße und ist mit sehr höflichen und entgegenkommenden Leuten besetzt, zu denen man sogar direkt in die Kanzlei treten darf.

Um aber zu den Straßen zurückzukehren, ich glaube, die Münchner könnten getrost eines ihrer Siegestore oder die Propyläen oder auch ein Stück der Neuen Pinakothek verkaufen und sich dafür ein bißchen Pflaster, bessere Kanäle und besseres Trinkwasser kaufen. Man würde gar nicht erwarten, hier in einer ansehnlichen Straße mit vielen Palästen nichts als einen Fahrweg vorzufinden, mit Gräben daneben, damit der schöne klebrige Schlamm, sofern er das will, abfließen kann! Mir fielen auf sämtlichen Photographien von München die kotigen Schuhe auf, eine Uniformität, die fast wie ein Nationalkostüm wirkt.

Gebäude sind angeblich Hieroglyphen, Denkschriften, die sich die Geschichte selbst in der Sprache der Steine schreibt. Nun, diese griechischen Bauten in München* kamen mir vor wie eine dekorativ

---

* Die unüberschaubare Menge vortrefflicher Kunstwerke in der Glyptothek, den beiden Pinakotheken, bei Schwanthaler usw., muß ich für eine gelegentliche Beschreibung nach meiner Rückkehr aufheben. Desgleichen auch Regensburg und vor allem die Walhalla, wo gleich die erste »Viktoria« von Rauch, ein wahres Wunderwerk der Kunst, zu mannigfaltigsten Kommentaren herausfordert. Unterwegs reicht die Zeit nur für flüchtige Notizen.

ausgeführte griechische Schrift um das schülermäßige deutsche Kurrent herum. Der Kalligraph war König Ludwig. Er hatte den besten Willen und echten ästhetischen Takt; er hat auch Wunder bewirkt und den raren Reichtum von Kleinodien hierhergeschafft – aber wer ist für die Kurrentschrift verantwortlich! Ein Florenz wollten sie aus München machen, doch fehlten ihnen dazu ein paar Kleinigkeiten, zum Beispiel das Florenz in seinen nichtkünstlerischen Teilen, die Florentiner Geschichte, der Florentiner Himmel und das Florentiner Volk. Ludwig hat Wunder bewirkt, und dennoch haftet allem der Charakter von Gemachtheit an. Ärmere und kleinere bayerische Städte wie Regensburg sind dadurch, daß sie historisch langsam gewachsen sind, schöner.

Der Münchner Himmel hat noch krausere Einfälle als ein Karikaturist der »Humoristischen Blätter«[2]. Im Winter fällt haufenweise Schnee, um sich taschenspielerartig im Nu in originärsten Schlamm zu verwandeln, und im Sommer scheint die Sonne nur, damit die Leute die Regenschirme zu Hause lassen und die Sonne sie nach einem Regenspritzer selber trocknen kann. Die klimatischen Verhältnisse sind mannigfaltigster Art, ja, man erzählte mir, es wäre im Winter sogar das Wehen des Schirokkos zu spüren.

Landschaftsmaler delektieren sich an den eigenartigen Wolkenformen, dem purpurnen Morgen- und Abendrot. »Der Abschluß der Maximilianstraße durch Maximilian gefällt mir nicht«, sagte ich jemandem, »etwas Offeneres wäre hier passender.« – »Mir hat es auch nicht gefallen«, antwortete er, »solange ich es nicht bei gerötetem Himmel sah.«

An den Menschen, vor allem den Frauen, delektieren sich die Künstler schon weniger. Gesunde, kräftige Männer gibt es in Hülle und Fülle, und an Herkulesmodellen herrscht keine Not; um so schlechter bestellt ist es aber um die Venusfiguren. Die Mädchen haben zwar fast durchweg gefällige Gesichter, aber flache Brüste, sie haben große Füße, keine Waden, wo es auf den kotigen Straßen doch so viel Gelegenheit gäbe, sich damit zu brüsten! Ich sah eine einzige wirklich schöne Frau. Wie eine blonde Walküre ging sie würdig und stolz einher. Ihr Blick war verträumt, das Haar weich, das Antlitz samtzart, sie war hochgewachsen, schlank und dennoch kräftig – eine wahre Hermannstochter. Sie verkauft Obst.

Sich geschmackvoll zu kleiden, verstehen hier weder die vornehmen noch die weniger vornehmen Frauen. Bei den zahlreich nach München kommenden Provinzlerinnen erkennt man vor lauter Tracht nicht einmal die Figur. Sie tragen unterschiedlichste Kopfbedeckungen, wie Schmetterlinge gebundene Tücher, niedrige Hütchen auf Tiroler-, hohe Mützen mit Pelz auf Grenadierart und schließlich nur Häubchen, um den Zopf zu bedecken, silberne oder goldene »Riegelhauben«, die die Form eines in zwei Zipfeln auslaufenden Männerbarts haben. Die Volkstracht behauptet sich ungebrochen bis nach München herein. Auf Männerköpfen entdeckte ich viele flache runde Hüte mit schmaler Krempe, ebensolche wie die, zu denen wir in Prag den breitkrempigen Slawenhut verunstaltet haben. Auf den kurzen Jacken tragen sie statt Knöpfen eine derartige Menge österreichischer Silberzwanziger, daß es mir als einem braven österreichischen Untertanen fast den Magen hob. Man merkt erst hier, um wieviel wir in Österreich gebildeter sind; wir kämen gar nicht auf die Idee, derart anzugeben.

Ich hätte ihnen die Geschmacklosigkeit erklärt, wären die Bayern nicht so schreckliche Grobiane. Man kann ihnen gar nichts erklären, weil sie einen sofort vor die Tür setzen. Diese Grobheit wird im bayrischen Dialekt »Gemütlichkeit« genannt. Hier ist jeder gemütlich, derjenige, der einem auf der Straße das Fell über die Ohren zieht, derjenige, bei dem man etwas kauft, und auch der, der einen bedient. Eine Kellnerin, die mir auf einen Gulden herausgab, hatte unterdessen mit dem neben mir sitzenden Gast, der sich mit seinem Bekannten unterhielt, folgendes Gespräch: »Können Sie nicht das Maul halten, wenn ich rechne? Ich lass' mich doch nicht von Ihren blöden Reden durcheinanderbringen!« Ich empfahl mich ihr so unterwürfig wie möglich, erkühnte mich, ihr einen Sechser Trinkgeld zu geben, und gleich war sie »ungemütlich«; sie öffnete den breiten Mund zu einem Lächeln und sagte zu mir: »Kummen's boald wieder!« Der Gast dort aber murmelte etwas, was sich ausnahm wie: »Wegen so an lumpigen Ausländer! 's ischt so a Pollacke!«

Ansonsten ist das Volk gutherzig, redlich und vertrauensselig. In den Kaffeehäusern beispielsweise, sowohl in weniger als auch mehr eleganten, sah ich niemals, daß ein Gast die Kellnerin zum Zahlen gerufen hätte, wenn sie nicht gerade neben ihm stand. Er legte den Rechnungsbetrag auf die Untertasse und ging fort; die Kellnerin nahm nicht einmal Notiz von ihm und sammelte bei Gelegenheit das Geld ein. In den Münchner Cafés bedienen ausschließlich Frauen, und der Kaffee wird auf französische Art erst am Tisch aus großen Kannen eingegossen.

Ja, bezüglich der Tracht muß ich noch eine Eigenheit erwähnen. Einen Zylinder tragen hier als besonders markantes Kleidungsstück nur die Schornsteinfeger. Die schwarzen, rußigen Gestalten mit der Leiter über der Schulter und dem Seidenkamin auf dem Kopf sehen sehr gut aus.

Soldaten sind ausnahmslos mit Zeug aus blauem Tuch bekleidet. Allerdings konnte ich in ihrer weniger geschmackvollen Aufmachung keinerlei größeren praktischen Nutzen als bei uns entdecken. Das Waffenvolk ist durchweg jung; kaum gedrillt, wird es beurlaubt. Leibesübung ist beim Militär ein wichtiger Gegenstand.

Schicker ist nur die Leibwache, besteht aber überwiegend aus grauhaarigen, alten Leuten. Den Polizeidienst versieht die Gendarmerie, die auf der Straße jeden sehr wachsam mustert und einen Verdächtigen augenblicklich nach Ausweisen fragt. »Spitzl« heißt man hier nur ein gerades Kipfel, mit oder ohne Salz.

2

Sowohl beim bayerischen Landbewohner als auch beim Städter zeigt sich Wohlstand. Ersterer versteht es, auch wenn er unfruchtbaren Boden besitzt, durch ständigen Fleiß und Gebrauch verschiedenster Mittel trotzdem viel aus ihm herauszuholen. Dörfer sind hier sehr selten, und ein Bahnpassagier erblickt erst dann eines, wenn er in Böhmen schon das sechste gesehen hätte. Ein starker Handel existiert in München nicht, die Eisenbahnen verdienen hauptsächlich am Transportgut. An den ankommenden Ausländern profitieren aber die Münchner viel. Und was sie hinzuverdienen, verstehen sie mit Ererbtem zu verbinden und zu erhalten.

Der Münchner ist in seinen Bedürfnissen bescheiden, nur beim Biertrinken nicht. Bier ist der wichtigste Gesprächsgegenstand, Bier und Wirtshausleben ersetzen das Familienleben. Kleinere Gesellschaften, ein Gesellschaftsleben, das beide Geschlechter in weniger umfangreichen Kreisen ergötzt, gibt es nicht; wie könnten Frauen und Töchter auch alleine Gäste empfangen, wenn der Vater mit den Söhnen im Wirtshaus ist! Der Münchner ist fürwahr konservativ, geradezu erschreckend konservativ, was schon der historische Schmutz des »Hofbräuhauses« belegt; verteuert sich aber das Bier um einen Kreuzer, beginnt sein Blut von einem derartigen sozialen Mißstand zu kochen, der brave Untertan wird zum schrecklichen Sansculotten, und es hat schon Fälle gegeben, daß sogar Kanonen herangeschafft werden mußten, um die Leute von den Straßen – in die Wirtshäuser – zu scheuchen.

Das Hofbräuhaus bietet angeblich Gelegenheit, das bayerische Volksleben zu studieren; doch würde das Leben des Volkes dann aus nichts anderem als aus viel Schmutz und viel Durst bestehen. Stellen Sie sich das dreckigste Prager Brauhaus noch einmal so schmutzig vor, und Sie haben einen nebulösen Eindruck vom »Hofbräu«-Schmutz; stellen Sie sich den durstigsten Prager noch fünfmal so durstig vor, und Sie haben den Embryo eines »Hofbräu«-Trinkers.

Um einen leeren Krug wird gekämpft wie um die Leiche des Patrokles. Der glückliche Sieger wäscht und spült eigenhändig den Leichnam sorgfältig am Brunnen, zahlt, nachdem er devot um den Transport zum Faß gebeten hat, einen Obolus und merkt sich die eventuell bis in die Tausende gehende Zahl gut, um nicht trotz vorangegangener Bezahlung um seine mit neuem Leben gefüllte Beute zu kommen. Auf den schmierigen Bänken ist meist kein Platz, dafür steht es sich dann im reichlichen Schlamm um so weicher. Personen aus den verschiedensten Klassen, einfache und vornehme, sah ich hier. Erzählungen nach soll hie und da sogar mancher Minister hier einkehren. Nun, das Leben des Volkes ist eben ein volkstümliches, und beim Schmutz wieder gilt das alte »anti gustibus«, das schon bei so vielem in Kraft war.

Und worüber die Leute reden beim Bier? Großenteils von nichts, und um das Nichts ranken sich andere Nichtigkeiten als Arabesken, »grau in grau«. Gebildeten ist aber anzusehen, wie es ihnen zum Vorteil geraten ist, daß sie nicht vorher Deutsch lernen mußten, bevor sie anderes lernten.

Der hiesige Adel zeichnet sich durch nichts Besonderes aus.

Zeitungen werden im Durchschnitt weniger gelesen als bei uns, obwohl sie in den Kneipen reißend Absatz finden. Regierungsblatt ist die »Bayerische Zeitung«, mit einer Aufmachung und wissenschaftlichen Beilage wie unsere »Wiener Zeitung«, aber von weit objektiverem Inhalt.

Ferner der »Münchner Bote«, der »Landbote«, der ultramontane »Volksbote« und der »Bayerische Kourier«. Die Großdeutschen haben die »Isarzeitung«, die Nationalen die »Neuesten Nachrichten«. […] Die »Neuesten Nachrichten« werden in Wirtshäusern ausgetragen und verkauft; für einen Kreuzer bekommt man ein ganzes Bündel dieser bedruckten Achtelbögen, drei Seiten bringen schlecht zusammengestellte politische Nachrichten, und etwa einen Bogen machen Inserate aus. Alles wird hier inseriert, daß ein »Bub zum Kegelaufstellen gesucht« wird wie auch »daß eine honette Weibsperson sich zu Spaziergängen ins Versatzamt anbietet«. Der »Münchner Vergnügungsanzeiger« ist ausschließlich ein Inseratenblatt, die »Süddeutsche Zeitung« ist, glaube ich, nach Frankfurt übersiedelt. Von den humoristischen Blättern ist Ihnen schon der »Münchner Punsch« gut bekannt, detto die »Fliegenden«; begehrt aber nicht, auch »Stadtfraubas«[3] kennenzulernen, es sei denn, Ihr hättet nicht schon von »Hans-Jörgel«[4] genug.

Der sich beim Provinzler in der Tracht, beim Städter in der Gesinnung manifestierende Konservatismus ist eng verbunden mit einem tiefen religiösen Gefühl. Wer in kurzer Zeit, ohne viel herumzureisen, Kirchenstile studieren möchte, findet in Bayern alles konzentriert in einem kleinen Gebiet, in München. Es gibt hier wunderschöne Gebäude in strengstem byzantinischen, gotischen, Renaissance-, mittelalterlich-deutschen Stil wie auch die kuriosesten Mischungen aller miteinander. Und in allen fand ich Massen von Frommen vor, und die großen Kassen mit der Aufschrift »Peterspfennige« blieben nicht leer.

Wieweit sich die einzelnen unter dem Zepter der Wittelsbacher vereinigten deutschen Stämme vertragen, ist schwer genau zu bestimmen; der Schwabe zumindest kennt Raine und Bäche, hinter denen schon der eigentliche Bayer wohnt, bis ins Detail. Und der Bewohner der Pfalz sagt, wenn man ihm einen Sohn abführt, er sei »zu die Bayern« gegangen, wiewohl das von keinem allzu innigen Gemeinschaftsgefühl zeugt. In einem sind sie sich aber einig und gleichsam zusammengeschweißt, im gemeinsamen, leidenschaftlichen, manchmal fast vulgären Haß gegenüber allem, was norddeutsch, vor allem aber preußisch ist. Angst vor dem mächtigen, großen, heiligen Deutschen Reich gibt es bei uns zwar überhaupt nicht, doch sogar dieses Überhaupt-nicht ist noch zuviel. Wenn nicht ein Nicht-Deutscher Deutschland vereinigt, wird es nie vereinigt werden; der Haß ist zu groß, und ich selber war Zeuge der heftigsten Streitereien, wie es sie bei uns nicht einmal zwischen Tschechen und Deutschen gibt. Würde auch jeder Gassenjunge in Deutschland die Phrase »Das ganze Deutschland muß es sein« kennen, bliebe es dennoch eine bloße Phrase, und es ist das Unglück der Deutschen, zu viele schöne Phrasen zu haben und sie schon als Tat zu nehmen. »Das ganze Deutschland muß es sein!« ruft der Deutsche begeistert, und dann läßt er den Kopf hängen und fügt hinzu: »Uns fehlt ein Mann!«

Warme Sympathie empfindet der Bayer nur dem Österreicher, wiewohl dem deutschen Österreicher gegenüber, uns kennt er nicht. Sein höchstes Ideal ist es, sich einmal Wien anzusehen. [...]

Pariser Bilder

I
Von Notre-Dame aus gesehen

Paris, Ziel meiner Sehnsucht, Zauberschloß meiner Phantasie, altes und ewig neues, verdammtes und gesegnetes, Tausende und Abertausende Male genanntes Paris! – Eilig bin ich die finstere Turmstiege von Notre-Dame hinaufgehastet, stütze mich nun fast atemlos auf das Geländer und möchte mit einem einzigen Blick dieses ganze steinerne und dennoch lebendige Rätsel erfassen.

Unter mir und sich weit vor mir ausdehnend erstreckt sich ein Meer von Gebäuden, sogar der höher gelegene Père-Lachaise und der windige Montmartre verschwinden in der Ferne, die toten Mauern ihrer Grabmäler sind eine beständige Fortsetzung der Stadt, gewissermaßen ein Zeichen der Besinnung nach einem vor Geist sprühenden Satz. Nur dort am nebligen Horizont sehe ich einen dunklen, schmalen Strich, der andeutet, dieses Häusermeer habe auch Ufer.

Von unten dringt ein Tosen wie von einem riesigen Wasserfall herauf. Das glänzende Band der Seine windet sich unter zahllosen Brücken hindurch, die

Seine fließt schnell und laut, das einen hier bestürmende gewaltige Tosen stammt aber von einem lebendigeren und heftigeren Strom, der durch ganz Paris jagt und wirbelt und hinreißende Ströme von hier in die ganze Welt schickt. Wollte man die Pariser Straßen der Länge nach aneinanderreihen, würden sie, heißt es, bis Augsburg reichen, – mag sein, fest steht hingegen, daß es dann zwischen Paris und Augsburg turbulenter zuginge. Paris ist der Kopf und das Herz Frankreichs, die Wiege eines großen Volks.

Die französische Geschichte und die französische Literatur, besonders die Romankunst, sind bestens bekannt, die Eindrücke für jemanden, der Paris zum ersten Mal sieht, somit höchst vielfältig und stark. Zum Glück hatte ich mir die sich in der Mitte der Stadt erhebenden Höhen von Notre-Dame ausgesucht, auf denen ein fortwährendes Lüftchen die Wangen kühlt und von wo man beobachten kann, wie die unstete Pariser Sonne Gold und Schatten durch die Stadt streut, – in ihrer Wechselhaftigkeit das beste Bild für die französische Geschichte. Hunderte von Parallelen flackern auf vor unserem Geist, ein von großen Taten erfülltes Jahrtausend pocht an die Tore unseres Gedächtnisses, die große Zeit der römischen Weltherrschaft, die Zeit der Kapetinger, der Absolutismus, die Republik, Cäsar Bonaparte, die Restauration – »le grand petit Napoléon«[1]!

Wir befinden uns auf der Seine-Insel, wo sich einst auf Sumpfland das Lager der Römer, Lutetia Parisiorum, befand. An der Stelle der heutigen Kathedrale Notre-Dame stand einmal ein heidnischer Tempel, erst Ende des zwölften Jahrhunderts wurde der Grundstein zu einer christlichen Kirche gelegt. Hier oben umringen einen grinsende und fratzenschneidende phantastische Monstren aus Granit, Schöpfungen christlicher Symbolik und der persönlichen Phantasie sowie des Humors des Erbauers, schon fünf Jahrhunderte hindurch vom Regen bespült und von Gewittern geschüttelt, und ein Stück weiter unten restaurieren und vollenden Napoleons Arbeiter die Kathedrale, ein Beweis, daß unsere Zeit, obschon von keinem lebendigen religiösen Gefühl durchdrungen, den Sinn für die historischen Denkmäler der christlichen Kunst dennoch nicht verloren hat. Und von den Türmen der Notre-Dame hat die mächtige »Bourdon«* ihre tiefen Klänge schon in zahllose Feiertage und tausenderlei Aufruhr gesandt.

Blicken wir hinab. Im vorerst von der Hand des Reformators noch unberührten Teil sieht man noch ein altertümliches Haus, den Schauplatz des Ursprungs eines ergreifenden Unglücks, Abälards und Héloises verherrlichter Liebe. Auf der anderen Seite breitet sich ein ödes Trümmerfeld aus, die ehemalige City, Schauplatz von Sues Mysterien[2], Pariser Morden und Diebstählen, wo man noch beim Abbruch der durch Sue berühmten Kneipe »Zum weißen Kaninchen« vierzehn menschliche Skelette entdeckte. Daneben steht immer noch die alte Morgue, in der die gefundenen Leichen Unbekannter öffentlich ausgestellt werden, und einige Schritte weiter das Palais de Justice, wo man seit jeher Verbrecher verurteilt.

---

* Angeblich wird jede mindestens 300 Zentner wiegende Glokke »Bourdon« genannt.

Die alte City wird abgetragen, auch andere Stadtteile wurden schon niedergerissen, das historische Paris verschwindet, alles nur auf Befehl des derzeitigen Herrschers, auf daß Paris schöner würde und vor allem damit Paris beschäftigt sei. Arbeiter sind gefragt, sie haben Arbeit und Verdienst – haben dem zum Trotz ihre Köpfe aber nicht in die Taschen gesteckt, sie werden bei den Wahlen die unliberale Regierung stürzen, und es gibt keinen einzigen, der beim Gang durch die Tuilerien nicht den Blick über die Säulen schweifen ließe, auf denen die schwarze Schrift der Republik »Freiheit, Gleichheit, Brüderlichkeit« durch den Verputz schimmert. [...]

Dort, gegen Norden, wölbt sich eine hohe Kuppel über der Gruft des ersten Napoleon. Der Staub des Welterstürmers modert in einem Marmorsarkophag, durch eine gelbe Scheibe fällt magisches Licht auf ihn; vor der Gruft promenieren, die Brust mit Orden bedeckt, runzlige Greise mit vergilbter Haut – rührende Überreste der »großen Armee«. [...] Noch weiter weg, am Ende der Champs-Élysées ist der wunderschöne, turmhohe und wie ein Pantheon reiche »Triumphbogen«, der vom Ruhm der Bonapartisten kündet. Er bietet eine weite Aussicht, man kann von ihm sowohl sehen, wie unten auf den Champs-Élysées das Volk auf die Stühle steigt, um die Kaiserin zu erblicken, als auch wie am anderen Ende der Stadt, wo früher die Bastille stand, der Wind an dem auf den Zehen balancierenden goldenen Engel auf der »Julisäule« rüttelt.

Die Dynastien wechselten, die Regierungsformen änderten sich, jähe Umstürze fanden statt, so daß in den Ämtern oft nur der Hauswart, der Kanzleidirektor und die aus den Fenstern wehende rauchgeschwärzte Trikolore unverändert blieben; die Trikolore aber ist der rote Faden der bewegten französischen Geschichte, und Königshäuser, Republiken und Kaiserreiche kümmerten sich einzig darum, Frankreichs Fahne immer glorreicher wehen zu lassen.

Die Beweglichkeit, die Umschwünge usw. schreiben viele der französischen Unbeständigkeit, dem französischen Leichtsinn zu. Nun ja, wer dieses Volk nur anschaut, sei es von weitem oder auf einem der belebten Boulevards sitzend, wer oberflächlich schaut, für den scheint hier das Leben zwar reich, aber zwecklos zu perlen; trotzdem glaubt aber auch dieser Zuschauer bereits feurigen, schäumenden Champagner zu trinken. Der Franzose lebt vor allem, er verliert sich nicht in Abstraktion, er schafft nicht bloß theoretische Systeme, sondern setzt sie auch in die Praxis um, ja er vergießt sogar sein Blut für sie. Wer würde ihn nicht beneiden, daß er dennoch und gerade deswegen das Leben in vollen Zügen genießt. Sein Leben gleicht einem ewigen Festmahl; er amüsiert sich zwischen erlesenen Speisen und Getränken mit geistreichem Witz, redet sich dann manchmal in einen Streit hinein, wobei freilich vorkommt, daß er den Wirt hinauswirft, hieße dieser König, Präsident oder sonstwie. Schlag aber ein Geschichtsbuch auf, es wimmelt überall von denkwürdigen Taten Frankreichs, schlag ein Lexikon berühmter Männer auf, die relative Mehrheit stammt aus Frankreich.

Der Franzose findet sein Genüge an seiner französischen Welt. Ihre Geschichte ist bedeutend, schön, ihre Literatur genügt ihm, ebenso die anderen Künste und die Wissenschaft, sein Land bietet ihm fast alles, das Fehlende bringt man ihm, ohne daß er sich anstrengen müßte, seine Mode und seine Exzentrizität werden von der Welt nachgeäfft. Von alldem ist Paris ein zwar kleineres, aber überreiches Bild. Paris bietet dem Gebildeten und auch dem Arbeiter alles, wessen sie bedürfen, und Figuren wie etwa der Mann, der sein ganzes Leben in der Gemäldegalerie des Louvre verbrachte, und jener andere, der sein ganzes Leben lang durch die reiche Säulenreihe im Palais Royal wandelte, gibt es hier genug. Begibt sich ein Franzose außer Landes, wird er in der ganzen Welt Menschen finden, die seine Sitten und seine Sprache kennen, und sollte ihn jemand aus dem Ausland besuchen, hat er sich schon vorher befleißigt, sich mit seinen Sitten, seiner Sprache und seiner Geschichte vertraut zu machen.

Die Geschichte der französischen Kultur ist ebenso bunt wie die politische Geschichte. Der Franzose lebt schnell und ausgiebig, alles kristallisiert sich bei ihm rasch heraus, ist es doch schon lange her, daß er noch bei Griechen, Römern, Italienern und Spaniern bettelte! Er hatte es bald zu einer eigenen Kultur gebracht, und strenges Christentum wie offener Atheismus, klösterlich-asketische Moral und die Beseitigung von Begriffen wie Tugend und Scham, höchste Aristokratie und strengste Demokratie, Puder und das sich der Natur bemächtigende »Hôtel Rambouillet«[3], Idyllen und Mysterien, alles verschmolz zu einer neuen, spezifischen Welt, deren höchster Kristall Paris ist.

II
»Flâneur« und »ouvrier«

Ein Ameisenhaufen gäbe kein gutes Bild ab für das Leben an öffentlichen Orten; in einem Ameisenhaufen arbeitet jeder, in Paris arbeiten viele, viele führen aber auch ein Faulenzerleben. Wie Pfeile bahnen sich beschäftigte Menschen ihren Weg durch die dahinströmende Menge, laufen geschickt zwischen Hunderten von Wagen hindurch; Kaufleute, Vertreter, Beamte schwirren in Ausübung ihres Berufs hin und her, springen mit einem Satz auf den Omnibus und wieder ab, stoßen tausendmal mit Leuten zusammen, ohne Zeit zu haben, sich mit einem hervorgestoßenen »Excusez!« zu entschuldigen. Eine unterschiedliche Stunde ruft auch nach unterschiedlichen Leuten. Morgens um drei sind schon die Märkte bevölkert, später strömen die Arbeiter, dann das Militär auf die Straßen, schließlich der weniger bedeutende Geschäftsmann, der Beamte, erst zu Mittag reist der Bankier aus seiner Villa an, in der Hand einen Packen Zeitungen und Börsenzettel tragend, die er schon auf den Eisenbahnstationen gekauft hat. Wir sehen ihm an, daß er noch »nicht genug hat«, denn der Franzose arbeitet gewöhnlich so lange, bis er glaubt, es würde schon reichen zum Leben und für die Kinder; und war er verschwenderisch oder hat er Verluste gemacht, arbeitet er neuerlich.

Alle diese Leute interessieren uns aber wenig, da sie nichts Besonderes an sich haben und wir alles an ihnen schon kennen, trägt doch Europa Rock, Haar und Nägel ihrem Vorbild gemäß! Interessanter sind schon jene Leute, die sich zwar äußerlich nicht im geringsten von ihnen unterscheiden, wohl aber durch den inneren Drang zur Arbeit – die ewig genug und ewig nichts haben. Mit olympischer Ruhe, mit unbeschreiblichem Selbstbewußtsein sitzt der »Flâneur« vor einem Café auf einem Boulevard und streicht sich elegant über den Bart; die Flut der Arbeitenden wälzt sich an ihm nur zu seinem Vergnügen vorüber, er verachtet die ganze Welt, nur den Kellner nicht. Sein Selbstbewußtsein ist ein wahrer Diamant, ist er doch als Mitglied der großen Flaneurszunft der Held von in alle Sprachen übersetzten Romanen, verherrlichen ihn die Chansons von Ménétriers, von Désaugiers, Dennery und Granger und singt ihm mit der Melodie eines beliebigen Contredanse jeder vorbeigehende »Gamin«[4] die ihn feiernde Hymne und den Refrain:

Moi, je flâne,
qu'on m'approuve ou me condamne!
Moi, je flâne,
je vois tout,
je suis partout.

Als »flâneur« hat er Gleichgesinnte auf der ganzen Welt mit einem prägnanten Namen versehen, ihnen wenigstens eine Kastenbezeichnung gegeben, auch wenn sie sich nirgendwo anders zu einer so mächtigen Zunft zusammenschließen können wie auf dem fruchtbaren Pariser Boden; und als »Bohemien« wiederum hat er uns Tschechen um den ganzen Namen gebracht, so daß uns der Franzose weder geographisch noch ethnographisch kennt.

»Moi, je flâne!« denkt er sich morgens um sieben Uhr, wenn er, von der Schwüle aus dem Bett getrieben, gähnend vors Haus tritt und seine Schritte zu den nächsten Milchfrauen lenkt, um von ihnen Neuigkeiten aus der Villegiatur, der Sommerfrische seiner Pariser Bekannten, zu erfahren. Ein Glas Wasser und eine Zeitung sind ein einfaches, aber gesundes Frühstück; in den Kaffeehäusern ist er der erste Leser der Zeitungen, und auf dem »ewigen Moniteur«[5] schläft er sich oft am süßesten aus. Ebenso fleißig liest er die »kleinen Anzeigen« von entlaufenen Hunden und anderem Verlorengegangenen, das er bei seinen Spaziergängen zufällig finden könnte. Ohne ihn gibt es auch weder eine Militärparade noch eine kirchliche Prozession, er ist bei Begräbnissen und Hochzeiten dabei, inspiziert öffentliche Bauten und hört sich alle interessanteren Gerichtsprozesse an. Der Flaneur kennt jede Livree, jeden Titelträger, jeden Gelehrten, in seinem Gehirn wohnt eine ganze Genealogie. Auf den Kais begutachtet er wie ein Gelehrter die Stände der Bouquinisten, liest je nach Bequemlichkeit irgendein Buch und kennzeichnet dann die zuletzt gelesene Seite mit einem Eselsohr, um morgen weiterlesen zu können. Freie Zeit füllt er aus, indem er auf Parkbänken liegt oder von einer Brücke in den Fluß spuckt; zur Mittagessenszeit besucht er einen seiner Bekannten. Abends spielt er dann im Kaffeehaus Domino und macht mit irgendeinem alten Dummkopf Frieden oder Krieg, allerdings beim Bier.

Der Flaneur ist aber nur ein blaues Steinchen im Mosaik des fröhlichen, faulenzenden und genießenden Paris; der Flaneur ist nur für jene Reiseschriftsteller eine willkommene Figur, die Paris entweder aus englischer Trampeltierhaftigkeit oder aus deutscher Arroganz lediglich hinsichtlich seiner leichtsinnigen Seiten beschreiben und dabei zum Beispiel nicht einmal einräumen, wie charmant diese Leichtsinnigkeit in so vielem sei; der Flaneur schließlich ist ein Graus für alle Moralisten mit moralischer Schminke und ein kostbares Gewächs für jene, die ihn in Unkenntnis von Paris von anderen Gewächsen gar nicht unterscheiden können. Ein ganz anderes Gewand allerdings als der französische Rock des Flaneurs ist die französische Arbeiterbluse, von der unsere Vorfahren, wenn sie draufgängerisch aus Frankreich zurückkehrten, stets zu erzählen pflegten und die in der bunten Menge des Pariser Lebens für den Ausländer bis heute am auffälligsten ist. –

Die blaue Bluse des Pariser Arbeiters wurde Geschichte. Sie wehte auf den gewaltigen Barrikaden der ersten großen französischen Revolution, die übrigens bis jetzt die »erste« und noch nicht beendet ist, sie schimmerte in den vordersten Reihen, als Karl X. lächelnd aus einem Fenster in St. Cloud auf den in der Ferne über den Pariser Dächern schwebenden Kanonenrauch blickte, und die blaue Bluse blähte sich im Junilüftchen, als 250.000 Gewehre vier Tage lang aufeinander losdonnerten. Frei wie seine Bluse ist der Geist des Arbeiters, und von der Überzeugung ist es nicht weit zur Tat. »Die Arbeiter sind bewaffnet – das bedeutet Revolution«, sagte Graf Mortemart und drängte zum Angriff! – »Nur eine Zusammenrottung«, lachte Karl X.[6] – und einige Stunden später war es mit dem Königtum schon vorbei. Der Ruhm

Frankreichs ist für den »Ouvrier« überaus wichtig, dem Ausland gegenüber beschützt er freilich jede bestehende Ordnung, jede Dynastie. [...]

III
Mosaik der Menschen und des Lebens

Manchmal stößt der Strom des Pariser Lebens an ein Hindernis, und es entsteht ein Wirbel. Die Wellen kreiseln, und die Menge bewegt sich nur da und dort ein kleines Stück weiter. Statt Okeaniden auf einem Sandstrand sind hier alte Weiber mit gebackenen »Gottesgnaden«, statt Äolus[7] auf einem Felsen steht hier ein zerlumpter Mann mit Pariser Jahrmarktsliedchen. Bleiben wir stehen, wir sehen ein Stück Pariser Lebens, den bunten Schaum auf den wirbelnden Wellen.

Wir befinden uns auf einem weiten, von neuen Gebäuden umgebenen Platz, auf den Boulevards münden. Würden wir den weichen Boden wegschieben, auf dem die Omnibusse leise dahinsausen, fänden wir noch weicheren, mit Blut getränkten Boden; würden wir die Augen schließen, erschauderten wir, wenn uns jemand sagte, daß wir dort stehen, wo die Bastille gestanden hat. Schauen wir aber mit offenen Augen, lächelt alles ringsum wie ein Neugeborenes, und nur die schwarze, schwindelerregend hohe Säule in der Mitte des Platzes ist ein strenges Memento aus vergangenen Zeiten. Um die Skulptur winden sich als rührende Arabesken die Namen jener, die in der Julirevolution fielen, – vielleicht denkt auch jener Soldat dort oben an sie, der langsam um den zitternden Freiheitsengel herumgeht!

Aber fort mit den Gedanken, die schrille Stimme des sonnenverbrannten Burschen auf einem kleinen Wagen würde uns ohnehin unliebsam aus dem Nachdenken herausreißen. Neugierig umringt ihn eine Menschenmenge, man lacht über ihn, hört aber trotzdem zu. Das Gesicht des ausgemachten Maulhelden ist von männlicher Schönheit, sein Blick funkelnd und lebhaft; die Farbe seiner Haut hingegen bewegt sich schon jenseits kaukasischer Grenzen, um seine flinke Zunge würde ihn auch der schlagfertigste Komiker beneiden, und seine Bekleidung ist eine Tropenphantasie. Auf seinem Kopf wehen Straußenfedern in siebenerlei Farben, Indianerschmuck, das Haupt umschließt ein breites, emailliertes Diadem, aus dem Ketten daumengroßer gläserner Edelsteine hängen; seinen Körper umfließt ein stolz herabwallendes loses Gewand aus abgenütztem Samt, und auf seiner Brust schaukeln Vliese und Orden aus glänzendstem Katzengold. In der einen Hand hält er eine halb gewetzte Sense, in der anderen ein Rasiermesser, bald haut und schneidet er mit dem Rasiermesser in die Sense, bald wieder mit der Sense in das Messer. Seine Sprache ist mit Bildern gespickt, was er mit einem einzigen Wort sagen könnte, sagt er mit fünfzig, sogar wenn er davon spricht, wie man auf den Wetzstein spuckt, klingt es blumig. Er verkauft Schleifsteine und Salben, ist aber auch zufrieden, wenn ihm die Zuhörer nach einer viertelstündigen Erklärung umsonst ein paar Adressen seines Herrn abnehmen. Dann setzt er das Diadem ab, wirft sich einen leichten braunen Mantel über und wartet, bis seine Lunge wieder in Ordnung kommt. Diese kostümierte Scharlatanerie hat in Paris ein gewisser Bleistiftverkäufer ins Leben gerufen; nun hat er schon viele Nachahmer, und gleich neben dem Indianer steht auf einem anderen Wagen ein Ritter in voller Rüstung und mit heruntergelassenem Visier. Warten wir ein Weilchen, bis er das Visier aufklappt und uns mit einem Katarakt von Wörtern beweist, wir müßten ihm für zwei Sous ein illuminiertes Bild abkaufen. Zwei Sou,* das ist nicht viel, wenn man dafür die angenehme Überzeugung gewinnen kann, die deutschen Krähwinkeliaden seien genauso den französischen nachgeahmt wie die originale Wiener Lokalposse der noch originaleren Pariser. […]

Andere Wirbel bilden sich dort, wo, wie im Jardin du Luxembourg, Alte und Junge, Vornehme und Geringe sich am Ballspiel ergötzen, wo sie, wie am Palais de Justice, bei Gerichtsprozessen ihre Nerven anspannen und wo sie, wie bei der Morgue, weinen und klagen. Die Morgue ist ein kleines, niedriges Gebäude dicht neben der Seine, welche ihr die meisten Opfer liefert. Wo immer man in Paris eine unbekannte Leiche findet, wird sie in die Morgue gebracht. […]

Gehen wir über die Brücke Saint-Michel und dann durch die Gasse rechts, sind wir in einem neuen, aber lebhafteren und fröhlicheren Wirbel, befinden uns unter Studenten, die aus einer Medizinvorlesung kommen. Der Pariser Student, berüchtigt und unverbesserlich in seiner wilden Ehe mit den Grisetten, in

* Sou = 5 Centimes = 2 Kreuzer

seiner entschlossenen und auch in schlimmsten Zeiten mächtig explodierenden Liberalität, hat vom Aussehen her gar nichts Auffälliges oder überhaupt Studentisches. Die Universität bringt er, auch wenn er ein ärmliches Leben führt, so bequem wie möglich hinter sich; mir kamen alle älter als bei uns vor. Suchen wir ihn zwecks näherer Bekanntschaft später auf, bei seinen Vergnügungen im Lokal Closerie des Lilas und anderswo, um alles verstehen zu können, auch das höchst sonderbare Konto des »Grec« (eines Juden), das Murger[8] in seinem lebensprühenden Roman *La vie de bohème* beschreibt. Der »Grec« borgt ihm Geld, zum Beispiel immer einen halben Franc, nimmt ihm die alten Schuhe ab, kauft ihm Bartpomade, »mährischen Tabak«, Spazierstöcke, zieht ihn kurzum gründlich bis aufs Hemd aus.

Am buntesten, lebendigsten und lautesten ist der Wirbel aber in den Champs-Élysées, im Tuileriengarten, um den Tour St. Jacques, vor dem Conservatoire des arts et métiers, überhaupt überall, wo es ein paar Bäume und ein bißchen im Schatten gelegenen Sand gibt. Hier halten sich Dienstmädchen und Mütter mit Kindern auf, die im Sand spielen und herumkugeln, Springseil hüpfen, Kreise bilden, gemeinsame Spiele machen und – ganz laut Baedekernoten – ihr »où est la Marguerite« singen. Ganze Reihen von Kasperltheatern stehen hier für sie bereit, desgleichen Ringelspiele mit Pferdchen, Hirschen und Schiffchen, aber auch elegante Wägelchen mit einem temperamentvollen Vierergespann von Ziegenböcken, mit und ohne Hörnern, zottigen und halb kahlen, dunklen und hellen. [...]

[…] man sieht als Ausländer in keiner Stadt so schöne Kinder wie in Paris. Später wachsen sie aus dieser Schönheit ein wenig heraus. Seit französische Garden bis nach Moskau und die Kosaken bis nach Paris gelangten, haben sich die Typen in den Gesichtern der europäischen Völker ein wenig vermischt, und auch am Pariser nimmt man nichts besonders Auffälliges irgendwelcher Art wahr. Den gleichen Typus (dunkler Teint, schwarze Augen und schwarzes Haar, starke Backenknochen und eine kräftige Gestalt) beobachtete ich nur bei vielen Mägden. Die Ähnlichkeit ist um so auffälliger, als sie die gleiche einfache Tracht tragen, ein dunkelgraues Kleid, ein weißes Mützchen, eine weiße Schürze, alles halb klösterlich. Ich fragte eine, woher sie stamme. Sie wußte es nicht recht, behauptete aber, aus dem Süden.

Insgesamt sah ich weit mehr schöne Männer als schöne Frauen. Die Pariserin ist meist von kleinerem Wuchs und mehr einnehmend als schön; durch eine elegante einfache Kleidung, das geschmackvoll frisierte Haar, Farbe und Schminke, etwa auch ein geschickt irgendwo aufs Gesicht geklebtes Pflästerchen und vor allem durch ihre unermüdliche Beweglichkeit und Lebhaftigkeit bewirkt sie aber viel. Die Photographie einer Pariserin ist ein toter Gegenstand, weil das Original, sobald es einen Augenblick still zu stehen hat, jeden Reiz verliert. Eine Rarität bei uns, Alltag in Paris sind die Schnurrbärte bei den Frauen, die zwar oft nicht »leicht« sind, die die Pariserin aber schön zu tragen versteht. Nur in Paris hatte Heine sein »Oder lasse dich rasieren«[9] schreiben können! –

Und um sämtliche dieser lebhaften Wirbel des Pariser Lebens herum schreitet ernst und sich wie ein erfahrener Pilot geschickt durch sie hindurchmanövrierend der Pariser Polizist. Wer an einen in Komißtuch steckenden und bis an die Zähne bewaffneten Polizisten gewöhnt ist, wird den hiesigen nicht einmal erkennen. Gekleidet wie ein eleganter Kavalier steht er bescheiden auf seinem Posten, Wichtiges entgeht seiner Aufmerksamkeit aber ebensowenig, wie ihm nie in den Sinn käme, sich in Bagatellen einzumischen. Der Schnitt seiner Uniform ist der Schnitt der Kleidung eines österreichischen Beamten: Dreispitz, Frack und Hosen aus schönem dunkelblauen Stoff, mit einem großen Degen an der Seite. Seine Höflichkeit und Zuvorkommenheit sind mustergültig, er dient jedem und natürlich möglichst gut, und geschieht es manchmal, daß ihn jemand in einer Fremdsprache anspricht, bemüht er sich an einzelnen Wörtern und Gesten zu erraten, was der Ausländer fragt. Auf diese Weise muß der Fremde mit der Polizei nicht das Geringste zu tun haben, nur wenn man ankommt, besucht einen nach zwei oder drei Tagen ein Beamter mit einem Buch, in welches man Name, Stand und »woher« einzutragen hat. In der Nacht patrouillieren zwei Schutzmänner gemeinsam und nach hundert Schritten abermals zwei; auf dem Kopf haben sie eine leichte Casquette, angezogen sind sie mit einem breiten schwarzen Mantel mit Kapuze, im Mantel steckt angeblich ein Revolver.

Die Tätigkeit der besonders geheimen Pariser Geheimpolizei ist berüchtigt und berühmt. Ihr gelang es, daß es im übel beleumundeten Sodom an der

Seine nachts sicherer als im idyllischsten Rheinstädtchen ist. [...]

VIII
Die Slawen in Paris

»Wer seine Landsleute lieben lernen möchte, muß sie im Ausland aufsuchen«, schrieb einst ein böhmischer Reisender, ich glaube Vocel[10]. Ja, erst in der Fremde gewinnt die Heimat ihren vollen Zauber, ein unverhofft vernommenes tschechisches Wort klingt auch aus der unmelodischsten Kehle wie Orgelklang, schnell reicht man die Rechte und hat einen Freund mehr. Man erzählt, Hochzeitsreisen würden verheerend auf das Gefühl von Neuvermählten wirken, weil sie im Herzen gleichgültige Leere verursachten; ich würde das Gegenteil annehmen, in der Fremde bedeuten sie einander die ganze Heimat, dort schmiegen sie sich am engsten aneinander.

Dem in Paris befindlichen und einander kennenden Häuflein Böhmen gelang etwas, was die gleichfalls dort lebenden hunderttausend Deutschen bisher nicht fertigbrachten; sie haben nämlich ein eigenes geistiges Zentrum, die Pariser »Böhmische Beseda«[11]. Am Tag der Bonapartisten[12], wenn sich ganz Paris in dreifarbige Fahnen kleidet, weht aus dem »Café des Nations« neben dem Palais Royal auch die in ihrer Mitte den böhmischen Löwen tragende schöne rotweiße Fahne. Das »Café des Nations« ist der Sitz der »Böhmischen Beseda«. Hier versammeln sich die Tschechen, allerdings nur einmal pro Woche, immer am Donnerstag; ihre Zahl ist zu gering, Paris zu riesig, die Palette der Berufe zu vielfältig, als daß sie einander täglich treffen könnten. Dafür ist der Donnerstag ein halber Feiertag, man legt die Tschamara[13] an und eilt ins »Café des Nations«, wo in einem separierten Raum bereits sämtliche tschechischen politischen Zeitungen und Unterhaltungsblätter aufgelegt sind und wo es auch eine kleine tschechische Bibliothek gibt. Hier liest man, liest vor, erzählt, und der französische Kellner schaut neugierig über die Schultern der Gäste auf die Bilder unserer »Humoristischen Blätter«, in denen manchmal auch ihm gut bekannte Persönlichkeiten aufscheinen[14].

Die Pariser Tschechen sind fast ausschließlich Handwerker und Gewerbetreibende, einige sind nur für ein oder zwei Jahre dort, um Erfahrungen zu sammeln, andere leben da schon zwanzig und mehr Jahre lang. In den eleganten Arkaden der endlosen Rue de Rivoli ist an einem Kleidergeschäft die berühmte und schon bekannte Aufschrift »Hier spricht man tschechisch« angebracht. Hier arbeitet und verdient unser braver, aufopferungsvoller Hulek, Zuflucht und Trost jedes frisch in Paris eingetroffenen Tschechen, Hulek, der sogar für Napoleon persönlich genäht hat und den mit besonderer Vorliebe reisende Engländer aufsuchen. Er ist durch enorme Strebsamkeit zu Wohlstand gekommen und gedenkt in einiger Zeit in sein Vaterland zurückzukehren. [...] Noch eine aus tschechischem Blut hervorgegangene, aber kein einziges Wörtchen Tschechisch mehr beherrschende Person lebt in Paris. Es ist der Komiker und Pierrot Debureau, der Sohn des berühmten Pierrot Jean Gaspard Debureau (Dvořák)[15], der durch ein kurioses Schicksal schon unter Napoleon dem Ersten nach Frankreich kam. Vater Debureau war der beliebteste Pariser Komiker gewesen, ja mit ihm entfaltete sich einst eine besondere Epoche in der französischen Theaterwelt, und die bedeutendsten Schriftsteller schrieben Biographien über ihn. [...]

Daß die Franzosen ansonsten herzlich wenig von uns wissen, ist eine bekannte Tatsache. Nach Erinnerungen an Böhmen muß ein Reisender jagen, als wolle er kostbare Perlen aus der Wotawa[16] fischen. Die einzige durch ein Bildnis bekannte böhmische Persönlichkeit in Paris ist Graf Clam-Martinic[17]. Eine Porträtphotographie von ihm fand ich sogar in den in Basaren ausgestellten Alben. In einer der zahllosen Passagen las ich über einem Geschäft mit Glasware das Firmenschild »Zum böhmischen Königreich« und dazu die Aufschriften »Exposition permanente« – »Cristaux de Bohême«. [...]

An unsere weitere Heimat, an Österreich, erinnert außer der großen Aufschrift »Österreichische Botschaft« in der Rue de Grenelle-Saint-Germain noch vieles andere, wiewohl nicht gerade allzu Hinreißendes. Auf dem Montmartre, von dessen Kuppe sich die schönste Aussicht auf Paris bietet, errichtete man dieses Rundblicks wegen einen hohen Turm und nannte ihn »Tour Solférino«. Der Besucher bekommt eine Eintrittskarte mit einer Abbildung des Turms und einem folgenderweise beginnenden Akrostichon: »Ton nom, Solférino, comme un écho de gloire –«. Abermals Solferino, Magenta und andere Schlachtfelder, auf denen die Österreicher den Franzosen gegenüber nicht siegreich waren, erblicken wir auf den großen, teils meisterhaft ausgeführten älteren und neueren Bildern von Versailles. Eines der ältesten Bilder ist *Prise de Prague Novembre 1741*[18], auf dem mit der Nationaltracht angetane Pragerinnen – schwäbische Bauersfrauen – abgebildet sind. Nicht vergessen darf ich, daß es im nicht weit von Paris entfernten Vincennes ein Kaffeehaus »Zum Lande Österreich« gibt, dessen Besitzerinnen drei Tschechinnen, Schwestern, sind.

Andere Slawen gibt es viele in Paris. Die führenden russischen Schriftsteller verbringen jährlich wenigstens einige Monate in Paris, und ich lernte hier auch die ausgezeichnete Markovičová, die ruthenische Božena Němcová, kennen, deren unter dem Pseudonym Marko Vovčok[19] geschriebenen schönen Erzählungen auch dem tschechischen Publikum bekannt sind.

Die überwiegende Mehrheit machen freilich die Polen aus, da bekanntlich ein beträchtlicher Teil der Emigration in Paris lebt. Nur die Jugend scheint derzeit gleichsam ausgestorben zu sein. Die Polen haben hier ihre Vereine, Schulen, ja sogar eine mehr als hunderttausend Bände zählende Bibliothek. Die Bibliothek war allerdings geschlossen, ihre Angestellten nicht in Paris – »sie waren kämpfen gefahren«.

Die slawische Lehrkanzel der Pariser Universität wurde nach dem Dichter Mickiewicz[20] mit dem mit ihm von Kindheit an befreundeten Dichter Chodźko[21] besetzt. Seine von gründlichsten philologischen Kenntnissen wie überhaupt von vielseitigster Bildung zeugenden Vorlesungen sind sehr interessant. Er ist ein guter Kenner der tschechischen Literatur, und ich hörte, wie er erschöpfend über die Arbeiten unseres Karel Jaromír Erben[22] auf dem Gebiet der slawischen Mythologie vortrug. Er zitierte alle seine Arbeiten, inklusive der in Almanachen und Zeitschriften verstreuten. In Chodźkos Vorlesungen und in seinem slawisch-gastlichen Haus verbrachte ich allerangenehmste Stunden.

Die Polen haben sogar eigene Spezialitätenrestaurants in Paris, wo man auch die Nationalspeisen »krupnik, chłodnik, barszcz und zrazy z kaszą«[23] bekommen kann. Diese Gasthäuser besuchen nicht nur Herren, sondern auch elegante Damen, und man kann hier hochinteressante Persönlichkeiten antreffen. Sehr angenehm ist natürlich, daß man nur slawische Gespräche hört. [...]

XII
Die Halbwelt

»Halbwelt« nannte Dumas der Jüngere[24] einen gewissen Teil der weiblichen Einwohnerschaft von Paris. Das Wort verwurzelte unglaublich schnell in dem nach neuen Ausdrücken und Witzen wie nach Tau dürstenden Pariser Boden, es verbreitete sich unter den gebildeten Völkern, und sie kennen und verwenden »Demimonde«, auch wenn sie mit dem Begriff eigentlich keine Vorstellung verbänden. Jeglicher historischer Leichtsinn der Franzosen, ihre historisch nicht weniger entwickelte Lasterhaftigkeit hat in einem einzigen, von der Bedeutung her allerdings breiten Wort einen treffenden Ausdruck gefunden.

Nur ein Pariser kennt seine volle Bedeutung, Ausländer bezeichnen damit je nach Leidenschaftlichkeit der persönlichen Phantasie die unterschiedlichsten Dinge und Verhältnisse, vom »getünchten Grab mit französischen Tapeten« bis zu den smaragdgrünen Gärten aus *Tausendundeiner Nacht*.

In fremden Sprachen hat dieses Wort bereits viele Auslegungen erfahren; wer allerdings auch nur eine Woche in Paris verbrachte, hat seine eigene Deutung. Paris ist eine Welt, zwei Drittel dieser Welt ist weiblichen Geschlechts, und die Mehrheit dieser zwei Drittel kann laut Murger Champagner trinken, Zigaretten rauchen und laut Paul de Kock[25] lieben. Die Mehrheit von zwei Dritteln? – ein gewagtes Wort, aber wer kann für Dinge und Gehörtes, – »c'est qu'à Paris le vice resplendit et s'étale; la vertu se cache«, warum versteckt sich diese Tugend auch überall! Die französischen Moralisten nennen »Demimonde«: »le reste impur des mœurs de Louis XV.[26] et du Diréctoire«. König Ludwig XIV.[27] merkwürdigen Angedenkens erklärte, als er für die Prinzessin von Savoyen einen Ball geben wollte, Einlaßkarten würden nur an Hofdamen vergeben, keineswegs an andere Pariserinnen, weil er angeblich nur honette Frauen beim Ball haben wolle. Dazu bemerkte De Conti lakonisch: »In diesem Fall kann der König den Ball in irgendeiner Tischlade veranstalten!« Man erzählt, besagter »reste impur« wäre ziemlich stattlich, sicher ist aber, daß er uns überall entgegentritt. Schwer zu bestimmen, was alles zur »Demimonde« gehört, wie viele Stufen es zwischen der Geliebten eines Herzogs und eines Studenten gibt, bis wohin sich die Ausläufer ausdehnen.

Erschreckt durch ein feuriges, über die Champs-Élysées jagendes Pferd springst du zur Seite; an dir vorbei rast ein eleganter Wagen modernster Art, aus dem dich, wie sich entschuldigend, eine reich und geschmackvoll gekleidete schöne, junge Dame anlächelt, sieh da, eine Bürgerin der Halbwelt! Du betrittst ein Theaterparterre, dein Lorgnon hakt sich an den teuren Plätzen des Balkons fest, wo eine Reihe schöner, mit ihren Brillanten funkelnder Damen sitzt, möglich, daß dein fremdländisches Aussehen die Aufmerksamkeit einer von ihnen erregt, ihr Lorgnon schwenkt zu dir, – schon kokettierst du mit der Halbwelt! Du trittst aus dem Theater und nimmst vor einem Café Platz, vor und in dem mehr rauchende und trinkende, dem Alkohol zusprechende elegante Damen als Männer sitzen. Sie unterhalten sich laut, lachen, grüßen vorbeigehende ihnen bekannte Herren. Du bestellst »heißen Punsch« und goutierst gerade seine guten Eigenschaften, als sich eine Dame zu dir setzt; schon stellt ihr auch der Kellner aufs zuvorkommendste einen Schemel unter die Füße. »Möchten Sie mir nicht auch einen Punsch bestellen?« fragt sie, und du spendierst ihr außer dem Punsch auch noch Konfekt. Sie unterhält dich sehr gut und macht Hunderte von Komplimenten, wie schön du französisch sprichst, auch wenn es ein derartiges Radebrechen ist, daß du dich dafür schämst. Auch eine schön geschriebene Adresse bekommst du vielleicht, wo sie wohnt – diese Bürgerin der Halbwelt. […]

1868

Etwas über Wien

Am meisten interessierten mich in Wien Kipfel und Semmeln. Ich studierte an ihnen den Niedergang des französischen Volkes. Bekanntlich fand bei der der Zahl nach letzten Pariser Weltausstellung[1] von den Wiener Exponaten, abgesehen von den Kipfeln, einzig das Bier Anklang. Letzteres kann ich verstehen, der Wiener liebt viel Spiritus im Bier und der Pariser in allem – aber die Kipfel?! Weiß sind sie, das stimmt, und bekämen der mährische Weizenboden und die mährische Sonne ein Belobigungsdekret, würde ich es ihnen wünschen; eine Medaille erhielten aber bildende Künstler, in deren Arbeitskostüm sich höchstens ein Maskenball in einem Schwimmbad besuchen ließe, die Wiener Bäcker nämlich, Feinde der Kunst – »an ihren Werken werdet ihr sie erkennen«! Ihre Werke, ob Kipfel oder Semmeln, sind krumm oder formlos, daß es fast zum Lachen ist. Ich glaube, ein Wiener Bäcker muß Arme und Beine wie eine mittelalterliche byzantinische Statue haben, sonst könnte er nicht so aztekenhaft gestalten. Seine Kreationen sind lauter Krüppel, mit denen man einzig Spitäler, wie in Prag das Siechenhaus am Karlov, beliefern sollte, damit die armen menschlichen Krüppel »die Freude äßen«, nicht allein zu sein. Wäre ich

Franzose, würde ich dieser Kipfel wegen den Österreichern im Namen der dezenten Form den Krieg erklären; sie aber machen das Gegenteil! Der Cäsarismus hat sie schon zermürbt!

Nach den Kipfeln interessierte mich am meisten Fräulein Geistinger[2]. An ihr studierte ich das Cisleithanische Ministerium. Eigentlich seinen Präsidenten, Herrn Fürsten Auersperg[3], der so silbernes Haar hat, daß man nicht begreift, warum Herr Beust[4], sein »Vater«, nicht schon gelbes hat. Mich würde es als Herrn Vater nicht freuen, wenn der Herr Sohn keine einzige Aufführung der »Schönen Helena«[5] ausließe und das ganze Theater in der Sekunde wüßte, wann Seine Exzellenz das Lorgnon hebt. Es stimmt aber, daß die Geistinger sich auf der Bühne reizvoll zu entkleiden versteht, die antiken Schlitze ihres Gewandes sich durch herzliche Offenheit auszeichnen und das polizeilich verfügte Trikot den Eindruck nicht im mindesten stört. Bei der »Schönen Helena« kommt es nicht so sehr auf den Text wie auf diese Schlitze an, dennoch bemerkte ich höchst erfreut, daß nur ein paar Szenen verstrichen, bis ich einzelne Wörter dieses Wiener Deutsch zu verstehen begann. In einem russischen Theater beispielsweise hätte ich auch fast so lange gebraucht, so nah ist uns dieses Deutsch!

Und dann – dann interessierten mich noch die Polizisten. Ein einziger Blick auf sie, und im Nu steht die ganze schöne Zeit vor unserem entzückten Auge, als sie noch lebten und unter uns weilten. Das taten sie bis ins Jahr 1866, jetzt nicht mehr! Als würden gewaltsam aufgescheuchte Singvögel fortfliegen, um nie mehr wiederzukehren, gingen, bah, flogen sie, von roten preußischen Husaren verscheucht, 1866 von uns fort[6] und kamen nicht wieder. Sie haben sich am Ufer der slawischen Donau niedergelassen – die Slawen verlassen sie nicht –, und hier gehen und wirken sie, wie sie bei uns wirkten. Die Personen lösten sich vielleicht ab, die »Art« jedoch ist erhalten geblieben. Der gleiche Tschako, die gleiche Leinenbluse, das gleiche böhmische Gesicht und die gleichen bequem über der Brust gekreuzten Arme, die besagen, ein Bürger habe keine Abreibung zu befürchten, wenn er nur brav sei. Und ich war kreuzbrav, und sooft ich dieses zweibeinige Memento der Vergangenheit sah, zog ich den Hut und sagte: »Gelobt sei der Name des Herrn.« Alten Dingen bezeige ich Ehre.

Wien selber ist aber jetzt schon wie nagelneu, sagen die Wiener, warten wir also mit der Ehrenbezeigung vor dem neuen Wien. Wien wächst angeblich rasend, sagen sie, es ist angeblich eine Weltstadt, fast schon ein Paris. Das Wiener Glacis soll schon wie die Pariser Boulevards sein. Hinsichtlich der Breite hat dieser Begriff ein bißchen was Wahres an sich, doch sind die Wiener Boulevards statt mit einem Makadam[7] mit primärem, sekundärem und tertiärem Schmutz bedeckt, und statt Kaffeehäusern haben sie miese Schankbuden. Die Pariser Boulevards wimmeln von Menschen, und zwar Parisern, auf den Wiener Boulevards, sollte sich dort doch ein Individuum »drängeln«, ist es ein Wiener. Der Wiener aber ist ein in den letzten Zügen liegender, an der Pester Schwindsucht leidender Löwe[8], und die Fabel lehrt, daß es in so einer Höhle nicht angenehm ist:

Dem gnädigen Herren der Geist schon schwand,
die Höhle war voll, voller Gestank –

und Wien ist es auch. Das verzärtelte Schoßkind beendet seine Rolle als Weltstadt und überläßt sie schon anderen, und gleich welche Verschönerung an Straßen und Gebäuden ihm noch zuteil wird, geschieht es nur der Linderung wegen und sieht wie eine Blume in der Hand einer Leiche aus. Drage hat ihm ein hübsch bemaltes Zinshaus errichtet, der Staat ein Operntheater wie eine zusammenklappbare Krippe, die Gemeinde das Glacis – aber Drages Haus hat keine Mieter, das Glacis keine Passanten, und ins Operntheater passen, wie man schon jetzt weiß, keine Kulissen hinein, es sei denn, in Stücke zerlegt und irgendwo durch die Fenster. Möglicherweise wird man dieses Wiener Produkt abtragen und ein neues bauen – das täte auch anderem not.

Nur die berühmten Ämter wirken wie sonst.

Die Staaten des Altertums hatten doch
gar wunderliche Gestaltungen:
keine Minister, kein Kabinett
und keine Hofbuchhaltungen –

singt ein Wiener Poet. Wir haben genug von alldem, genug ordentliche und außerordentliche, kluge oder nur einfach österreichische Minister, genug staatliche, halbstaatliche, landesbezirkliche, städtische Ober- und Unterämter, wir sind modern.

Und was das Leben im Speziellen betrifft, hat sich fast nichts geändert. Nur Kitharödinnen, Hetären und Messalinen gibt es auf den Straßen überall in beträchtlich größerer Zahl, sie sind auch noch ein bißchen ordinärer, als sie es früher waren, was Wien nicht schadet, wandeln aber auf der gleichen Route wie früher, nämlich vom Graben hinunter zum Wasser, am Palast des Herrn Kardinals vorbei.

Ja, um es nicht zu vergessen, der Stephansturm ist vollendet. Es ist ein imposanter, ein schöner Bau, eine herrliche Blüte der Kunst. Man staunt, daß unsere Zeit etwas so Erhabenes, so wahrlich Poetisches fertiggebracht hat. Der Stephansturm ist das einzige, was ich als Tscheche und Ausländer vom heutigen Wien gelten lassen würde – doch ich zähle zur Opposition.

Pensionopolis

In einem französischen Kalauer wird Graz »les grâces sur l'amour« (Graz sur la Mur) genannt, was den Reisenden weidlich erschrecken kann. Gott sei Dank ist Graz schlimmer als sein Ruf. Eins stimmt aber, Graz hat eine reizvolle Umgebung. Berge über Berge, einer noch waldiger, außergewöhnlicher und malerischer als der andere, vom Semmering bis hierher, und auch noch einen großen Lokomotivschritt weiter reißen die romantischen Eindrücke nicht ab, aber –

diese Romantik war immer da,
schon in ältesten Zeiten –

und Eigenes haben die Erbauer von Graz herzlich wenig hinzugefügt.

Graz liegt im wunderschönen Tal der Mur, über die eine Brücke mehr als in Prag über die Moldau führt; die reißende, brausende Strömung würde die Überfahrt sehr schwierig gestalten. Die hier übliche Bauweise wirkt reichlich karg, eigentlich unendlich nüchtern. Dafür ist das Pflaster höchst pikant. Mit den vielen Felsen, die sie rundherum haben, könnten sie die Grazer Gassen mit hunderttausendmal schöneren Platten auslegen, doch müßte ihnen das erst mal einfallen; vorerst hatten sie lediglich den Einfall, faustgroße Steine zu verwenden und sie so in den Boden einzusetzen, daß sehr geschickt immer die schärfste Spitze hervorragt. Sollte das nichts mit einer geistreichen Nachahmung der steirischen Alpen zu tun haben, ist es eine an einem anderen Landesprodukt verübte Schikane, nämlich an den Voll-, Halb- und Vierteltölpeln respektive »Trotteln«, die hier als Straßenkehrer eingesetzt werden. Das Pflaster – dem ohnehin jeder ausweicht – nützt sich nicht so rasch ab, nur der trottelige Straßenkehrer wird verschlissen. Aber deren haben sie genug.

Wie jeder echte jodelnde Steirer hat auch Graz einen Kropf am Hals. Sie nennen ihn Schloßberg, und er bietet eine herrliche Aussicht auf die Stadt, das stattliche breite Glacis zwischen Stadt und Umland, schöne Täler, die Alpen – allerdings keinen Rundblick. Der Aufstieg auf den Schloßberg beginnt im Torweg des Hauses Nummer 79, was ich erwähne, damit ihn keiner betritt, der Weg ist verfallen! Angelegt wurde er wie die Parkanlagen oben von General Welden[1], wofür man diesem dort ein Denkmal errichtete, welches vermutlich genausoviel gekostet hat wie die Gärten; vom Militär wird die zivile Welt nie einen Gewinn haben. Am hübschesten ist aber der Name, den von Welden den Parkanlagen gab: »Luginslande« – »Guckaufberge« wäre besser und würde ebenso einfach klingen.

Zwischen Schloßberg und Hilmteich, wo es viele Fische, noch mehr Gelsen und ein ziemlich gutes Restaurant gibt, leben lauter zufriedene Leute, denen der Herrgott eine Pension, Dotationen und die bekanntlich billigen Grazer Lebenshaltungskosten schenkte. Ein kurioses Volk! »Wer ist das Fräulein dort?« – »Eine arme Baronin.« – »Wer ist der Herr?« – »Ein Oberst außer Dienst.« Ganz Graz saugt am Wiener Pensionsfonds, die stärkste Pensionsröhre führt hierher, und würde sie plötzlich versiegen, würde Graz ins Gras beißen und sterben. Dafür gibt es keine Stadtbevölkerung auf der Welt, die ihr Brot mit größerer Ruhe äße als die Leute hier, und haben sie Butter auf dem Brot, ist es mit ihnen vor lauter Ruhe kaum mehr auszuhalten. Ich bin überzeugt, daß sie, falls Seine Majestät der Kaiser Österreich zur roten Republik erklärte, die Luft so treuherzig in sich hineinpreßten, bis sie wirklich rot würden. So einen Kraftakt darf man aber von derart braven Menschen gar nicht verlangen! 70.000 Einwohner und kein einziger Polizist! Das heißt, kein einziger in Uniform, aber gleichviel, wohin käme das winzigste böhmische Städtchen ohne seinen Uniformierten. Geheime – nun ja, Geheimpolizisten soll es auch hier genug geben, doch angeblich benehmen sie sich anständig. Vielleicht sind hier auch ihre österreichischen Reminiszenzen an die Pension.

Man kolportiert einen herzlich häßlichen Ausspruch des bekanntlich herzlich häßlichen Saphir[2], dieses Witzbolds. Er soll gesagt haben, Graz sei ein Garten, »aber ein Tiergarten«. Doch habe er eingeräumt, daß es hier sehr schöne, wenngleich nicht gerade geistreiche Mädchen gäbe. Als würde man einem schönen Mädchen nicht einiges mehr als eine Universitätsbildung oder ein paar Schock natürlichen Witzes nachsehen, als wäre jemand gewohnt, bei einem klassisch schönen Mädchen Geist zu suchen!

Selbstverständlich weiß die Schönheit gewöhnlich, daß sie eine Schönheit, etwas Exquisites und Kostbares ist, es kommt ihr vor allem auf die Konservierung ihrer selbst an, sie sieht daher nur sich selbst und ist auf sich selbst fixiert, aber man wird nur dann geistig erblühen, wenn man auch um sich schaut. Dabei hätten sie in Graz mehr als genug, in was sie sich vergucken könnten, eine Menge slawischer, italienischer, deutscher Studenten, die nicht aussehen, als hätten sie damenhafte Angst. Vor allem die Italiener strengen sich an, die Aufmerksamkeit auf sich zu lenken, und machen sich in diesem Bemühen manchmal sogar noch spätnachts die Mühe, Zaunlatten abzureißen und Fenster einzuschlagen. Die Grazer Journalistik zollt ihnen keinen Respekt und nennt diese Mühen unschön, obwohl das italienische Blut und der steirische Schilcher oder Luttenberger[3] eine gleich feurige Entschuldigung wären; kann sein, daß den Damen diese Zaun- und Fensterladenserenade aber gefällt.

Graz' schwaches Geschlecht und die Grazer Journalistik sind zwei grundverschiedene Dinge. Ersteres hat überall das entschiedenste Auftreten. Hier herrscht nämlich wie im Gebirge der Brauch vor, daß Jungfern außer ihrem Jungfernkranz auch einen nach Art eines Kranzes gewundenen »Hüftenbausch« auf dem Kopf tragen und mit ihm außer Kopftuch und Hut auch Lastenkörbe, Wasserkübel und andere bei uns vorerst nicht zur Garderobe zählende Dinge. Sie bekommen unter dieser Last einen auffällig festen, männlichen Schritt, der weit mehr auf den Schönheitssinn von Friedrichs Grenadieren als auf uns ruhigere Naturelle zugeschnitten ist. Dafür wiederum hat die Grazer Journalistik einen kindlichen und unsicheren Schritt, als hätte sie aus dem Fäßchen der Wiener Schuster von der Öffentlichkeit getrunken, es würde ihr nicht schaden, wenn sie etwas Gewichtigeres auf den Schultern tragen könnte als zum Beispiel Herr V. A. Svoboda, Redakteur der Grazer »Tagespost«, ehemaliger Redakteur des Prager »Morgenblatts«[4], Tscheche und ein sehr raffiniert getarnter Patriot.

Selbiger Herr Svoboda brächte mich aber immer wieder auf das Kapitel Studenten, und zwar der slawischen. Dabei müßte ich mein aufrichtiges Bedauern zum Ausdruck bringen, daß unsere slawischen Studenten, unter denen es genug sehr intelligente Burschen gibt, hier nur wenig einträchtig und kooperativ sind. Die Grazer Slawische Beseda, ein sich um eine herzliche gesellschaftliche Verbindung kümmernder Verein, kann nicht alles allein leisten. Würden sich die slawischen Studierenden zu einer brüderlichen Phalanx vereinen, hätte Graz einen anderen Charakter und wenigstens etwas wäre nicht in Pension. So aber ist Graz immer nur ein egal ob deutsches oder slawisches Pensionopolis. Ich spreche einen großen Satz aus: Es steht ihm gut, ist aber nicht schön!

Triest

I

Ich weiß nicht warum, war aber, das ist sicher, bei meinem zweimaligen Aufenthalt in Triest nach ein paar Minuten immer gleich wie daheim – vielleicht weil Triest wirklich eine Weltstadt ist, in der jeder Einwohner zuviel Arbeit hat und zuwenig gewillt ist, sich um die Fremden zu kümmern, die ihm die Wellen wie junge Sardellen ans Ufer werfen. Nun ja, schon der wachhabende Korporal, der mich gleich am Bahnhof von Kopf bis Fuß musterte, kam mir wie ein Hering vor, und ich mag Heringe überhaupt nicht! Ferner, wohin man sich auch wendet, überall salzige Luft in Nase und Lungen, die Menschen gewissermaßen Heringe mit Zylindern und Turbanen, Sardellen in Reifröcken und Schleiern, die Gassen wie die Saline von Kopar, und wenn abends das Meer seinen obligaten salzigen Nebel aussendet, der seine rheumatischen Strahlen sogar durch die Fensterläden in die Zimmer zwängt, dann ist die ganze Stadt wie ein einziger Salzpfuhl, und am Morgen kratzt man sich und schaut unter den Fingernägeln nach, ob man nicht Chlornatriumkristalle, von Köchinnen und anderen chemisch nicht bewußten Organismen Salz genannt, unter ihnen hat. Auch wenn man von Nabrežina oder Opčina oder dem Triester Kastell hinunter auf die Stadt, über die Stadt auf den Hafen, über den Hafen hinweg auf die gewundenen Küsten Istriens und auf das zauberhaft schöne Meer blickt, zauberhaft schön in all den Farben, blaugrün oder grünweiß oder in der Ferne schneeweiß oder wieder schwarz wie Zorn, dünkt einen, das Salz würde diese eigentümliche reizvolle Färbung, eine Art salzigen Ton verursachen, Milliarden zarter kleiner Kristalle würden in der Luft vibrieren, und schließlich beginnt das Auge vom Salz zu jucken.

Aber schön ist Triest, und es ist eigenartig. Es strahlt als Ganzes etwas Besonderes aus, obwohl seine einzelnen Teile nicht gerade originell sind. Originell sind weder die Altstadt mit dem gemeinhin malerisch-schmutzigen und von Enge gekennzeichneten Aussehen alter italienischer Städte noch die Neustadt mit dem für reiche moderne Handelsstädte insgesamt typischen Gepräge, noch das hohe Kastell, das wie ein Ei dem anderen anderweitigen Schloßbergen und Zwingburgen gleicht. Das übrige jedoch machte die Natur, sie hat das schöne Meer mit einer Reede für Tausende von Schiffsmasten geliefert, das Terrain für die amphitheatralische Stadtszenerie, die sich hinter der Stadt erstreckende grüne, von Blumen übersäte Campagna für die schönen Villen der zahlreichen Reichen, die hinter der Campagna aufragenden schroffen Höhen des wilden Karsts, aus dem die Sonne ohne blutige Morgenröte sofort in ihrer vollen goldenen Helle emporsteigt und die zornige Bora wie ein Wolf herausspringt.

Davon abgesehen, daß sie ihre Waren herbeischiffen und ihre Villen dort bauen können, liegt den Triestinern nicht viel an der Natur. Viel Geschichtsträchtiges hat sich hier abgespielt: Was immer zwischen Europa und Afrika, Italien und der Türkei ausgefochten wurde, jagte seine gewaltigen Wellen bis hierher. Aber den Triestinern liegt auch nichts an der Geschichte, sie kennen darin nur die Zukunft, es ist bekannt, was sie von ihr erwarten. Es gibt hier und im Umland viel ethnographisch Interessantes, wovon sich die Triestiner allerdings auch nicht tangiert fühlen, höchstens daß es ein wenig stört oder Material dieser künftigen Geschichte sein soll, die allerdings ganz anders sein wird, als sie meinen. Die Wissenschaften haben sich hier nie entfaltet, wozu sollten sie gerade jetzt damit anfangen? Nur der Handel blühte und blüht, er verschlingt alle Gedanken, verbraucht jedwede Aktivität. Morgens tummelt sich das Volk auf den Märkten oder im Hafen, bis zum Abend wird im Kontor oder in den Börsenräumen des Lloyd gearbeitet, höchstens abends gestattet man sich, in einer Equipage eine Ausfahrt nach Miramare zu unternehmen oder zu Fuß einen Spaziergang auf dem mit seinem Namen mehr versprechenden als in Wirklichkeit haltenden Korso oder zur Mole San Carlo oder in das Stadtwäldchen. Tunlichst vermeidet man aber, in einem Restaurant Geld auszugeben, eine komplette Familie setzt sich vor ein einziges Kännchen Kaffee; öffentlich Geld zu verschwenden gilt nicht als elegant, und auf Eleganz legt der Triestiner Wert. Die Vorteile des Geldes gönnt er sich, recht nah bei der Eisenkassa sitzend, nur im eigenen Haus.

Die nach venezianischem Vorbild hier bewahrte Kaste der Patrizier ging 1814 zugrunde, nach ihr erstand die Kaste nach Meersalz riechender Kaufleute.

Nur die Altstadt (das ursprüngliche Triest, das neuere wurde auf Meeresschwemmland hinzugebaut) hat ein bunteres, weniger kalkuliertes Leben, wie auch anderswo. Hier leben einfache Matrosen oder jene, die unmittelbar von ihnen leben. Die Altstadt ist trotz ihrer Enge oder gerade deswegen malerisch wie alle gleichsam auf einem Fingernagel zusammengedrängten Städte mittelalterlich-italienischen Charakters. Durch eine steile Gasse, dann über Treppen, dann durch eine noch steilere Gasse, dann wieder über Treppen geht es bergauf bis ins ungefähr zwanzigste Stockwerk zum Gipfel der Anhöhe, mit den Mauerresten eines römischen Tempels und einem verwucherten, schattigen alten Friedhof, wo der ermordete Winckelmann schlummert. Rechts und links kreuzen sich zahllose Gäßchen, oft Sackgassen, die zu betreten oder hinunter- oder hinaufzugehen und abzuschreiten auf kuriosestem Stiegenwerk möglich ist. Sie sind nicht mehr als ein Klafter, oft nur eine Elle breit, so daß man kaum den Himmel sieht. Die breiteste Gasse ist ungefähr zwei Klafter breit und läuft den Bergrücken hinunter, die größte Piazza ist etwa so groß wie eine ausreichend geräumige Stube. Doch wohnen in den drei- und vierstöckigen Häusern Unmengen rühriger, bei offener Tür arbeitender, durch sperrangelweit geöffnete Fenster laut in die Welt lachender Menschen. Gasse und Haus bilden eine Einheit, zwischen einander gegenüberliegenden Fenstern ist gutnachbarlich eine Leine gespannt, auf ihr baumeln frischgewaschene Unterhosen und Hemden, und auf der Piazza spielen mit Hemdchen bekleidete Kinder Haschen und Hüpfen genau wie bei uns.

Trattorien und Kaffeehäuser gibt es in Hülle und Fülle, sie werden am Abend von Hunderten und Aberhunderten von Matrosen gestürmt. Dann tönen hier alle Sprachen der Welt – die zahlreichen Nymphen dieser Stätten verstehen sie alle. Raufereien stehen täglich mehrere auf der Tagesordnung, dann drängt alles hinaus auf die Gasse, und bei dem wüsten Lärm verstummt schlagartig die Mandoline, die sich im soundsovielten Stockwerk den ganzen Abend lang so überaus traurig produziert hat. Und wenn die wilde Matrosenmeute an einem vorbeidrängt, riecht man, obwohl sie schnell vorbeigestürmt ist, noch lange Salz und Teer in der Luft.

II

Triest hat eigentlich keinen Hafen, nur eine zwar große und geräumige, aber nicht vor allen Winden geschützte Reede, ja, einige Strahlen der »Windrose« können einem Schiff hier ziemlich gefährlich werden. Dennoch ist dieser Pseudohafen das eigentliche Herz Triests, seine Lebensfrage und für den Besucher Triests eine Quelle köstlichen Vergnügens.

Die Kais bilden um den Hafen einen geschlossenen Halbkreis, von dessen östlichem Ende wie eine riesige steinerne Zunge ein Damm diametral ins Meer verläuft, die Theresienmole. Am Ende der Mole ragt ein Leuchtturm auf, dessen sich zweimal in der Minute drehendes Leuchtfeuer die Schiffe warnt, die nach der Abendkanonade über die Hafenketten hinweg den Ankerplatz erreichen wollten. Die Bucht zwischen Mole und restlichem Hafen, die Sacchett, dient beschädigten Schiffen als Spital, auch wenn sie nicht so ramponiert sind, daß sie wegen ganz neuer Rippen ins Tonello- oder Lloyd-Arsenal müssen, dessen Werkstätten und Docks so gigantisch sind, daß sogar jemand, der von keiner Sparte des Schiffsbaus etwas versteht, dort spielend sechs Stunden verbringt. Dafür sind der restliche Kai und die übrigen Molen (die größte Mole San Carlo, die Ferdinandsmole und die Sartorio-Mole) von Hunderten und Aberhunderten von gesunden Segel- oder Dampfreisenden umringt, die entweder aus der Ferne gekommen sind, um Waren herzubringen, oder darauf warten, neue zu laden. Seelenruhig ein Schwede neben einem Engländer, ein Tunesier neben einem Amerikaner, alles Händler, selten ein bepanzerter Soldat, der sich, wenn er ein Österreicher ist, gewöhnlich in Pola aufhält oder sich auf Übungsfahrt befindet, der, wenn er Ausländer ist, nur demonstrativ hierherkommt und vielleicht, damit das »Correspondenzbureau« etwas zu telegrafieren hat. Wenn man so manches kleine Schiff mit zwei dünnen Masten und niedrigem Deck betrachtet, kann man kaum glauben, daß es sich aus Spanien hergewagt hat, um im Triester Mandraccio (dem Weinhafen, einer speziellen Hafenabteilung) Fäßchen teuren Xeres zu entladen, oder bei einem noch kleineren Schiff, daß es aus dem spanischen Alessandria Kühe gebracht hat, vielmehr zusammengenähte Kuhfelle samt Hörnern und Beinen, die gleich an Deck angebohrt werden und denen man erbarmungslos ein langes Rohr in den Bauch rammt, durch das reinstes Olivenöl in am Ufer stehende Fässer fließt. Ein im Binnenland geborener und aufgewachsener Mensch, dessen Phantasie sich ihre eigene besonders grandiose Vorstellung von diesen Meerespalästen und schwimmenden Festungen gebildet hat, ist beim ersten Blick vom Kai auf den Hafen von der ungeahnt geringen Größe dieser Schiffe überrascht. Ein Prager würde sich mokieren, erführe er, daß der Dampfer, der regelmäßig um Istrien herum, durch die stürmische Kvarner Bucht, nach Rijeka und in dalmatinische Häfen verkehrt, kaum größer als das Dampfschiff ist, das ihn sonntags auf der Moldau nach Závist befördert, und daß noch viel kleinere Segelschiffe noch weitere Reisen machen. Erst wenn man in der Masse der Schiffe eines vom anderen zu unterscheiden beginnt, die Mole entlanggeht und plötzlich vor einem für Amerika bestimmten großen Lloyddampfer steht oder neben einem englischen Dampfschiff, so sauber wie ein Schrank und so hoch, daß man trotz der Höhe der Mole immer noch wie in den ersten Stock hinauf zum Deck schaut und nicht mal sehen kann, mit welch sauberem Tuch die wie Kinderspielzeug dort hängenden Rettungsboote überzogen sind, und so lang, daß es für einen Dicken schon ein kleiner Spaziergang ist, von einem Ende zum anderen zu schreiten, erst dann ist man froh, von seiner Phantasie doch nicht betrogen worden zu sein. Der Hafen als Ganzes macht allerdings sofort einen großartigen Eindruck: etliche Hunderte von Schiffen, ein ganzer Wald von Masten und Schornsteinen, zwischen ihnen wie Fliegen wimmelnde Barken und Traghettis, weiter draußen birnenförmige, kupferbeschlagene Bojen, an denen fest verankerte Schiffe bei Sturm Halt finden, ferner das weite Meer, auf dem sich Schiffe nähern und entfernen – ein großartiger Eindruck!

Manches Schiff ist still und leer, als wäre auf ihm alles ausgestorben. Auf dem Deck des Schiffes daneben sieht man einen einzigen Menschen, bequem ausgestreckt in der Sonne bratend und – vermutlich von nichts – träumend. Auf dem Deck des Dampfers hinter ihm ist es etwas lebendiger. Drei oder vier Matrosen scheuern das Deck, es wird glänzen wie ein Wohnzimmer an einem hohen Feiertag; aus den offenen Luken an der Bordwand wird Staub von der verfeuerten Kohle geschippt, während auf einer von der Mole zum Schiff gelegten Holzbrücke frische Kohle in Schubkarren aufs Schiff gefahren und schwungvoll ausgekippt wird. Nur beim Bahnhof, dessen Gleise fast bis ins Meer laufen, herrscht ständig großes Getümmel. Mit riesigen Zugwinden werden aus den Schiffen Waren entladen oder zu ihnen hintransportiert, zwischen den Speichern und den Schiffen arbeiten Hunderte von bis zum Gürtel nackten Arbeitern.

Allerdings ist auch der übrige Kai ständig belebt. Hier stehen große Hotels und Kaffeehäuser mit Blick auf den Hafen, hier befindet sich der Fischmarkt, auf dem schon um drei Uhr früh Leben ist und dem die gefangenen Meeresbewohner ungeahnte Buntheit verleihen. Hier glänzen wie ein Berg Rosen schöne rote Fischchen, Locardi, daneben schimmert bläulich ein Haufen Makrelen, weiter weg liegt ein Haufen silbriger Sardellen, auf Strohschüsseln prunkt der »Mujal (zivolo)«, verlocken Rotbarben, als »gosposka riba« (pesce di Signori, Herrenfisch) angepriesen, und der noch delikatere »Luben« oder Branzin, hier fesseln einen die Plattheit der Zungenscholle und die unaussprechliche Häßlichkeit anderer Fischarten, auf den Tischen schlängeln sich Aale unter dem Messer des Fischers, und Krebse aller Größen und auch winzigster Ausmaße kriechen umher, im mächtigen schwarzen Panzer und auch im durchsichtigen weißen Gewand der Unschuld, während daneben in einem Schaff häßliche Sepien, die wie soeben ausgeweidete Ochseninnereien aussehen, tot daliegen.

Abends, wenn die Kühle zu einem Spaziergang zur Mole San Carlo verlockt, findet sich auch die elegante Welt am Hafen ein; um Mitternacht, wenn der Lloyddampfer nach Venedig abfährt, oder in der Früh, wenn er von dort kommt, was abwechselnd dreimal die Woche geschieht, oder zu einer anderen Tagesstunde, wenn die Dampfer nach Pola, Rijeka und weiter ablegen, ist hier alles voller Reisender, Gepäckträger und Karrenfahrer der Triester Hotels. Zwischen den durch diese Eleganz und die Welt Eilenden tummeln sich auch massenweise kleine Marinekadetten, Buben wie soeben aus dem Teer gezogen, kaum hat einer einen Kreuzer erbettelt, läßt er sich sofort mit den übrigen auf ein Spiel um ihn ein.

Am Sonntagvormittag funkelt der Hafen in feiertäglichem Glanz. Die Decks strahlen weiß, in der Höhe prangen die bunten Fahnen aller Völker. Die Schiffe sind ganz verlassen, nur aus dem Inneren einzelner hört man Pfeifen oder Gesang, als hätte dort jemand Sehnsucht. Die Seeleute haben gestreifte saubere Hemden angezogen und spazieren auf dem Kai umher; da tönt es englisch unter einem Lackhütchen, griechisch unter einem Fez, unter einem Turban – reinstes Slawisch. Kaum aber hat es zwei Uhr nachmittag geschlagen, ändert sich schlagartig alles. Der Vergnügungsdampfer nach Koper (Capodistria) oder ins zauberhafte Peran (Pirano) soll abfahren. Kajüten und Decks sind im Nu voll, auf dem Kai stehen Unmengen einander fast überschreiender Zuschauer, und wenn sich das Schiff endlich in Bewegung setzt, jubeln Deck und Mole, und vom Ufer schreien hundert Kehlen: »Signor capitano, con tutta la forza!« Und dann leeren sich die Kais trotz größter Gluthitze nicht, immer mehr Menschen mit weißen, blau gefütterten Sonnenschirmen kommen – eine Tombola oder einfach Bola, eine Lotterie, findet statt, für die man sich während der ganzen Woche Lose gekauft hat und deren größter Gewinn etwa 200 Gulden beträgt. Das gibt ein Geschrei und einen Tumult, wenn Zahl um Zahl gezogen wird und jede am Ufer entlang von Tausenden von Mündern wiederholt wird, bis sie irgendwo in der Ferne in den Kaffeehäusern untergeht. Nach der Tombola zerstreut sich die Menge ein wenig oder gruppiert sich zu neuen Haufen, nicht gerade schöne Lieder werden nicht gerade schön gesungen, und der aus Venezien übernommene »Manferin« wird getanzt.

Wenn aber Regen einsetzt, der hier gewöhnlich gleich ein Platzregen ist, rennt alles schlagartig auseinander. Nur der faule, auf dem Deck liegende Matrose rührt sich gerade so viel, daß er ein Stück

Wachsleinwand über sich zieht, und läßt den Wasserguß ruhig weiterprasseln. Die Taue der Schiffe sind schwer und hängen tot herunter, das Wasser kocht in Millionen Bläschen, der Hafen sieht unendlich traurig aus. Wenn sich hingegen im Hafen ein Sturm einnistet, ist das wieder ein anderer, majestätisch-mitreißender Anblick. Die riesigen Leiber der Schiffe reiben aneinander wie Eisschollen, Ketten rasseln, allgemeines Getöse, Krachen und Heulen, und die Seile in der Höhe peitschen wild durch die Luft, der Wind verfängt sich in ihnen, pfeift und ächzt, und der ganze Hafen tönt wie eine verzweifelte, wilde Äolsharfe.

III

Das Essen ist hier nicht schlecht, berühmt aber auch nicht. Die Seefische stellen noch die größte Delikatesse dar, aber nur für Ausländer; für den Einheimischen ist der größte Leckerbissen ein Stückchen Rohschinken, »del prosciutto crudo«, und dazu Salat, kleiner nesselartiger »Tegolino« oder etwas saftigerer »Romana«. Ich sagte schon, daß der Triestiner Ausgaben in Gaststätten nicht liebt. Er sitzt halbe Tage lang im schönen Börsencafé des riesigen, allen möglichen Niederlassungen dienenden Lloyd-Palastes und liest sämtliche Zeitungen der Welt, seine eigenen eingeschlossen, »Il Cittadino«, »Osservatore Triestino«, »Tergesteo«, »Moniteur de Trieste« und humoristische wie »Il Diavoletto«, »Baba«, »L'Asino«, ohne seine Kehle auch nur mit einem Glas Wasser zu benetzen. Ein Lokal wie den »Chlumecký« kennt der

Triestiner nicht, höchstens daß er vormittags Urbanis »Pasticceria« aufsucht, um hier einen Likörcocktail zu trinken, der »Garibaldi« oder »Menabrea« oder »Cialdini« heißt oder nach jemandem benannt wurde, der gerade politisch in Mode ist, und dazu ein Stück Gebäck oder zwei zu knabbern, eine »Paste« – alles zusammen für höchstens zwei Sechser, inklusive der politischen Demonstration.

Der Ausländer ist allerdings auf ein Hotel angewiesen wie dieses auf ihn. Hier findet er eine bunte Melange aus Küchen der ganzen Welt, eine französische Möhrensuppe »à la julienne« unter zwanzig Bezeichnungen, als »Soupe santé«, als »Bonne femme« usw., italienischen Rostbraten, englisches Beefsteak, türkischen Pilaf. Als Neuling kann er auch hereinfallen und statt der Suppe »Zuppa di pidocchi« bestellen (ein schöner Name: »Meeresläusesuppe«!); serviert werden ihm dann ein paar gekochte schwarze Muscheln – ohne Suppe. Dazu schlechtes, fiebererregendes Wasser, von irgendwo aus Nabrežina in Röhren hergeleitet, so lange hergeleitet, als es nicht in einem der geheimen Karstlöcher versickert, und noch schlechteres, oft wie ein ganzes Spital riechendes Sauerwasser (aus der Steiermark oder woandersher), dafür jedoch sehr gute Weine. Wer am nächsten Tag Zeit für Kopfschmerzen hat, trinke den champagnerartigen roten Rifosco oder den weißen perlenden Prosecco; wer keine Zeit hat oder eine Seefahrt plant, greife zum einfachen herben, aber hervorragenden Vino nero (Rotwein).

Der Konsum von Lebensmitteln, besonders Gemüse, ist beträchtlich, Märkte gibt es überall reichlich, und auf allen geht es sehr lebhaft und bunt zu. Außergewöhnlich sind hier allerdings die Gemüsemärkte, ein eigener Markt für Holzkohle, ein Markt ausschließlich für stark aufgegangenes, statt Biskuit gut zum Wein passendes Weißbrot, der große Obstmarkt, die Piazza della Legna, wo es als hauptsächliche Obstsorte Orangen – und große Käselaibe gibt, einen Markt für Geflügel, wozu auch Schildkröten zählen. Auf den Märkten wird slawisch und italienisch gesprochen, Deutsch verstehen die Verkäufer nicht. Einkaufende Damen gibt es hier sehr wenige, nur lauter gesunde Dienstmädchen aus dem slawischen Umland oder auch einen feisten Kapuzinerfrater, der einen Korb in der Hand hat und dessen lustige Augen sich an der Ware und auch an den Küchenmädchen weiden. Kauft eine Köchin Schildkröten, bindet sie ihnen mit einer Schnur die Hinterbeine zusammen und trägt sie wie eine tschechische Köchin Hühner oder ein Ferkel, nur daß die arme, geduldige Schildkröte stumm ist und nicht quiekt. Es herrscht ein geradezu ohrenbetäubender Lärm auf den Märkten, weil Verkäuferinnen und Verkäufer ihre Waren mit lautem Geschrei anpreisen; vor allem letztere reißen schier unglaublich das Maul auf. Nur die Promessenverkäufer, deren es überall in Triest so viele gibt wie von den Bäumen geregnete Spatzen, gehen still umher mit einem das ganze Gesicht überziehenden Schleichhändlerlächeln und bieten das »Glück«, um es nicht zu verscheuchen, nur flüsternd an.

Der Transport zu den Märkten setzt schon lange vor Sonnenaufgang ein, obwohl der Markt selbst den ganzen heißen Vormittag lang dauert, bis mittag, wenn eine regelmäßig auftretende Brise, der Maestrale, die Luft wieder einigermaßen abkühlt. Man liegt gemütlich in seinem Bett, als man gegen Morgen plötzlich erschreckt aufspringt, als hätte einem jemand mit einem Messer ins Ohr gestochen. Ein neuerlicher, langgezogener, verzweifelter, durchdringender Schrei belehrt einen, daß unten auf der Straße Schreckliches geschieht. Man tritt ans Fenster, reißt die Fensterläden auf und erblickt auf der Gasse – ein unter einer schweren Last trottendes Eselchen, das gerade wieder den Kopf hebt, um dem heraufdämmernden Tag mit einem melodischen Gruß abermals die Ehre zu erweisen. Wohnt man auf der Seite, wo die Sonne aufgeht, sagen einem mehrere hundert Esel ihr »Guten Morgen«, und man kann sich in die stolze Position eines großen Herrn hineindenken. Allerdings gewöhnt man sich die längste Zeit nicht an diese »Eselei«, die nicht die geringste Ähnlichkeit mit dem traditionellen »Iah« besitzt.

Der Esel ist hier schon eine heimische Blüte. Ein eleganter Mensch zögert keine Sekunde, sich einen Esel vor seine teure Karriole zu spannen oder auf einem Esel spazierenzureiten. Dabei ist der elegante Triestiner von wahrer Eleganz, die elegante Triestiner Art sich, allerdings rein französisch modern, zu kleiden, ist wohlbekannt, und man kann diesen guten Ruf nur bestätigen. Bloß offenbart sich dieser Geschmack häufiger bei Männern als bei Frauen. Frauen sieht man zwar oft in Seide, aber mit offenem, manchmal gekämmtem, meist aber heillos zerzaustem Haar. Ein klein wenig fängt hier schon Italien an. –

IV

»Wenn wir den slawischen Wirbelwind auf euch loslassen, fegt er euch ins Meer«, drohte einmal die alte »Presse« den Triestiner Italianissimi. Doch entfaltet er, der Wirbelwind, auch ohne gnädige Erlaubnis Wirkung, weil seine Kraft durch das Zurückhalten nur wächst. Zumindest wird er es schaffen, gleichfalls herrisch vom Karst zu blasen wie der sich hier schon aushauchende Wirbelwind vom Apennin.

Die gewalttätige Hand der ewig kajolierten Triestiner Italianissimi hat den hiesigen Slawen viel Böses angetan. Sogar die rein slawische Landwehr mußte jetzt verschwinden – zur wohl nicht geringen Freude der Landwehr selbst. Manchmal hat es den Anschein, als getrauten sich die armen Slawen nicht einmal wie daheim zu atmen. Die alte slawische Blumenfrau bringt man nur schwer dazu, den Preis slawisch zu nennen, zu viele Verunglimpfungen hat sie schon einstecken müssen. Die junge ist da schon kühner, ihre Augen funkeln, sie sieht einen als Freund an, sobald man slawisch spricht. Zusammen mit einem tschechischen Freund stand ich einmal abends am Abhang von Opčina, und wir zählten mit dem Sekundenzeiger die Umdrehungen des Leuchtfeuers auf dem Leuchtturm. Ein Vorbeigehender blieb erfreut stehen und zählte, sich über unser seltsames, aber ihm ganz verständliches »Slowenisch« wundernd, halblaut mit. Kleinigkeiten sind das, nicht wahr? Eine Kleinigkeit ist aber auch, daß die Tausenden von Arbeitern nach der Arbeit schweigend durch die Stadt gehen und sich erst laut und fröhlich zu unterhalten beginnen, wenn sie den Rand der Campagna erreichen. In der Stadt befinden sie sich auf ihnen feindlichem Boden, auf dem Land hingegen wittern sie ihre Luft, eine mit jedem Tag lebhaftere, mit jedem Tag mehr »ihre eigene« Luft. In der Stadt spielen sich häufig Raufereien ab, Dalmatiner, Kroaten, Slowenen sind einander dabei treue Verbündete; außerhalb der Stadt erwacht ruhig, aber unwiderstehlich der Geist des slowenischen Volkes. In der Stadt gibt es eine einzige, zwar schöne und Slawen gegenüber gastfreundliche, aber trotzdem etwas leblose »čitalnica«; Landstädtchen haben schon viele solche Lesehallen, die lebendig und einflußreich sind, und jedes Jahr nimmt ihre Zahl zu. Unversehens werden die Slowenen in der Krain und in Görz, im Küstengebiet und auch auf dem istrianischen Land ganz lebendig sein – es steht außer Zweifel, wie es dann in Triest, Muggia, Koper, Pirano usw. aussehen wird.

Schon jetzt tritt das slawische Element in Triest so stark in Erscheinung, daß es für eine ganz schöne italienische Gallenkolik reicht. Nicht auf dem Korso, aber auf den Märkten, nicht im Tergesteum, aber im Hafen. Die Sonntagvormittage gehören ganz den Slowenen. Sie strömen vom Land auch in die von patriotischen Priestern verwalteten Kirchen, Tausende kommen aus dem Hinterland zu den Altären des hl. Antonius, und wenn sie dann in der Stadt ausschwärmen, sprüht alles von Heiterkeit und tönt von Lachen. Sogar die flinke Zunge der Italiener stockt, und schweigend und mit Erstaunen betrachtet der eingefleischte Städter diese wie die Blüten eines gesunden Baums vor seinen Augen ausgestreuten anmutigen Sloweninnen. Ich weiß nicht, ob ich sagen soll, die Sloweninnen des triestinischen und istrianischen Territoriums seien Objekt der Bewunderung für jeden Maler, oder ob ich sie wunderschön nennen soll, also sage ich nur, es sind die schönsten Mädchen der Welt. Sie sind von anmutigem Wuchs, meist groß, haben hübsche ovale Gesichter, einen sorgfältig gepflegten, zarten Teint, Wangen wie Rosen, ein Auge wie ein taufeuchtes Veilchen. Und dazu ihre Tracht! Eine an den Rändern mit Spitzen besetzte schneeweiße »Peča« fließt ihnen, am Scheitel einen schönen Kamm bildend, wie ein Brautschleier vom Nacken, die breiten Ärmel einer Battistbluse enden ebenfalls in Spitzen, der Rock ist aus dunkler Seide und mit einem breiten hell-bunten Band eingefaßt, eine ärmellose offene Seidentunika fällt vom Hals bis zum Boden, das bestickte Mieder ist kurz, quer über die Brust ist ein blitzend weißes Tuch geschlungen, und am Busen steckt eine Rose oder Nelke – ohne Blume auf der Brust würde ein Mädchen erst gar nicht aus dem Haus treten. Man kann sich keine heiterere, blütengleichere Erscheinung vorstellen! Auch die Greisinnen haben fast alle die kostbare Schönheit des Alters – Schicksal, Arbeit und Leiden haben vielleicht ihre Stirn gefurcht, die Wangen ausgezehrt, das Antlitz aber ist trotz der ihm dadurch verliehenen scharfen Züge regelmäßig, ansprechend.

Den fröhlichsten Anblick bieten die rund hundert Kinder zur Zeit der »birma« (der Firmung). Jedes Kind ist von einer Gruppe Erwachsener, männlichen und weiblichen Verwandten, Paten und Patinnen, umgeben. Jeder von ihnen hat die Pflicht, dem

Kind an diesem Tag Zuckerbrezeln zu kaufen, je mehr, desto besser, die Brezeln werden auf eine Schnur aufgefädelt, dem Kind wie eine Schärpe über Schulter und Brust gehängt, und die kleinen Firmlinge schreiten stolz und festen Schritts einher, auch wenn die Last und die Hitze das Ihrige tun, sie in ihrem Stolz zu erschüttern.

Triest ist sozusagen auch (und wird es immer mehr) das Zentrum aller slawischer Elemente, die an der Adria und dahinter wohnen, am meisten aber von Kroaten, kroatischen Küstenbewohnern und Dalmatinern. Im Hafen ist der Dalmatiner am interessantesten, auf dem Markt hingegen der Čič. Die Tschitschen sind ein seltsamer, trauriger Ausläufer des großen Stammes der Slawen. Sie siedeln in geringer Zahl auf den Bergen des nördlichen Istriens. Sprachen haben sie zwei, mit Kroatisch gemischtes Slowenisch und mit Italienisch gemischtes Slowenisch. Ihre Kleidung ist fast identisch mit jener der Slowaken um Nitra, ihre Geschichte besteht aus einer einzigen Sage: sie seien unter irgendeinem Otakar aus Böhmen hergezogen. Sie sind reich an Volksliedern, die bisher noch niemand aufgezeichnet hat, haben wenig Schulen, noch weniger fruchtbaren Boden, sind arm, sehr arm. Ihre Männer kommen mit Holzkohle, ihre Frauen mit ein paar ärmlichen häuslichen Produkten und mit Gewürzen in die istrianischen Städte und nach Triest. Schon auf dem Weg nach Triest bettelt die Frau jeden Vorübergehenden an. Der Städter weiß, daß es die Frau weit hat, die Wege fast unpassierbar sind, die Last groß ist, er versucht daher, sie unter Druck zu setzen, zu zwingen, spottbillig zu verkaufen, ja, er läßt sie sogar absichtlich, ohne sie zu beachten, den ganzen Tag lang weinend neben ihrer Ware stehen. Gelingt es ihr, sich ein elendes Nachtlager zusammenzubetteln, bleibt sie bis zum nächsten Tag, hat sie kein Glück, nimmt sie ihre Last, schließt sich Landsleuten an und schreitet, mit den anderen ihre traurigen Lieder singend, hungrig zurück in ihre Berge. Es ist eine der ergreifendsten Elegien unverschuldeter Armut, es sind ja aber – nur Slawen!

Auch ein Tscheche findet hier Landsleute mehr als genug. Er kann sich bei patriotischen, von Patriotismus aber nichts wissenden Schneidern, Schustern und Handschuhmachern von Kopf bis Fuß ausstaffieren lassen; er kann sich auch in anderer Hinsicht restaurieren in der Osteria »Zur Stadt Prag«, was ich ihm aber nicht gerade empfehlen würde. Die meisten Landsleute haben wir allerdings oben im Kastell unter den Soldaten. Durchquert man den Hof und spricht mit seinem Begleiter tschechisch, hört der Kanonier jählings auf, sein Riemenzeug zu wichsen, ruft ins »cimra« hinein: »Wenzl, komm!« Ein ganzer Trupp stürzt heraus, um einen anzuschauen. Und betrachtet man die in die Stadt hinunterlugende Kanone und fragt seinen Gefährten: »Was das wohl für ein Geschützkaliber ist?«, antwortet der danebenstehende Unteroffizier tschechisch: »Bitt' schön, 24pfündige!«

1870

Bukarest

I

In eleganten kleinen Waggons mit englischem Firmennamen – jedes Fabrikerzeugnis in Rumänien ist ausländischer Herkunft – rollten wir aus dem Bahnhof von Giurgiu. Ganz Giurgiu war in eine einzige gelbe Staubwolke gehüllt. Blind hatten wir uns vom Anlegeplatz zur Zollwache führen lassen, husteten uns dann in einem Fiaker von der Zollwache zum Bahnhof durch, jetzt flog der Zug dahin, in der Ebene war es ruhig, windstill, die Luft war rein.

Schon vom Dampfschiff hatten wir nicht wenig gespannt zu den Ufern Rumäniens geblickt. Welcher Unterschied zwischen den beiden Ufern der hier so majestätischen Donau! Das türkische rechts, gebirgig, felsig und romantisch; das linke, rumänische, endlos, endlos flach. Rechts meinen wir, obwohl die Anhöhen ziemlich steil zum Wasser abfallen, dennoch ein ordentliches Stück Erde zu sehen; links nehmen wir, obwohl es nirgends einen Rain oder die Barriere eines Gebirges gibt, scheinbar nur einen ganz schmalen Uferstreifen wahr, eine dunkle Linie zwischen dem spiegelklaren Fluß und dem blauen Himmel. Rechts das alte Bulgarien, wo der Slawe in den Ketten der

Moslems stöhnt, links das junge Rumänien, wo sich im Verlauf von ein paar Jahrhunderten mehrere slawische Stämme romanisierten, entfremdeten. Am türkischen Ufer hohe Wälder, braune, unebene Felder, manchmal ein Städtchen mit weißen Minaretten und hoch eingezäunten Gärten, manchmal wieder ein bulgarisches Dorf, eigentlich eine Ansammlung von Erdlöchern und Lehmhaufen, ein unsäglich armes und trauriges Zuhause, das wie die Umgebung einer verlassenen Ziegelei bei uns aussieht. Manchmal wieder eine türkische Wachstube, an deren weiße Wände mit Kohle Koranstellen geschrieben sind und vor deren Tür auf gekreuzten Beinen ein Wächter sitzt, gleichgültig auf das Giaurenschiff[1] hinunterblickend und zur gegenüberliegenden Seite, von wo schon so oft Horden bulgarischer Emigranten durchgebrochen sind. Am rumänischen Ufer weder Städte noch Dörfer, höchstens, daß manchmal ein paar Trauerweiden das langweilige Profil unterbrechen. Hie und da schleicht ein Fuhrwerk dahin, vor ihm mehrere Paare schwarzer Büffel mit kurzen, platten und gekerbten Hörnern. Dann abermals eine kleine Wachstube mit einem optischen Telegraphen; die schlicht in Leinen gekleidete Wache salutiert vor unserem Dampfer.

Nun fahren wir aber schon mit Dampf durch die rumänische Ebene. Wir haben die erste Station passiert, und neuerlich auf beiden Seiten das ausgedehnte braunschwarze Feld der »schwarzen Walachei«. Die erste heurige Ernte ist schon eingebracht, Land und Leute ruhen sich aus, obwohl beide nicht der Ruhe bedurft hätten. Wo gearbeitet wird, geschieht es nur der jungen, kaum ausgebauten Eisenbahn wegen; sie planieren die niedrigen Hänge, und so tief sie auch graben, überall noch schwarzer, fettiger Humus! Die Arbeiter allerdings sind behäbig, sie stehen auf ihre Werkzeuge gestützt da, gaffen und unterhalten sich, nicht einmal unser Zug interessiert sie. Auf ihren Köpfen sitzen entweder breitkrempige Hüte von enormer Größe oder hohe, kegelförmige, zottige Mützen. Ihr Leinengewand, eine Heimarbeit der Frauen, besteht nur aus zwei Teilen, einem langen, an den Schultern bunt bestickten und um den Leib mit einem Ledergürtel zusammengeschnürten Hemd sowie weiten Hosen. Am Gürtel haben sie als einzigen Schmuck große, auf verschiedenste Art bearbeitete Messingschnallen, an den Füßen tragen manche Opanken, die meisten nichts. Zottige Pelzmäntel und Filzumhänge mit angeflickten Ärmeln liegen auf dem Boden.

Wir fliegen immer weiter. Einzelne Dörfer huschen an uns vorüber, jedes ein einziger hoher Zaun, Ruten und Schilf und in den Himmel ragende Brunnenstangen. Dann wieder Felder, manchmal Schafpferche, manchmal weite, mit aufgeblühten Pfingstrosen übersäte Weiden. Die ganze Ebene ist hier wie ein ausgebreiteter purpurroter Mantel – »die Sonne küßte die Erde, und România erblühte!«

Zwischen Giurgiu und Bukarest liegen nur ein paar Stationen – schon sind wir in den hellen Bahnhof der rumänischen Hauptstadt eingefahren. Der Zug hat gehalten.

Das »Paris an der Dîmbovița«, der Stolz der Rumänen, die künftige Weltstadt der rumänischen

Träume! Ihre Geschichte weist nichts Besonderes auf, ihr Ursprung reicht ins Reich der Sagen: Im Lande der Bulgaren ist das »Dorf« Warna, dessen weißes Gewand die Wellen des Schwarzen Meeres küssen. Dort lebte der unglaublich reiche Jafet Bukur mit seiner schönen Tochter, »fein wie der Blütenstaub einer Lilie«, wie der Dichter Bolintineanu[2] sagt, »schön wie ein Zicklein«, wie ein rumänisches Volkslied sagen würde. Sie hieß Guzla, und der Freier waren viele, sogar aus Übersee. Der Vater zauderte, und vielleicht verdroß die Tochter das Warten, eines Morgens war ihr Zelt plötzlich leer. Gleichzeitig verschwanden Jafets bestes Pferd Zara und der treueste Sklave, der junge Ibrahim. Jafet schwang sich geschwind auf das Fohlen Kebir, um es mit seinem Instinkt seine Mutter Zara aufspüren zu lassen. Aber der Ritt dauerte lang, sieben Tage und Nächte stürmte er im Galopp dahin, bis er die sich oberhalb der Dîmboviţa im Land der Daker erstreckenden Urwälder erreichte. Hier überraschte er im Dickicht die zwei geflohenen Liebenden – das Bild der Liebe bezwang seinen Zorn, statt sie zu verfluchen, gab er ihnen seinen Segen. Er übersiedelte mit seinem gesamten Reichtum aus Warna hierher an die Dîmboviţa und gründete Bukarest, was »Stadt der Freude« heißt.

»Stadt der Freude«. – Gut, daß wir uns bei der Gepäckausgabe verspäteten und die Bukarester Fiaker in der Zwischenzeit vergeben waren. Auf unseren Koffern sitzend, warten wir, bis einer von ihnen zurückkehrt, und blicken zur Stadt. Welch schönes Bild! Vom Bahnhof senkt sich eine leichte Anhöhe zur Dîmboviţa hinab, und auf der gegenüberliegenden Seite steigt in einem breiten Rahmen grüner Gärten und Parks die ungeahnt große, weitläufige Stadt empor. Alles funkelt dort, als wäre die Stadt erst gestern erblüht! Die Häuser sind weiß und groß, die Dächer entweder mit weißem oder wie Silber glänzendem oder zinnoberrot gestrichenem Blech gedeckt. In der Mitte eines jeden Dachs eine Glaskuppel, als eine das Innere des Hauses beleuchtende Laterne. Hundert griechische Kirchen sind dort verstreut, jede hat mehrere Kuppeln und etliche Türme, alles ist vom südlichen Glanz der Maiensonne übergossen, und alles glänzt und glitzert und sprüht, daß das Auge fast erzittert und zu dem frischen grünen Kranz ausweicht. Doch es kehrt wieder zurück, um stets von neuem in dieses Meer aus Feuer und Silber einzutauchen!

II

Aber – was nützt's – wir sind bereits an der Schwelle des Morgenlands, und das »Paris an der Dîmboviţa« ist ein Paris des Ostens. Bei orientalischen Städten gilt die unerbittliche Regel: Gefällt dir die Stadt von außen, geh nicht hinein, und bist du in ihr, dring nicht tiefer in sie vor. Stößt man in Bukarest weiter ins Innere vor, zum Beispiel in ein in einem Gasthaus gemietetes Zimmer, wähnt man sich vom Geist des vereinigten orientalisch-rumänischen Schmutzes umweht; nur in italienischen Herbergen findet man hinsichtlich des Schmutzes Vergleichbares, aber bei weitem nichts so Perfektes! Sitzt man im schönen Basar der Hauptstraße, unter einem Glasdach, in schattiger

Kühle auf großen Fliesen, trinkt Kaffee und stöbert in einem halben Hundert Zeitungen, denkt man sich leicht in eine Pariser Passage hinein; aber geh nicht ans Ende des Basars, in eine Seitengasse hinaus! Unternimmt man abends inmitten der Kutschen, die die breite, mit feinen Kieselsteinen bedeckte und ständig besprengte Chaussee füllen, eine Spazierfahrt, betrachtet man die eleganten Landauer, die nahe einer aufspielenden Militärkapelle wie angewurzelt in einer Reihe dastehen, und die eleganten, schönen Damen in ihnen, die hier sich lässig räkelnd »Promenade sitzen«, fühlt man sich vielleicht in einen Teil der Champs-Élysées versetzt, aber bieg ja nicht gleich rechts in die Vorstadtgäßchen ein!

Bukarest ist jung wie das ganze rumänische Volk. Es weiß noch nicht, was es eigentlich will, es möchte alles Neue, woanders Strahlende, Große, kann sich aber auch seiner ursprünglichen Haut noch nicht entäußern, sich noch nicht von den alten Formen lossagen, die noch keine Ästhetik oder einen eigenen Charakter entfalteten. Bukarest entwickelt sich erst, beginnt erst zu Schönheit heranzureifen. Es gibt genug neue große Gebäude, sie wurden an passendsten Stellen errichtet, haben aber, als wären sie nur der perspektivischen Wirkung, des äußeren Stadtbilds wegen da, keinen Stil und auch keine Schönheit. Lediglich die große Zahl der Laternen oben verleiht allem eine gewisse Eigenart. Die elegante Hauptstraße wurde angelegt, aber nicht fertiggebaut; auch ein fürstliches Palais steht dort, klein, bescheiden, wie eine beliebige Villa bei uns, und unmittelbar neben ihm lugen traurige Ruinen in die Welt, deren Besitzer nicht im geringsten an einen Neubau denkt. Schlösser gibt es in Bukarest überhaupt nicht. Man bekommt eines oder zwei gezeigt, das Brîncoveanu-, das Ghica-Palais[3], mit Fassaden, nicht größer als ein Handteller und nüchtern wie ein Quäker; der Kalkstuck bröckelt, nackte, schlecht gebrannte Ziegel stehen hervor, nirgendwo Marmor, Sandstein, Granit. Neue Bauwerke werden ebenfalls bald verwittert aussehen, es mangelt ja an Material. Weit und breit kein Stein, was aus den Bergen herangeschafft wird, hat einen enorm langen Weg, der Transport ist teuer – wir sahen, wie über vierzig Büffel vor eine einzige Ladung gespannt waren; bei Dürre ist der Boden abgrundtiefer Staub, bei Regen abgrundtiefer Schlamm. Von der Eisenbahn existiert vorerst nur eine einzige kurze Strecke, von Giurgiu nach Bukarest, bei der zweiten, Richtung Moldau, wird soeben erst der Bahnhof draußen bei der Malmaison-Kaserne errichtet.

Hundertdreißig Kirchen und keine einzige, die etwas taugt. Alle in monastisch-griechischem Stil, lauter kleine Kuppeln, Türmchen, architektonischer Schnickschnack. Die meisten Straßen schmal, holprig, kurvig, ich sah keine einzige gerade Straße – »ulita« oder »strada« beziehungsweise »calea« und wie sie sonst noch heißen. Die Straßennamen sind eine kuriose Mischung, nach religiösen, historischen und politischen Erwägungen festgelegt. Die eine heißt »Saul«, die andere »Palästina«, die dritte »Ghica« – vom Volk nur »Adels-Ghica« genannt – die vierte »Kogălniceanu« – nach Mihail Kogalnicanu[4], dem Bojaren von Moldau, der mit Erlaß vom 2. Mai 1864 viertausend Leibeigene zu freien Menschen gemacht, den Code Napoléon, Schwurgerichte, zivile Trauungen und allgemeine, wie auch kostenlose Schulpflicht eingeführt hat und daneben noch als großer Freund der Deutschen und ein noch größerer Feind alles Slawischen berühmt wurde. Auch eine »Straße der Gerechtigkeit« haben sie hier, aber schon weit draußen, in der Vorstadt Mahala, wo sich auch ein »Freiheitsplatz« befindet, sehr uneben und sumpfig wie vorderhand die rumänische Freiheit selbst. Plätze weist Bukarest eigentlich gar keine auf, wenigstens keine besseren, auch keine Skulpturen oder was immer Monumentales. Dafür ist die häufige Aufschrift »Gradina« – Garten – berechtigt, Gärten gibt es hier in Hülle und Fülle, öffentliche, private und Gasthausgärten, und sie sind Bukarests vornehmliche Zierde. Zu beiden Seiten der erwähnten Chaussee erstrecken sich ausgedehnte, schöne Parks, ein Stück außerhalb der Stadt der angenehme schattige Banessa, fast im Zentrum liegt der weitläufige Cişmigiu-Garten, eine bezaubernde Anlage mit hohen Bäumen, breiten Spazierwegen, Teichen, Restaurants usw. Der Straßenbelag ist ganz verschieden, in den ältesten Teilen entweder Holzbalken oder gar nichts, meist nichts, in neueren Vierteln buckliger Stein oder nichts, gewöhnlich abermals nichts. Deswegen hängen bei Schönwetter auch Staubwolken über den Straßen, und bei Regen gestaltet sich die Wasserpartie um so hübscher, als die von den Dächern laufenden Rohre etwa in Höhe eines erwachsenen Mannes plötzlich in einem Loch münden und den Passanten zwingen, vor ihrem Strahl in die Mitte des Gassenbachs zu flüchten.

In den älteren Stadtteilen fesselt der Stil der durchweg hölzernen und einstöckigen Gebäude. Einzelne Dachfirste sind recht pittoresk, die Stiegen ins Obergeschoß befinden sich nicht im Inneren der Häuser, sondern führen im Hof freitragend hinauf. Lange Pawlatschen laufen um das ganze Stockwerk herum und dienen als Veranden – über Misthaufen. Auf phantasievoll gestalteten Geschäftsschildern kann man auch die Folklore studieren. Zum Beispiel leuchtet eine riesige Sonne auf ein unschuldig blökendes Kälbchen, was Milchverkauf signalisiert. Gleich daneben rennt ein Mohr durch die Wüste, wir sehen nichts als ihn, Wüste und Himmel; überschrieben ist die Szene aber mit »Leul de aur« (Zum goldenen Löwen) – dem Mohren auf den Fersen ist nämlich ein Löwe – weiß Gott wo hinter ihm. Ihm gegenüber zeigt ein Schild an, hier wohne eine Geburtshelferin. Die Jungfrau Maria schwebt – in Form eines Brustbilds – gen Himmel und schickt ihre Strahlen auf einen Mann hinab, dem eine Hebamme ein Kind reicht. Besagten Vaters Haar jedoch ist schon silbrig, und das Lächeln der Jungfrau Maria wirkt irgendwie seltsam.

III

Eine junge, aufstrebende Stadt und junge Menschen – kein Wunder, daß es in Bukarest lebhaft, ja sehr lebhaft zugeht! Wir brachen gleich zeitig in der Früh auf, um uns bis in die Nacht durch dieses Leben zu drängen. Man tritt vors Gasthaus, und schon steht man in einer Menschenflut. Vierschrötige, stolze

Bauerngestalten schieben einen zwischen ihren Filzumhängen hinunter zur Dîmboviţa, unzählige Bulldoggen geraten einem zwischen die Beine, und schnaubende Pferde, die unter einem bemalten und vorne an der Deichsel befestigten Holzbogen einherstolzieren, legen einem zutraulich das Maul auf die Schulter. Man läßt sich den Hügel hinabschubsen, überquert eine baufällige Holzbrücke und steht auf dem gedrängt vollen Viktualienmarkt.

Der Gestank verwesenden Bluts und sich zersetzenden Talgs verschlägt einem den Atem. Fleischbänke, aber wie schmutzig! Gleich daneben ein anderer Geruch, von Fisch; Donauhausen und Schwarzmeermakrelen und Zungenschollen glänzen auf langen Tafeln. Gärtner haben ihre Ware aufgetürmt, darunter Gemüse und Salate, daß es Brennesseln wie diese in der ganzen Welt nicht gibt; die Bauern haben lebende Lämmer angeschleppt. Man trägt hier alles auf waagerecht über die Schulter gelegten Stangen; die Last wird des Gleichgewichts wegen an beiden Enden der Stange festgebunden, und die meckernden Lämmer hängen kopfunter wie zwei Glocken. Daneben stehen Quarkverkäufer, die an ihren Stangen den in durchnäßte Plachen gehüllten Quark schaukeln lassen. Bäuerinnen hocken auf dem Boden, vor ihnen Haufen von Brimsen in Form grüner Kegel und Butterfässer. Wie unappetitlich die schmierige, schmutzigweiße Butter aussieht, ungewaschen und wie mit lauter Borsten bewachsen, und wie häßlich die alten Bauernweiber sind! An den Füßen Männerschuhe, auf dem Leib ein schlampiger Leinenrock, wanstförmige Bäuche, riesige, tief hinabhängende Brüste, braungebrannt und vollkommen entblößt. Und wie hübsch die schnatternden Bauernmädchen sind! Mit biegsamer Figur, gelenkigen Hüften, die Körperchen zum Hineinzwicken, das Gesichtchen wie hellbrauner Samt und ein nachgerade vulkanisches Auge. Sie tragen Sandalen mit roten Riemchen, das blaue Kleid ist an der Taille von einem bunten Schal umschlungen, vom Hals fallen vorne und hinten zwei verschiedenfarbige Schurztücher. Auf dem Kopf hat manche ein zu einem Kamm gebundenes, hinten herabhängendes weißes Tuch, ähnlich der schönen Peča der Slowenin, der Kopfschmuck anderer hingegen ist schlicht, ins glänzende, blauschwarze Haar sind eine Menge Dukaten und in die Zöpfe lauter Blumen geflochten. »Tica – Tica!« rufen sie einander aus allen Richtungen zu, als könne keine anders als Tica heißen.

Große Bohnenhaufen wechseln sich ab mit Bergen von Zwiebeln oder Weizen- und Maisbroten. Daneben stehen mobile Eßstände mit allerlei feinem Backwerk und Pfannen zum Omelettbraten. Weiter weg wiederum ein Zuckerbäcker mit Wasser, in dem Eis schwimmt, mit Limonaden und großen Glasgefäßen, in denen dicke gelbbraune Braga, eine Art Weizenkwaß, schäumt. Abermals Haufen von Melonen und Gurken, Wasserrüben und Kohlköpfen. Und dazwischen drängeln sich einkaufende Bürgersfrauen, so geschwätzig, daß einem die Ohren gellen. Sie verspotten einen alten Türken, der hier Eier und Gemüse, seine tägliche bescheidene Kost, kauft. Alle Moslems haben sich aus den Donaufürstentümern schon längst verzogen, da sie ihrer besonderen Gebräuche wegen hier nicht isoliert unter Fremden leben können – weiß Gott, was diesen Greis hier gehalten hat! Sein weißer Seidenkaftan wallt von seinem gekrümmten Rücken bis zum Boden, der lange weiße Bart zittert wie im Wind.

Wir schlendern durch mehrere Ausläufer des Markts, den Kanevas-, den Schustermarkt usw., und kehren wieder in die Stadt zurück. Hier pulsiert schon der lebhafteste Verkehr. Fiaker rasen wie toll dahin, manchmal fahren auch schon herrschaftliche Equipagen vorüber. Es gibt an die tausend Fiaker in Bukarest, mehr als zehntausend private Kutschen, das Rumpeln der Fahrzeuge hallt wie ein unablässiger ferner Donner durch die Stadt und dauert den ganzen Tag bis spät nach Mitternacht. Wir lauschen dem Rumänisch der Passanten; manchmal dünkt uns, wir würden zwischen alten Römern herumspazieren, die Latein sprechen, manchmal tönen rein slawische Klänge – »otrava« (Gift), »darů«, »glasů«, »bogatů«, »prea veselů«[5] schwirrt es um unsere Ohren. Unentwegt aber hört man aus allem »Nény – Nény!«; vor jedem Haus sitzt ein Kindermädchen mit mindestens einem Kind, wiegt es ständig und sagt dauernd: »Nény – Nény![6] « Jeder dritte Mensch ist ein Pope, ein schmutzigschwarzer Kerl. Bukarest ist ein Mosaik sämtlicher Konfessionen. Es gibt hier Griechisch- und Rumänisch-Orthodoxe, Katholiken, Protestanten, orthodoxe und reformierte Juden, Armenier aller drei Abarten, Baptisten, Methodisten, Lipowaner, die wie die libanesischen »Motuvali«[7] ein Gefäß, aus dem ein Andersgläubiger getrunken hat, zerschlagen, ja sogar die schwäbisch-jerusalemische Hoffmann-

Sekte, die Palästina wieder besiedeln möchte. Träg gehen da und dort Soldaten vorbei. Sie sind entweder national, in Leinen oder in eine Galauniform nach französischer Militärmode gekleidet. Die Offiziere sind elegant, die gemeinen Soldaten fast immer schöne Menschen – jeder »ein Rumäne wie eine Eiche« und jeder stets mit natürlich-intelligentem Gesicht. Und jeden Augenblick winselt am Gehsteigrand ein »bezaubernd-schön« häßlicher Bettler auf; eine noch größere Zahl ungewöhnlicher Krüppel als Bukarest hat nur mehr Konstantinopel. Der größte Feind der rumänischen Schönheit dürften die Pocken sein, etwa zehn Prozent der Menschen ist von ihren dichten Spuren gezeichnet.

Wir begegnen immer wieder schon eleganten Damen. Abermals können wir den Klang des Rumänischen studieren – wie süß es sich anhört, welchen Klang es hat! Man glaubt es, daß Alecsandri[8] im Gedicht »Marioara Florioara« bis zu achtzehn Verse hintereinander reimen konnte! Wäre nur nicht das Theater, in dem die Stücke von Heliade[9], Ponescu usw. aufgeführt werden, schon geschlossen, und könnten wir dort doch einer Deklamation lauschen! Aber – wäre doch bloß nicht jede Dame geschminkt! Eine Eleganz herrscht hier! Von der Aristokratin bis zur Näherin, alles in Pariser Mode, keine Näherin, die monatlich nicht wenigstens zwei neue schicke Kleider haben muß – ein Glück noch, daß sie nicht teuer sind und sie jede erstehen kann, sofern sie nur etwas anderes veräußert, zum Beispiel die Sittsamkeit. Geschäfte mit modischem Firlefanz gibt es jede Menge, überhaupt Läden mit allem möglichen. Der

Handel ist hier sehr rege, für die Rumänen allerdings negativ, nur Konsum. So wie die Engländer und Franzosen die Industrie, die Slawen und Deutschen das Handwerk, haben wiederum Griechen und Juden den Handel ganz in ihrer Hand. Es gibt nur eine einzige Spezialität in den hiesigen Geschäften. In einem werden z. B. zottige rote Mäntel für Kutscher – die hier bei Regen alle rote Mäntel tragen – und dazu Flöten, in einem anderen belgische Spitzen und Flöten, im dritten russisches Porzellan und Flöten verkauft – anscheinend besteht das ganze rumänische Volk aus Flötenbläsern.

Es ist Mittag, gehen wir zum Frühstück, hier wird auf französische Art gefrühstückt und zu Mittag gegessen. Wir suchen wieder unseren Lazăr gegenüber dem Theater auf. Wer in Bukarest eine Gaststätte gefunden hat, in der er nur halbwegs annehmbar essen kann, möge den Fund in Ehren halten. Wir hatten am ersten Tag gar nichts zu essen bekommen, was überhaupt genießbar gewesen wäre, am zweiten eine saure Suppe, nach der uns gemeinsam übel wurde, und erst gestern in der Früh passierte mir, daß ich mir die Butter statt aufs Brötchen in den Kaffee tat, weil ich die weiße Butter für eine Extraportion Sahne hielt. Bei Lazăr gibt es nicht wie überall sonst die beleidigende Aufschrift: »Nu este credit« – »hier wird nicht kreditiert« –, man ißt dort gut in den Gartenlauben, die Bedienung ist serbisch, und während des Essens produziert sich ein Duett, ein gleichzeitig als Gitarrist wirkender italienischer Tenor, mit einem Falsett à la Lukes[10] und einem der Sentimentalität einer Nähmamsell entsprechenden Gefühl, und ein

Flötenspieler, der um alles herum die seltsamsten Fiorituren macht.

Auf das Frühstück folgt die Siesta – in Bukarest wie in Rom bis nach drei Uhr. Dann beispielsweise wieder ein Spaziergang, anschließend das Mittagessen, dann in einem Wagen sitzend Korso auf der Chaussee und anschließend suchen wir ein größeres Gartenrestaurant auf. Gewöhnlich spielen hier zwei Kapellen, eine Militärkapelle – lauter Tschechen – und eine weitere einheimische. Letztere ist schwach besetzt. Ein Zimbal, drei Geigen, eine Baßgeige, ein Cello und dazu noch ein Büschel Mundpfeifen, auf denen à la Papageno gespielt wird. Das klingt wild, als würde ein Sturm über Felsen hüpfen, der Rhythmus schlägt lauter unvermutete Purzelbäume, eine Melodie gibt es praktisch nicht, und sie ist endlos. Der Tschardasch der ungarischen Zigeuner ist demgegenüber eine Symphonie, Salonmusik.

Der Garten füllt sich mit eleganter Welt, man promeniert, sitzt, unterhält sich aufs ungezwungenste. Just neben unserem Tisch sitzt eine Halbweltdame mit einem Gecken. Die Beine über drei Stühle ausgestreckt, raucht sie eine Zigarre – »ein Bedürfnis ist es zwar nicht, Fortschritt allemal«. Er, ein echter »omul de lume« oder Lebemann, neckt sie und nimmt ihr die Zigarre aus dem Mund. Er erzählt ihr etwas Lustiges, Sions Lied:

Ach du mein Gott, Zigarren
sind bloß für Männer da,
deine süßen Lippen sind dafür zu schade,
weil man sie nicht küssen kann!

Aber – er hat sie doch schon geküßt! Na also – es geht ja doch!

IV

Das schöne Land Rumänien hat schon so manchen angelockt. Polen wie Russen, Ungarn wie Phanarioten haben nach ihm gegriffen. Am meisten aber litt es durch die Einfälle der Türken. Das rumänische Volk hatte das Schicksal aller unserer östlicher lebenden Völker, daß es Jahrhunderte mit Tataren, Hunnen und Türken im Kampf lag, daß es, diese Angriffe zurückschlagend, verblutete, damit sich das westliche Europa um so ruhiger entwickeln und – dann diesen Osten auch noch verunglimpfen könne, er stünde nicht auf der gleichen Entwicklungsstufe. [...]

Athen

[…] Unser Pilsen ist genauso schön wie das neue Athen und unser Prachatitz weitaus interessanter. Da und dort ein altes schwarzes Haus mehr und dazu das solide Straßenpflaster machen aus Pilsen sogar eine hübschere Stadt. Das alte Athen soll angeblich auch kein Pflaster gehabt haben, erzählt man, dann sind sich das neue und das alte wenigstens in dem Punkt ähnlich! Den Boden bedeckt ein ziemlich schlechter Makadam, und den Gehsteig trennt von der Fahrbahn eine Rinne, in die sie einfach alles hineinschütten. Eigentlich hat die Stadt nur zwei sich kreuzende, lange Hauptstraßen, die Äolos- und die Hermesstraße. Der Rest ist ein Trauerspiel, das reinste Chaos, irgendeine Bruchbude, Ruinen und unverfälschtester südländischer Schmutz. Abseits der Zentren ist es unwirtlich wie in Konstantinopel, nur die Staffage eine andere: statt räudiger Hunde rothaarige Ziegen.

Das schönste Baumaterial der Welt haben sie, den weißen pentelischen Marmor, einen Stein voller Licht und Luft, sie aber errichten nur Beweise seelischer Finsternis aus ihm. Es ist nicht gelogen, wenn ich sage, es gäbe in ganz Athen kein einziges anständiges »Athener« Bauwerk. Das königliche Schloß sieht aus wie ein Krankenhaus, die – innen hier übrigens nicht üblen – Hotels, die Ämter, alles im nüchternsten Zinskasernenstil. Mit dem Universitätsgebäude wollten sie eine Art Beweis ihres klassischen Epigonentums liefern, doch gelang ihnen das wie dem Provinzkantor die Komposition der neuen *Hugenotten*[1]! Auch eine Kathedrale haben sie sich gebaut – »Bein, wende deinen Schritt!« Kleinere Häuser sind sehr praktisch angelegt, Wohnzimmer und Stall zugleich; aus dem Fenster schaut der Hausherr oder sein Esel – der Esel beginnt laut zu schreien, die ganze Straße antwortet, und schon meint man, ganz Athen stünde neben einer Säge und würde Bretter schneiden! – Verhältnismäßig imposant ist nur die Zahl der öffentlichen Wohltätigkeitsanstalten. Das griechische Volkslied klagt so oft über die »ferne, traurige Fremde«, dennoch zieht eine große Zahl Griechen in die Welt, verdient Millionen und opfert sie dann dem Vaterland.

Was für hervorragendes Baumaterial hier zur Verfügung steht, merkt man auf den Friedhöfen: Grabmale wie schimmernder, in der Sonne glitzernder frischer Schnee, daß einem fast die Augen weh tun. Kunst wird man aber auch auf diesen Grabsteinen nicht finden, ein Relief wie das andere: eine von den Verwandten Abschied nehmende entschwebende Seele, alles erst kürzlich ausgegrabenen alten Reliefs nachgebildet. Die Kunst ist hier wie in Ägypten schablonenhaft, »so wird ein Reiter, so ein Pferd gemacht«. In der Akademie sah ich auch ein von einem griechischen Maler stammendes Bild; es erfreut sich hoher Wertschätzung, stellt das bekannte Geschehnis von Mesolongion[2] dar und ist nichts wert. Und das

Theater – was soll das sein? Einst war das Theater in Griechenland in Blüte gestanden, unter den Marmorsesseln des Theaters bei der Akropolis befindet sich auch ein Ehrensitz, auf dem als Aufseher und Referent der Gott Dionysos höchstpersönlich saß – allerdings unsichtbar wie der heilige Jakob auf dem Patriarchenstuhl der Jerusalemer Armenier – jetzt haben sie hier vier Monate lang eine schlechte italienische Oper und schreien »Brava« und »bravi[3] «! Die einheimische Musik wird von mehreren Burschen repräsentiert, die vorgeben, blind zu sein, sowie von einem Militärorchester. Es gibt in Athen kein größeres Abendvergnügen, als auf dem Gelände des Zeustempels zu sitzen. Wenn der silberne Mond sich emporgeschwungen hat und alles ringsherum in klares grünes Licht getaucht ist, dann erwacht hier das von hundertfünfzig übriggebliebene Dutzend turmartiger Säulen zum Leben von Riesen, es scheint, als wären ihre korinthischen Kapitelle gerade erst an diesem Abend aufgeblüht, man meint den Duft einer olympischen Nacht zu riechen, das Pulsieren antiken Lebens um sich herum zu spüren, fast hat man sich schon hineingedacht in dieses Gewoge des Goldenen Zeitalters – da legt nebenan die Militärkapelle los, und man geht lieber schlafen!

Ich erkühnte mich einst, Paris ein modernes Athen zu nennen. Erbin des klassischen Athens hinsichtlich seines Lebens und Geistes. Nun kann ich hinzufügen, daß das neue Athen genauso ein Zentrum aller Griechen wie Paris das von ganz Frankreich ist und daß wiederum das Athen am Ilissos das Athen an der Seine gewaltig nachäfft. Es entlockt einem fürwahr ein Schmunzeln, wenn man hier diesen Place de la Concorde, ohne Geschichte und ohne Schönheit, erblickt! Auch Boulevards haben sie sich geschaffen – menschenleer, ohne Läden, ohne Cafés und auch – ohne Bäume. Dabei könnten sie hier eine ganze betörende Vegetation hinzaubern! Werfen wir nur einen kurzen Blick in den kleinen, aber wunderschönen Garten hinter dem königlichen Schloß. Die Rosen ranken sich empor bis in die Wipfel riesiger Eichen, weiße und rote Oleander bilden hohe Zäune, von Blüten umhüllte Malven sehen wie große Muffe aus, die Aloen schießen zwei Fuß hohe Blüten in die Höhe, die Palmen tragen große Königskronen, einen halben Fuß lange Nadeln rauschen wie Delphische Botschaften, granatfarbene Blüten leuchten über Sträuchern, der schöne gefiederte Pfefferbaum erfüllt die Luft mit Duft, Johannisbrot und auch Ananas reifen hier, die Rasenflächen sind voller Blumenkelche und wie mit Gold mit schönen Orangen besät, die niemand einsammelt. Der griechische Himmel ist doch immer noch warm! –

Den sonderbarsten Eindruck erweckt das Athener Parlament, das Zentrum des derzeitigen öffentlichen Lebens in Griechenland. Es ist vom alten Areopag nicht weit zu ihm, wie jemand sagte, »ce n'est qu'un pas«, nur ein paar Jahrtausende. Stellen Sie sich einen Tanzsaal in einem Provinzstädtchen bei uns vor, aber keinen von den besseren, und dann haben Sie das Athener Parlament. Ein kleiner, länglicher, viereckiger Saal. Auf der einen Seite, auf Holzsäulen, eine Empore als Galerie. Die Säulchen sind mit blau bekleckstem Papier beklebt, Reihen von wie in unseren Schulen ansteigenden einfachen Schulbänken, mit zerschlissenem grünen Tuch bezogen, nirgendwo auch nur ein Tupfer Blattgold, keine Politur, keine Verzierung, lediglich in einem braunen Rähmchen eine kleine Lithographie des Königs G. W.[4], wie aus einem böhmischen Kalender ausgeschnitten. Und jetzt stellen Sie sich vor, daß es hier, weil keiner gewählt werden darf, keinen einzigen Priester gibt und, weil in Griechenland überhaupt kein Adel existiert, keinen einzigen Adeligen – das Volk ist wirklich und wahrhaftig frei! Man glaubt es kaum!

IV

Das Leben in den bedeutenderen Straßen und auf den Märkten Athens ist ziemlich bunt. Eine merkwürdige Mischung, wie man sie woanders nicht findet. »Europäisch-griechisch-albanisch«, würde ich zum Beispiel sagen, um überhaupt etwas zu sagen. Hier ein vierschrötiger Kerl in einem Umhang aus grobem Wollstoff, dort ein magerer Bursche mit Zylinder, ein Soldat in französischer Uniform, ein Polizist im Frack wie ein gekochter Krebs, ein Fräulein mit Grisettehütchen und eine Landfrau mit einem Fez auf den schwarzen Zöpfen. Alles gemischt wie ein Potpourri, aber alles ganz souverän. Im miserabel ausgestatteten »Kafenion« mit schmutzigen Tischen und beschädigten Korbstühlen sitzt ein eleganter Mensch neben einem Viehhirten, und alle saugen am langen Rohr ihrer Nargileh[5], die ihnen der Kellner angefacht und deren Mundstück er dann an seiner dreckigen Schürze abgewischt hat. Das schöne Pferd eines berittenen Offiziers trabt recht kameradschaftlich neben dem Maulesel eines Bauern über den »Boulevard« – ob auf dem Pferd oder dem Maulesel, der einfache Grieche sitzt immer seitlich, im Damensitz.

Die Geschäfte sind hier wenig fesselnd, Luxus enthalten sie herzlich wenig. Es sei denn, man bleibt vor einer Schneiderwerkstatt stehen, deren Auslage mit prächtigen Teilen der Nationaltracht ködert. Augenblicklich tritt der Herr Meister aus seiner Werkstatt; er fühlt sich geschmeichelt, daß man angehalten hat. Er bittet einen hinein, zeigt ein überaus prunkvolles, soeben fertiggestelltes Gewand. Er hört zwar, daß man nicht Neugriechisch kann, macht sich aber dennoch verständlich. Er deutet auf die Weste – »Basileus tes Hellados!«[6] – schreibt die Zahl 2000 an die Wand, sagt Drachmen (Franken), und schon weiß man, es handelt sich um ein Oberteil und Hosen für den Herrn König, und daß sie soundsoviel kosten. Die Nationaltracht ist hier stark im Verschwinden begriffen. Wie das Volk selbst ist sie eine Mischung: ein persischer Rock, eine albanische Weste, ein serbischer Fez oder die Sackmütze eines neapolitanischen Fischers. Das wichtigste Kennzeichen der griechischen Tracht ist, daß alles an ihr zu klein ist. Das gewöhnlich dunkle Wams ist eigentlich eine ärmellose Weste, vorne nicht ganz zuknöpfbar, hinten von unten bis zum Hals geschlitzt. Das Hemd meist ziemlich weiß, nur voller Flohschiß. Um die Hüften wird ein Schal oder ein Gürtel gewickelt, dann kommt der Rock, weiß, faltenreich, aber nur knapp unters Knie reichend. Dann ein enganliegender Strumpf, danach flache, spitze Schuhe, mit einer hübsch großen, je größer, desto festlicheren Rosette vorne. Alles wird durch einen schön figurgerecht geschnittenen Umhang komplettiert, mit Falten und von malerischerer Form als eine ungarische Husarenjacke, der Dolman. Das Gewand, vor allem die Weste, ist mit Silberknöpfchen und anderen bauchigen Silberverzierungen übersät.

Allen Archäologen zum Trotz bin ich überzeugt, daß die Ziviltracht der alten Hellenen nicht so malerisch schlicht war, wie wir sie auf Statuen und Reliefs sehen. Sicher herrschten auch in der Bildhauerei wie bei allem der allerfeinste Takt, *Überlegtheit* und Schönheitssinn; der Bildhauer machte die Tracht, wie er sie brauchte; statt des ewigen Gejammers über den mangelnden pittoresken Charakter der modernen Bekleidung würden unsere Bildhauer besser daran tun, auch ein wenig zu überlegen. Einfacher war die Tracht im alten Hellas ja schon als im neuen, wahrscheinlich auch billiger. Wenn Freund Sokrates zum Mantel griff, um auszugehen, mußte seine geliebte Gemahlin Xanthippe daheim bleiben, und wenn sie den Mantel in die Wäsche gaben, mußten beide hinterm Ofen hocken.

Die modernen Xanthippen – die antike soll eigentlich eine vorbildliche Frau und nicht so zanksüchtig gewesen sein, wie männliche Verleumdung sie hinstellte – haben eine weitaus einfachere Tracht. Die Attierin trägt rein albanische Kleidung, bei einem Ausflug nach Eleusis sahen wir sie in weißen, mit schwarzen Bordüren verzierten und ganz glatt herabhängenden Gewändern. Auf dem Busen haben sie eine große, gewöhnlich schön gearbeitete Silberspange, auf dem Kopf einen mit Silber- und Goldmünzen wie Schuppen benähten Fez – der Fez nimmt sich, falls die Haare zu Zöpfen geflochten sind und nicht frei fallen, auf einem Frauenkopf nie gut aus. Die »schöne Welt« Athens kleidet sich aber schon ganz modern!

Die schöne Welt! Wenn die Zeitgenossinnen Alkibiades' genauso schön waren wie die heutigen Athenerinnen, war es wahrlich keine Kunst, die Venus zu schaffen: Der Bildhauer konnte jede x-beliebige nehmen – eine ist wie die andere – und alles an ihr *anders* machen, und fertig war die Venus. Allerdings sind die alten, klassischen, als sie noch jung waren, sicher weitaus schöner gewesen; diese ihre Schönheit, die sich damals in glatten Metallspiegeln besah, ist verschwunden und sieht heute wie die jetzt angelaufenen und museal verrosteten Spiegel aus. Wer eine schöne Griechin sehen möchte, muß nach Kleinasien, z. B. nach Smyrna, dort gibt es bildhübsche Mädchen; in Athen kamen mir alle jungen Damen wie wandelnder Schüttelfrost vor. Die alten Griechen haben auf ihren Skulpturen, des Eindrucks wegen, Augen, Gewand usw. mit Farbe bemalt; sich für Nachfahrinnen dieser Skulpturen haltend, schminken sich die jungen Griechinnen grün und blau. Die heutige griechische Malerei taugt nichts, auch die auf den Gesichtern! Vermutlich gefallen diese Gesichter den Athenern aber schon, und für uns reisende Europäer sind sie »gut genug«, wie die Ruinen auf der Akropolis.

Unverheiratete Jungfern sind angeblich ein Muster an Tugend, die jungen Ehefrauen dann unendlich besorgt um die ausgiebige Vermehrung des hellenischen Volks. Der südländische Brauch, der mörderische Behelfe empfiehlt, damit eine Familie sich nicht allzusehr fortpflanze, blüht hier nicht. Im Gegenteil, die Athenerin ist, wenn sie nicht Mutter ist, unglücklich. Am Südhang des Areopags befindet sich ein glasglatter Felsblock. Die Dame, die – aber in dem Kostüm, welches Eva gebrauchte, ehe sie ein Feigenblatt verwendete – dreimal auf ihm herunterrutscht, braucht dem Aberglauben nach nicht einmal Franzensbad aufzusuchen, auf daß ihr geschähe, was Abrahams Sarah passierte, obwohl sie schon so alt war. Wie gesagt, der Block ist schon glatt wie Glas.

V

Ich trachte in jeder Stadt so früh wie möglich auf den Markt zu kommen, dort kann man an den Warenhaufen, Läden und Menschen am schnellsten ihre Eigenart erkennen. In Athen »ist es nirgendwohin weit«, und man ist ziemlich rasch bei einem nicht sehr großen Marktplatz angelangt, wenn einen nicht irgendwo ein Rudel Gassenjungen aufhält, die hier jeden Ausländer wie einen Moskito verfolgen, oder ein endlos langer Trauerzug unseren Weg quert. Dann steht man eine Zeitlang. Die Kirchenfahne und die Ministranten gehen voran, dann trägt jemand den silberbeschlagenen Sargdeckel, dann tragen sie auf einer Bahre im unteren Teil des Sargs den Toten mit entblößtem Antlitz. Kleidung und Schuhe an dem Leichnam sind zerschnitten und zerrissen, damit die Leiche wenigstens im Grab vor den berüchtigten neohellenischen Dieben Ruhe habe. Hinter dem Verblichenen schreiten männliche Verwandte und Freunde; die weiblichen Verwandten, die im Haus Totenlieder gesungen haben, sitzen mit aufgelöstem Haar in Wagen. An den Pferden flattern schwarze Bänder, auch die Peitschen der Kutscher sind mit schwarzem Flor geschmückt.

Allerdings finden wir auch auf dem Markt wenig Typisches. Der Fischmarkt ist ganz gewöhnlich, abgesehen von den großen Mengen Polypen und riesigen Bottichen mit in rotem Paprika eingelegten Sardinen. Der Fleischer hat fast nur Schaf- und Ziegenfleisch und verziert jeden ausgehängten Schinken mit Blattgold. Auffällig sind nur die überaus zahlreichen Verkäufer von Blutegeln, des bevorzugten Materials der griechischen Medizin. Ferner noch Verkäufer von Holzpfeifen und Stöcken und Töpfer, deren Geschirr sogar Fässer ersetzt; man sieht hier genau solche zwei Eimer fassenden Krüge und Amphoren, wie sie in Pompeji ausgegraben werden. Unschön ist der Anblick der Stände der Butterhändler, auch die Butter stammt hier nur von Ziegen und Schafen, ist schmierig, schmutzigweiß. Abgesehen von Rosinen, ganze Speicher voll, hat Griechenland keine Naturprodukte auszuführen. Pardon, die Blinden habe ich vergessen! Neun Dörfer haben das alleinige Privileg, Menschen, die das Blindsein eingeübt haben, in die Türkei zu exportieren. Ich sah solche Burschen die über das Goldene Horn führende Holzbrücke in Konstantinopel überqueren und staunte über ihre Verstellungskunst.

Ein Klümpchen passabler Butter bekommt man höchstens in großen Hotels zum Frühstück, dazu wird ein Schüsselchen Honig, orangerot und von scharfem Aroma, gereicht. Die Speisekarte führt ihn als Hymettos-Honig, somit als ein Produkt der Nachfahren jener Bienen, die dem kleinen Plato Honig auf die Lippen legten. Im Hotel erhält man auch einen schmackhaften grünlichen kandischen Käse, berauschenden Mastika und süße »Konserven« (eingelegtes Obst) aus Chios, sowie Aale aus Topolia und Weine aus sämtlichen Regionen Griechenlands. Alle diese Weine sind mörderisch scharf, ihr Geschmack hat etwas Vulkanisches, Likörhaftes. Dem Wein Harz beizumischen, lernten die Griechen schon von den alten Ägyptern, und sie harzen ihn heute noch. Berühmt sind die Likörweine des Helikon, dann der Patras aus Morea, Kefissia, Santorin, der weiße Santo-Wein und der echte Malvasier von den Kykladen. In Eleusis beobachtete ich Bauern beim Trinken. Bevor einer einen Schluck nimmt, gießt er eine Opfergabe auf den Boden, und ganz trinkt er nie aus, abermals wird eine Libation vollzogen. Es wird überhaupt sehr mäßig getrunken. Bettler sah ich in Athen keinen einzigen und nur einen einzigen Betrunkenen, und das war – ein russischer Seemann.

Das heutige griechische Volk, ein Mischvolk mit auch gemischter Sprache (bereits ohne Dual und Optativ), ist an den Küsten des Mittelmeers gut und schlecht beleumundet. In jeder Stadt gibt es unter den Kaufleuten, in jedem Hafen auch unter den Barkenführern eine Menge Griechen. Sie verbreiten sich immer weiter und weiter und mit ihnen ihr schlechter Ruf. Sogar das Volkslied fürchtet sie, und ein walachisches lautet:

Gott erleuchte dich mit seinem Licht –
nie zu trauen einem Griechen,
der dir das Genick ganz sicher bricht!
Wild und bissig ist der Grieche,
ein unheilbar Geschwür,
das sich durchfrißt bis zum Knochen.

Der Fremde weicht ihnen aus, nur der Malteser erfreut sich eines noch schlechteren Leumunds als der Grieche. So entwickelt sich zum Beispiel kein Handel mit Athen, weil es keine wirklichen Garantien gibt; dreimal pro Jahr Bankrott zu gehen ist für einen Geschäftsmann dort das reinste Kinderspiel! Sittlich unausgeglichen, sind sie dennoch reich an Geist. »Kann sein, daß mancher Armenier dumm ist – obwohl ich noch nie so einen kennenlernte –, ein Grieche jedoch mit Sicherheit nicht!« sagte uns ein schon über dreißig Jahre im Orient wirkender und studierender Mann. Fast jeder Grieche erfreut sich eines natürlichen rhetorischen Talents. An Sonntagen versammelt sich in Athen das Volk an den Straßenecken, jeder beliebige einfache Landmensch läßt sich hier über die politische Situation aus, mit strahlendem Blick, lebhaften Gebärden und unter allgemeinem Beifall. Gleichfalls angeboren sind ihnen Mannesmut und Tapferkeit. Hat ein Bürger gerade nichts Besseres zu tun, macht er einen kleinen Bummel und ist Brigant. Seine einzige gute Eigenschaft ist dann eine gewisse Ritterlichkeit, erstens sind sie Frauen gegenüber rücksichtsvoll, und zweitens benutzen sie keine Banditendolche und Pistolen, sondern solide Flinten und den biederen Handschar[7]. Athen befindet sich ständig »en prison«; sogar die Straße von Athen nach Piräus muß Tag und Nacht von der Armee bewacht werden, damit dort niemand in die Berge entführt wird. Der Briganten bedient sich auch die politische Opposition, um einem unangenehmen Ministerium einen Schlag zu versetzen. Laut griechischer Verfassung darf nämlich nie und nirgends im Lande der Ausnahmezustand verhängt werden, daher verhandelt die Regierung mit besonders gefährlichen Räubern lieber, und zwar sehr oft. Man sieht die »Herren Briganten im Ruhestand« durch Athen spazieren, ihre respektablen, oft schon silberhaarigen Gestalten machen es sich im Kafenion direkt gegenüber dem Königsschloß bequem und essen Gefrorenes.

Für den Ausländer gestaltet das aber den Aufenthalt hier ziemlich unangenehm, von Athen aus Landausflüge zu machen ist praktisch unmöglich. Unser Plan war es, einmal nach Eleusis zu fahren, dann nach Marathon, wo gerade ein paar Engländer umgebracht worden waren. Der Wirt meldete unser Vorhaben unverzüglich der Regierung, und uns wurde mitgeteilt, das Militär werde uns begleiten. Auf die eigenen Waffen vertrauend, wehrten wir uns dagegen und bekamen daher die Genehmigung, wenigstens Eleusis ohne Geleit zu besuchen. Kaum verließen wir aber die Stadt, umringte uns schon ein Zug Dragoner und wich bis zur Rückkehr spätnachts nicht mehr von unserer Seite! Nach Marathon sollten uns dreimal so viele Soldaten begleiten – daher verzichteten wir lieber darauf.

Der suliotische Heldenmut kocht den Griechen in allen Adern. Ständig haben sie Lust auf die »Stadt«, wie ein Volkslied Konstantinopel nennt. »Gebt uns nur genug Gewehre, und in vier Wochen sind wir in Konstantinopel!«

Konstantinopel

I
Vom Bulgurlu aus gesehen

Ungefähr ein Stündchen östlich von Skutari[1] erhebt sich der kegelförmige Berg Bulgurlu. Die obere Hälfte ist unbewohnt, aber keine Einöde. Niedrige duftende Sträucher und Blumenwiesen bedecken ihn bis oben, auf dem Gipfel stehen zwei oder drei ausladende Bäume, und ein kleiner, von einer Mauer umgebener Garten mit einem Häuschen befindet sich dort – der Garten ist ein einziges Blumenmeer, zwischen den Blumen liegt ein Grab und in dem Grab der Einsiedler-Derwisch Taschiloba.

Was für ein Mann das gewesen sein mußte, an der Einsamkeit gereift, vom unaufhörlichen Eindruck eines erhabenen Bildes erhaben! Dieser einfache Derwisch, der die Gesellschaft der immer in Scharen auftretenden Raben verabscheute, war mit einem Adler hierher in die stille Einsamkeit geflogen und hatte sich an einem Ort niedergelassen, von dem sich sein Geist mit still gespannten Flügeln über dem schönsten Bild der ganzen Welt emporschwingen und seine Seele sich unablässig am schönsten Gedicht, das Menschheit und Natur je hervorgebracht haben, weiden konnte! Er stand hier am Rande Asiens, vor ihm ausgestreckt Konstantinopel, der Bosporus, das Weiße Meer[2], das Schwarze Meer und überall üppiges, grünes Land!

Ja, man muß über das Meer hinweg zurückweichen, sich in einen anderen Erdteil stellen, um dieses Bild, das unbeschreiblich und dem keines ebenbürtig ist, mit dem Blick umfangen zu können. Was immer sich die Phantasie von der Ansicht Konstantinopels ergaukelte, Konstantinopel überbietet es, es degradiert nicht die Vorstellungskraft wie Rom, Paris, es regt sie in ungeahnter Weise an. Konstantinopel ist einzigartig in seiner Art, ein Vergleich mit irgendeinem anderen Ort ist schlicht unmöglich. Konstantinopel zu beschreiben wäre das gleiche wie ein nicht zu übertreffendes herrliches Gedicht zu schreiben, hier haben die ganze Geschichte und die ganze Natur gedichtet, hier scheinen das ganze Weltall und alle Töne und Farben, alle Formen und Gedanken zu einem Gedicht zu verschmelzen.

Wir saßen diesem Bild gegenüber, und Stunde um Stunde verstrich, und wir konnten uns nicht davon lösen. Die Luft war klar, nur die Entfernung legte einen weichen, bläulichen Nebel auf die Stadt, aber wir konnten jede Farbe und jede Linie erkennen. Der Berg verströmte Wolken von Duft, und wir waren von göttlicher Ruhe, heiliger Stille umgeben. Wir sehen eine riesige Stadt, hören aber nicht den Schlag ihres Herzens und die Geräusche ihres Mundes, wir sehen das aufgewühlte Meer und auf ihm Hunderte von Schiffen, sein Wellenschlag und das Pfeifen der Schiffe aber dringen nicht bis zu uns. Wenn wir überhaupt etwas vernehmen, ist es das Raunen der Geschichte, sie weht uns an, wispert und rauscht dann wieder wie ein ferner Wasserfall, und neben höchstem Entzücken hat sich auch schon Schmerz in unser Herz geschlichen. Wir sehen ja Leben und Tod, eine Weltstadt und einen Weltenfriedhof zugleich vor uns. Wachsen diese Stambuler Zypressen doch hervor aus den verwesenden Überresten der hier begrabenen Völker, und dieses schöne Konstantinopel ist nur eine traurige Gruft der Geschichte! –

Wir blicken auf eine Stadt und nehmen einen Urwald wahr, stets sproß hier eine Kultur aus einer anderen, untergegangenen hervor; allen voran lächeln uns die verspielten Mythen prähistorischer Zeiten entgegen, dann tut sich das klare Weltbild der Hellenen auf, darauf folgen die byzantinischen Zeiten und nach ihnen die »Offenbarung« beziehungsweise der »Koran« – auch dieser bettet sich schon zu Grabe, und aus ihm hervor sprießt ein neuer Wald, moderne Welt und Weltanschauung genannt und weder einen Mythos noch eine Bibel, noch eine Prophezeiung besitzend. […]

Unwillkürlich beginnt der Blick vom sogenannten Sigma des Weißen Meeres auseinanderzulaufen. Es ist eine besondere Stelle, weil sich dort das Weiße Meer mit dem Bosporus und dem Goldenen Horn, diesem eine Stunde langen herrlichen Konstantinopler Hafen, trifft. Zuerst heben sich vom blauen Meer die schwarzen Wälle, dann die weißen Mauern des Serails, hinter ihnen dunkle Zypressen, dahinter das Serail selbst ab, die Hagia Sophia mit ihrer stolzen Kuppel und den schlanken Minaretten und abermals

Paläste, Kuppeln, Minarette, Gärten über alle sieben terrassenförmigen Hügel hinweg, auf denen sich Konstantinopel ausdehnt, bis wieder hinunter zum weißen, marmornen Dolmabachtsche-Palast[3] am anderen Ende des Goldenen Horns, wo schon die reißenden Wellen des Bosporus aufschlagen. Tausendmal besungener Bosporus! Er ist gleichzeitig Meer und Fluß, wie sehr aber die vielgerühmten Schönheiten des Rheins und der Donau hinter der Schönheit der Bosporusufer zurücktreten! Die Fluten des höher gelegenen Schwarzen Meeres ergießen sich hier mit einer so starken Strömung in das Weiße Meer, daß ein einfaches Segelschiff dagegen nicht aufkommt. Fünf Meilen lang ist der Bosporus, erweitert sich zu sieben Seen, und seine Küste besteht aus lauter Buchten, ein Zufluchtsort für Schiffe und Menschen, ein einziger Lustgarten und ein wahres Paradies! »Satansstrom«[4] nennen sie den Bosporus, und seine Ufer werden als »Goldene Spange« bezeichnet.

Man hat ihn zu allen Zeiten für ein Paradies gehalten, und wie so das Auge am europäischen Ufer von Konstantinopel zum Schwarzen Meer und am asiatischen Ufer wieder zurückwandert, berührt es überall reizvolle und geschichtsträchtige Orte. […]

II
An der Brücke

Es gibt in Konstantinopel einen Punkt, wo anscheinend die gesamte Welt ihr Stelldichein und sämtliche Völker ihre Gesandten haben. Stell dich an die Holzbrücke, die über das Goldene Horn führt, und du erblickst binnen einer Stunde sämtliche Nationalitäten, mit Ausnahme vielleicht der Bewohner Patagoniens und der australischen Inseln; auch hunderterlei Sprachen, die du nicht einmal alle zuzuordnen wüßtest, bekommst du zu hören. Allerdings mußt du dort Aufstellung beziehen, wo das christliche Galata beginnt, ihm gegenüber, am anderen Ufer, liegt das unvergleichlich ruhigere, rein türkische Stambul, und am dortigen Ende der Brücke herrscht kein anderer Tumult, als ihn ein gewöhnlicher, von morgens bis mittags brodelnder Fischmarkt aufweist und als es eine Hinrichtung, wie sie dort jeden zweiten Tag stattfindet, verursacht. Eigentlich ist fallweise ganz Konstantinopel eine Hinrichtungsstätte, nicht nur der Fischmarkt am Ende der hölzernen Brücke.

Man darf sich außerdem unterhalb Galatas eine zudringlichere Beobachtung erlauben als zu Füßen Stambuls. Wiewohl es stimmt, daß den Christen nur mehr selten Gewalt angetan wird und die einzige Zeit, wo es sich für einen Christen nicht empfiehlt, sich auf der Straße zu zeigen, der Ramadan ist; besonders schlimm ist die Nacht des 27. Tages dieses Monats, die »Laylat ul-qadr«-Nacht[5], in der der Koran auf die Erde gesandt wurde, in der Engel herabsteigen, um die Menschen zu segnen, jedes Gebet durch die geöffneten Himmelspforten geht, jeder Stein betet und das Wasser der Meere seinen salzigen Geschmack verliert. Sonst aber besteht keine Gefahr, und schließlich fügten die Türken anderen nie Schlimmeres zu als diese ihnen, und wenn sie etliche Erzbischöfe in vollem Kirchenornat aufhängten, war das nur die Antwort auf die Griechen, die vorher einen Mullah aus Mekka samt seinen schwangeren Frauen aufs grausamste niedergemetzelt hatten. Die Ungarn, deren General Kinis[6] gefangene Türken bei lebendigem Leib braten, in Stampfmühlen zermahlen und hungrigen Schweinen vorwerfen ließ, oder die Venezianer, die den Türken nie Wort hielten, oder die Päpste, die offen predigten, ein einem Türken gegebenes Wort sei nie bindend, lehrten die Mohammedaner wahrlich nichts Schönes. Der Koran verbietet nachgerade jede Gewalt bei der Glaubensbekehrung, was freilich oft, sehr oft, aber keineswegs immer vergessen wird! Und jetzt haben sie vor den »Franken« – gemeint sind Deutsche, Österreicher, Schweizer, Franzosen – außerdem noch eine segensreiche Angst.

Über die Brücke strömen Massen von Menschen, und neben der Brücke ist nur ein kleiner unverbauter Platz, hinter dem die engen, krummen, steilen Gäßchen von Galata wegführen, voller Läden und Cafés: Welches Leben und Getümmel hier herrschen, kann man sich denken! Außerdem liegt hier auch gleich der Bitpazari (Flohmarkt), der Markt der Altwarenhändler, und von hier, vom Ufer weg starten auch alle Straßenverkäufer, die ihre Waren von Haus zu Haus ausrufen. In Konstantinopel warten die Hausfrauen darauf, was ihnen einer bis zur Haustür bringt, und oft wird einem sogar im Hotel, wenn man Sodawasser bestellt, gesagt: »Der Mann mit dem Siphon ist heute nicht vorbeigekommen!« Kaum daß ein Verkäufer von der Brücke getreten ist, beginnt er höchst merkwürdige und oft wunderlich verdrehte Wörter hinauszubrüllen; »majdanos!« (Petersilie), »su« (Wasser), »scheker« (Zucker), »sutschuk« (Würste), »tschömlek« (Töpfe), »tütün« (Tabak), »kysrak« (Stute), »lahana« (Kraut), »karota« (Möhre), »kukles« (Spielzeug), »flaneles« (Flanellstoffe), »tenekdschis« (Ausbesserer von Dachrinnen)[7] tönt es durcheinander, jeder schreit hier, alles und in allen möglichen Sprachen wird hier ausgerufen, und jeder Ausruf unterscheidet sich deutlich von den übrigen. Alle verschmelzen aber wieder zu einem einzigen fast ohrenbetäubenden Lärm, wie dem Muezzin zum Hohn, der über uns vom Balkon eines schlanken Minaretts seine Aufforderung zum Gebet in die Welt schickt. Sein Kinn bewegt sich, der Bart zittert, doch kein einziger Ton kommt unten an.

Dieser kleine Platz bei der Brücke stellt für uns zugleich ein Bild dar, welches Leben sich an einem Ort entfaltet, wo Okzident und Orient zusammenfließen, wo sich zwei große Kulturen miteinander mischen und wo eine halsstarrige alte Ordnung mit einer im Sieg begriffenen neuen kämpft. Sie kämpfen – und beide wälzen sich in orientalischem Schmutz! Alles ist hier von Schmutz bedeckt, vom Landeplatz der leichten, wackeligen Kaiks (Ruderboote), von denen jeden Augenblick, entweder weil jemand auf den kotigen Stufen ausrutschte oder den Kaik[8] jemand beim Einsteigen gefährlich ins Schaukeln brachte, ein

Angstschrei ertönt, bis hinauf unter die Dächer der Häuser, die mit – den hl. Florian, eine Feuerwehrspritze, den Vogel Phönix etc. zeigenden – Firmenschildern aller möglichen europäischen Assekurationen bedeckt sind. Unmittelbar neben der Brücke befindet sich eine Fezwäscherei, und die Tausenden von gewaschenen und auf Blechformen gesteckten Feze nehmen sich ziemlich komisch aus. Weiter oben gibt es ein orientalisches Bad, elegant und reich, weiter unten eine unbeschreiblich schmutzige europäische Badeanstalt. Zwei Schritte weiter liegt die Konstantinopler Börse, ein zweistöckiges, zwar nicht großes, aber ganz seinem Zweck gewidmetes Gebäude. Es ist einen Besuch wert. Im Inneren ein Hof, rundherum lauter Pawlatschen, hinter diesen die Kanzleien, und zu den Pawlatschen hinauf führt eine Eisentreppe. Auf der Treppe und auf den Pawlatschen stehen Kaufleute und Verkäufer, ebenso im ganzen morastigen Hof, und sie brüllen ihre Offerte von unten bis in den zweiten Stock. Gleichzeitig handelt es sich um ein Durchgangshaus, so daß selbigen Hof ständig von drei Straßen kommende Menschenmassen passieren! Es existiert allerdings auch ein abgesonderter Saal im ersten Stock, der aber nicht genügt. Überdies befinden sich im Hof allerlei kleine Läden, ferner Obst, Gebäck und Pasteten verkaufende Hausierer, ja sogar Kaffee wird hier unter freiem Himmel gekocht. Seht euch ein ungewöhnliches Grüppchen von Kaufleuten näher an. Es sind Griechen, schäbig, ungekämmt, jeder von ihnen hält eine kleine Buchtel in der Hand, die er sich gekauft hat, es ist sein ganzes Mittagessen, die einzige Mahlzeit bis zum Abend, wenn er dann mit dem Dampfer zu einem paradiesischen Winkel am Bosporus hinausfährt, wo er eine fürstliche Villa und in ihr millionenschwere Reichtümer hat!

Kehren wir aber auf den Platz an der Brücke zurück, und stellen wir uns an einen geeigneten Ort. Neben uns hat ein »Lokumdschi«[9], ein Zuckerbäcker, sein Tischchen in den ewigen Schlamm des ständig besprengten Makadams gestellt. Auf dem Tischchen rasselt ein Spielzeug, eine kleine blecherne Mühle; der Konditor gießt fleißig Wasser auf die Mühle und schreit dabei: »Kuschlokum!« (Zuckerwerk), »Jaurt!« (saure Milch), »Mahalebi!« (Reismehl mit Wasser und Zucker)[10]. eeAn ihm vorbei geht ein Wasserverkäufer; das Wasser hat er in einer Glaskanne, auf dieser einen Trichter mit einem Stück Eis. Uns gegenüber steht ein Kiosk, von der Form her den Prager Kiosken gleichend, aber größer. Kioske sind hier Eigentum der Regierung, und die Regierung verkauft in ihnen Gebäck, Limonade, Obst, ja, und auch Schnaps und Wein. Also »vergreift sich am Wein« hier sogar schon die Regierung, auf der anderen Seite, in Skutari, ist sowohl der Verkauf von Wein als auch von Schnaps noch verboten – aber nur, weil der anatolische Pascha beides heimlich selber verkauft. Der Orientale hat sich bereits ganz diese alkoholische Natur der Europäer angeeignet und bedauert in seiner so eingetretenen Blasphemie, daß der Prophet im Paradies »nur Flüsse von Milch und nicht von Arrak« verspräche. Diese Kultur verbreitet sich von oben nach unten, es ist bekannt, daß Selim nur deswegen befahl, den Venezianern die Insel Zypern wegzunehmen, weil er vom zypriotischen Wein gehört hatte, und auch daß z. B. Mahmut II.[11] schon reinen Alkohol trank und an Trunksucht starb.

Im Eckhaus hinter dem Kiosk ist im Erdgeschoß ein Kaffeehaus untergebracht. Vor dem Café sitzen auf niedrigen Strohstühlen Europäer und Türken, nippen türkischen Kaffee, der ohne Zucker und Milch und mit Satz getrunken wird, und alle rauchen Tschibuks oder Nargileh (Wasserpfeifen). Die Kaffeehäuser stellen für einen Orientalen ein größeres Bedürfnis als für unsereinen die Wirtshäuser dar. Und dennoch gab es schon eine Zeit, in der ganz Konstantinopel ohne sie auskommen mußte. Weil der Aufstand gegen Osman II. in einem Café begonnen hatte, ließ sein Bruder Murat IV.[12] sämtliche Kaffeehäuser zerstören, fünfhundert an der Zahl. Selbiger untersagte auch das Tabakrauchen, mischte sich verkleidet unter das einfache Volk, machte heimliche Raucher ausfindig und brachte sie eigenhändig um. In den Basaren darf, der Waren wegen, bis heute nirgends geraucht werden, somit hat es in Konstantinopel schon oft ein Rauchverbot gegeben, manchmal durfte gar nicht, manchmal nur Pfeife geraucht werden, doch hält sich in Konstantinopel generell jede Anordnung nur bis zum dritten Tag, am vierten beachtet sie niemand mehr. Gegenwärtig hat jeder Mann einen Tschibuk, jedes Frauenzimmer und jedes Bürschchen eine Zigarette im Mund, und auf den Lokaldampfern gibt es eigens Diener, die ununterbrochen glühende Kohle herumtragen und Feuer geben müssen.

Mitunter tritt von den Vorübergehenden ein älteres dickes Frauenzimmer in unordentlicher europäischer Kleidung an uns heran, oder ein etwas schäbiger

Mann mit unsicherem Blick, und spricht uns französisch, italienisch oder russisch an. Es sind hiesige Kupplerinnen und Kuppler, Ausländern dadurch bekannt, daß die Hand schon bei ihrem Anblick vorsichtig auf die Tasche greift, in der sich ein Revolver versteckt. Sofort gleitet der Blick von ihren Gestalten wieder zurück auf die bunte Menschenflut. Soeben galoppiert eine Kavalkade vorbei, lauter europäische Reisende, die via Stambul einen Ausflug irgendwohin »zu den Sieben Türmen«[13] gemacht haben. Reiter verschiedener Qualität, mit weißen Schleiern auf den Hüten und einem fröhlichen Lächeln im Gesicht. Hinter jedem von ihnen läuft der Vermieter der Pferde, ein hochaufgeschossener, barfüßiger Kerl, die blaue Quaste seines dreckigen Fez schlenkert hin und her, und sein Stock drischt ständig auf den knochigen Hintern des Pferdes ein. Verdrossen blicken der Kavalkade zwei stattliche Türken, sichtlich reiche Männer, nach. Sie gehen, ohne zu sprechen, nebeneinander her; ihre kleinen, aber stämmigen Gestalten bewegen sich natürlich, das strenge Auge scheint zu predigen: »Noch bin ich hier der Herr!« Ihre Gesichter sind rund, gesund, die Nase ist groß, gleichmäßig gebogen. Auf dem Kopf haben sie einen schneeweißen Turban – »nur ein Christenhund fürchtet sich, ins zornige Auge Allahs zu blicken« und hat am Hut oder an der Kappe einen Schirm –, am Körper tragen sie einen schneeweißen Kaftan, unter ihm ein verschiedenfarbiges Seidengewand, ein blaues Wams, einen roten Gürtel, gelbe Pluderhosen, die Strümpfe sind rot, und die Füße stecken in flachen gelben Halbstiefeln. Aus dem Mund hängt ihnen ein prachtvoller langer Tschibuk, zwischen den Fingern einer Hand lassen sie die Kügelchen eines Rosenkranzes, des »Tesbetch«[14], durchlaufen, es müssen genau 99 sein. Es ist ein Spielzeug, kein Gebet. Der ältere von ihnen hat ein schweres Säckel an den Gürtel gebunden; bestimmt enthält es lauter Gold – wenn der Türke nach Hause kommt, wird das Gold unter der Erde, dem hier üblichen Schrank, verschwinden. Es ist bestimmt redlich verdient, Unredlichkeit, Lüge und Betrug überläßt der Türke dem Griechen und Armenier.

»Barnabak!« (Achtung)[15] brüllt eine Baßstimme, und eine einspännige türkische Talika schaukelt vorüber. Das ist eine wie eine Schaukel gebaute Kutsche, oben, von vorne und von hinten geschlossen, an den Seiten offen; manchmal hat der Wagenkasten auch die Form einer durchbrochenen Kugel, ist aber stets bunt gestrichen, und auf dunklem Grund blühen Blumen, goldene Arabesken usw. Im Wagen sitzen mehrere Frauen, verschleiert, aber neugierig die Umgebung betrachtend. Und neuerlich »Barnabak!« Ein zweites, etwas längeres Gefährt, fast ein Omnibus, mit einem auf Säulen ruhenden Dach; in ihm sitzen ungefähr zehn Frauen. Diese Art Fahrzeug nennt sich »Araba«[16], zwei sauber gewaschene, buntgeschmückte Ochsen sind vorgespannt; vom Joch am Hals erhebt sich ganz schön hoch eine lange, bis über den Schweif gebogene und ganz mit roten, gelben und blauen Quasten behängte Rute. »Guarda – guarda!«[17] klingt es da und dort, bulgarische und armenische Lastträger, »Hamals«, stapfen mit festem Schritt vorbei, und jeder von ihnen hat einen Berg Waren, mehrere Zentner schwer, auf den Schultern. Zwischen ihnen trägt ein Hamal einen kompletten Metzgerladen, und sämtliche Fleischstücke sind mit rosaroten Florstreifen verziert. Und »Guarda – guarda!« schiebt sich majestätisch und still ausschreitend eine ganze Reihe von Kamelen mit Kisten und Körben vorwärts und hinter den Kamelen wieder eine ganze Reihe Esel, einer von ihnen schleppt Balken, die, zu einer Gabel zusammengebunden, auf seinem Hals liegen, der zweite trägt in Körben Schotter, der dritte Ziegel, der vierte einen Stein, hier wird auch Stein nach Gewicht verkauft. Sechs Stunden weit müssen die Pflastersteine herbeigeschafft werden, und es gibt weder Straßen noch Fuhrwerke. Die grelle Stimme einer ganzen Bubenmeute pfeift jetzt durch die Luft, die Buben zwängen sich zwischen die Leute und bieten frischgedruckte türkische, griechische und französische Zeitungen an.

Gehen wir ein Stückchen weiter, bis hinter das Mauthäuschen des Brückengeldeinnehmers. Vorher müssen wir allerdings fünf Para Eintritt bezahlen – die Taxe ist hier hoch, für einen Wagen z. B. zahlt man sechs Piaster*. Man wird jetzt eine neue Brücke bauen, die bisherige ist niedrig und unansehnlich. Gleichzeitig mit uns sind zwei türkische Offiziere zum Brückner getreten. Sie grüßen einander, die rechte Hand senkt sich fast bis zum Boden hinab, als würde sie Staub von der Erde aufheben, und legt sich dann auf die Brust – was »dir gehört mein Herz« bedeutet. Grüßt einer von niedrigerem Rang einen Höhergestellten, legt er die Hand auch noch auf die

* Sechzig Kreuzer bei uns.

Stirn – »auch mein Geist!« Die beiden Offiziere kennen einander sehr gut. »Dzień dobri, panie!« beginnt der erste – Polen in türkischen Diensten gibt es bereits mehr als genug!

Wir stützen uns auf das Geländer. Unter uns rütteln die blauen Wellen des Goldenen Horns, Kaiks fliegen wie Pfeile dahin, und Dampfer wenden; vor uns ein sich ständig ändernder Wirrwarr von Menschen. Schon wieder eine europäische, aber sichtlich schon länger hier ansässige Karawane. Zwei Damen lassen sich in eleganten, vergoldeten Sänften tragen, ihnen folgen die Herren: Alle haben einen Fez auf dem Kopf, einer einen großen weißen Filzhelm nach Art unserer Feuerwehrhelme: der Kamm des Helms ist am Ende offen und dient als Ventilator. Längs des Gehsteigs aufgereiht sitzende Bettler strecken ihnen ihre Blechschüsselchen entgegen und kreischen. Ein ärmlich gekleideter, schön gewachsener Bulgare, eine zottige Lammfellmütze auf dem struppigen Haar, führt einen riesigen Bären an einer Kette; hinter ihm trägt seine Frau, ebenfalls von schöner Statur, einen Affen und ein Tamburin. Ein großer, magerer tscherkessischer Schütze, die Brust gepolstert mit lauter Munition, möchte die Straße überqueren; der Bär steht ihm im Weg, und der Schütze springt wie über einen niedrigen Schemel über ihn hinweg. Ruhigen, majestätischen Schritts kommt ein ausgemergelter Ägypter; über den Turban hat er ein Seidentuch geworfen, aus dem als Aufputz lange Seidenschnüre hängen. Ein Häufchen marokkanischer Juden, Sephardim, streitet, rasch ausschreitend, und plappert spanisch. Ihm nach folgt eine Gruppe halbnackter

Arbeiter; fast jeder hat ein Kind auf dem Nacken sitzen. Und hinter diesen wiederum watschelt ein Trupp älterer und jüngerer türkischer Frauen mit ihrem häßlichen Gang. Es sind die Frauen irgendeines türkischen Würdenträgers, vor ihnen geht ein fetter schwarzer Eunuch und hinter ihnen ein zweiter »nuk«[18] oder »Beauftragter«, wie man sie hier verächtlich nennt.

Zwei Derwische aus dem Orden der Mewlewi (der Tanzenden) beißen beim Gehen mit solchem Appetit in Orangen, daß ihnen der süße Saft bis auf die Filzhüte spritzt, die aussehen wie bei uns die Hüte zum Schnapsfiltern. Sie weichen vorsichtig einem alten schmutzigen Mekka-Pilger aus, der soeben auf dem Erdboden seine Decke zum Gebet ausbreitet. Niemand stört ihn trotz des Gedränges. Es ist bekannt, daß der Türke seine Gebete, sooft es ihm einfällt, ohne Rücksicht auf Ort und Umgebung verrichtet; oft fängt er unvermutet zu beten an, um das Ende eines ihm unangenehmen Gesprächs beschleunigt herbeizuführen. Unser Pilger hat einen grünen Turban auf dem Kopf, zum Zeichen, er stamme von der Familie des Propheten und seine Töchter von der heiligen Fatima ab. Zwar war Fatima die einzige Tochter Mohammeds, durch die sein Stamm erhalten blieb, doch vermehrten sich seine Nachkommen derart, daß aus dem Blut des Propheten zu sein gar keine besondere Ehre darstellt. Der zerlumpte Nachfahre, der hier gerade kniet, hat außer einer Wasserflasche, die an seiner Hüfte schaukelt, und einem Kompaß auf der Brust gar keine Besonderheiten an sich. Er richtet sich den Kompaß mit ängstlicher Sorgfalt, obwohl geschrieben steht: »Frömmigkeit besteht nicht darin, ob man das Gesicht nach Osten oder Westen wendet.« Allerdings – die Frömmigkeit nimmt hier in Konstantinopel ohnehin schon unglaublich ab, der Chor der ehrwürdigen »Ulemas«[19] lamentiert täglich in leeren Moscheen, und häufig mußte schon der Polizeiminister strenge Befehle ausgeben, um die Jugend wenigstens ein bißchen zum Gebet anzuhalten. »Viele junge Männer«, lautet so ein Befehl, »achten in den Moscheen überhaupt nicht auf Predigten und Ermahnungen, sie setzen sich in Nischen und reden so laut, als wären sie in einer Rasierstube. Andere spazieren in der Moschee herum, spielen mit ihrem Rosenkranz oder einem anderen Spielzeug. Wer bei solchem Tun ertappt wird, erhält eine Bastonade, daß ihm die Nägel von den Zehen abspringen.«

Abermals zwei Amtspersonen. Ein Kawaß, ein Gendarm mit schwarzem Anzug und einem Säbel an der Seite und einem Fez auf dem Kopf, und ein höherer Efendi[20], der zum Zeichen seiner Efendi- oder Herrenwürde ein metallenes Futteral mit Tinte und Feder im Gürtel stecken hat. Hinter ihnen trägt ein starker Mann eine kleine männliche, europäisch gekleidete Figur am Hals. Das Figürchen ist ein »Sultanszwerg«, ein fröhliches Männchen, das man überall in Pera findet, wo es Musik und hübsche Kellnerinnen gibt. Der Träger des Zwerges führt an einer Seidenschnur auch das Spielzeug seines Peinigers, ein lebendiges, rosa gestrichenes Schäfchen – das Färben von Schäfchen ist hier ein beliebter Brauch.

Ein bettelnder Blinder nähert sich auf dem Gehsteig und tastet mit dem Stock den Boden ab. Man würde staunen, wie er es schafft, hier ohne Unfall herumzuspazieren, wüßte man nicht, der Blinde ist – Grieche und seine Blindheit nur Verstellung. Er hat das Ende der Brücke erreicht, holt nun seelenruhig eine Tabakdose heraus und fängt einen Plausch an mit einem Mann, der unter jedem Arm eine allerliebste junge Antilope zum Verkauf hält.

Wieder andere und noch andere Menschengruppen. Frauen aus Damaskus, mit geblümten bunten Schleiern verhüllt, daß man ihre Augen nicht sehen kann; fast durchweg unschöne, aber ständig in alle Richtungen lachende und kokettierende Mohrinnen; muskulöse Schiffsschlepper mit aufgekrempelten Ärmeln, die einen Wust von Tauen tragen; geschwätzige Griechen in Galakleidung, die Westen lauter Silber, Röckchen wie Schnee, das Schuhwerk eine einzige Rose; russische Jerusalem-Pilger in schwarzen Kutten, bescheiden und furchtsam; Matrosen im sonntäglich weißen Anzug – weiß Gott, welcher Konfession sie sind, wenn sie heute am Dienstag Sonntag haben!

Unwillkürlich sind wir vorgerückt, haben uns durch die Menschenmenge bis zur Mitte der Einviertelstunde langen Brücke gedrängelt. Plötzlich sind wir von allen Seiten so eingeklemmt, daß wir nicht einmal mehr Luft holen können. Man hat die Brücke geöffnet, um ein Schiff aus dem inneren Kriegshafen passieren zu lassen, der Menschenstrom stoppte, und gleichzeitig legte der Lokaldampfer aus Skutari an und spie an der gleichen Stelle ein paar hundert Leute aus. Aber nur ein Augenblick, und wir können, von allen Seiten gestoßen und getreten, wieder unbehindert weitergehen.

III
Der Sultan

Sultan! – schon seit unserer Kindheit hat dieses Wort in uns Neid erweckt. Sofort sehen wir in unserer Phantasie Paradiesgärten, Marmorpaläste, goldene Geländer; überall Diamanten und Perlen wie Sand am Meer; wir hören die geheimnisvolle Musik ferner Saiteninstrumente, das Plätschern von Springbrunnen, das Wispern von Maulbeerfeigenbäumen; um uns herum leuchten die Augen und lachen die korallenroten Lippen von Odalisken, schöner als Engel im Himmel. Wir spüren in uns die Macht eines unumschränkten Herrschers, wenn wir nicken, erlischt ein Menschenleben, wir treten auf die Kehlen von Sklaven, verfügen des Vergnügens wegen einen mörderischen Krieg – kosten den Kitzel des Gefühls der Grenzenlosigkeit und aus ihr hervorgehender Tyrannei aus. Und sprechen wir das Wort »osmanischer Sultan« aus, hat dies alles in unserer Phantasie schon den höchsten Grad erreicht, und als Mittelpunkt all dieser erträumten Schönheit entfaltet das Serail seinen Pomp vor uns!

Wie diese »Sarayburnu«[21] aber in Wirklichkeit aussieht! Die Lage ist allerdings so schön, daß kein anderer Herrschersitz sich damit vergleichen kann. Auf der einen Seite das Goldene Horn, auf der anderen das Weiße Meer, der Hügel selbst eine einzige sanft abfallende Terrasse. Es gibt hier eine Menge

Paläste unterschiedlichster Stile, wunderschöne Pavillons über dem Meer, Kioske unter jahrhundertealten Zypressen, ausgedehnte schöne Gärten in ewiger Blüte, bequem gepflasterte Höfe, beschattet von alten Bäumen, zwischen denen majestätische Giraffen frei umherspazieren, – aber überall Grabesstille, sogar die türkischen Wachen geben sich die Parolen nur im Flüsterton weiter, und wenn ein Ausländer lauter lacht, drehen sich schon alle Köpfe zu ihm um, und der Dragoman, der Dolmetscher, legt den Finger auf den Mund. Die Sultane sind längst in modernere Paläste gezogen und kommen nur bei besonderen Anlässen und bei ihrer Thronbesteigung hierher. Dennoch ist die Sarayburnu einer der heiligsten Orte der ganzen mohammedanischen Welt. [...]

Wir besuchen den ehemaligen Audienzsaal; hinter diesem dicht vergitterten Fenster auf der linken Seite standen die Gesandten ausländischer Mächte, wenn sie nicht würdig waren, näher zu treten, und hinter jener Tür befand sich die Garrotte für jene, die in Ungnade fielen – Thron und Hinrichtungsstätte zugleich! Wir treten in die Bibliothek, in der es mehrere hundert Abschriften des Korans gibt, einige so schön – erklärt uns der naive Dragoman –, »daß selbst ein Priester sie nicht zu lesen vermag«. Wir betreten das Museum, wo wir die riesigen, einst auf Kamelen getragenen Urahnen unserer türkischen Trommeln sehen, Ketten, mit denen man früher jeden Abend die Meeresenge der Dardanellen und den Bosporus versperrte, uralte Mitrailleusen und daneben ganz neue, vom Aufstand in Kandia[22] stammende Gewehre – bedeckt mit rotem Blut! Wir gehen auch durch das

Arsenal, mit hunderttausend Gewehren auf dem Boden, an den Wänden und auch in der Kuppel aufgehängt, einer großen Zahl eroberter Fahnen – mazedonischen und bulgarischen vom letzten Aufstand, an denen ebenfalls noch frisches Blut klebt! Und dann schreiten wir noch durch die Kolonnaden des zweiten Serailhofes und die einst unvorstellbar lebhafte, heute ausgestorbene Küche, die von kleinen Kuppeln statt Kaminen bedeckt ist. Hier wurde für den ganzen Hof gekocht, für alle Besucher, die Armen und auch die Janitscharen. »Jeden Freitag setzte sich der Sultan nach dem Mittagsgebet in einen Kiosk an der Nordseite des zweiten Serailhofes; die Janitscharen reihten sich in den gegenüberliegenden Kolonnaden auf und warteten auf ihren Pilaf aus der Sultansküche. Ihre glänzenden Küchenkessel* verwendeten sie dazu, um ihre Zufriedenheit oder Unzufriedenheit auszudrükken. Wenn sich auf die Aufforderung hin, sich den Pilaf zu holen, kein Janitschare rührte und die Kessel zugedeckt blieben, mußte nach dem Grund der Beschwerde des ganzen Korps geforscht werden. War der Sultan mächtig genug, ließ er die Träger der Kessel als Rädelsführer vom Henker ergreifen und köpfen. Gewöhnlich siegten aber die Janitscharen, und ihren Forderungen – egal, ob sie Geld oder die Köpfe von Würdenträgern verlangten – mußte entsprochen

---

* Vielleicht ist jedem bekannt, daß das wichtigste Kennzeichen der Janitscharen der Küchenkessel war. Die Bektaschi-Derwische segneten sie immer, wenn die Janitscharen in den Krieg zogen, und der Verlust eines Kessels bedeutete soviel wie anderswo der Verlust einer Fahne.

werden. Geriet der Sultan selbst in Verdacht, wie Osman II., der verdächtigt wurde, sich der ganzen Janitscharentruppe entledigen zu wollen, war er verloren – Thronwechsel waren den Janitscharen sehr lieb, weil ihnen jeder neue Sultan eine beträchtliche Summe Geldes zahlen mußte.«

Heute fürchtet der Sultan die rüden Janitscharen nicht mehr, es gibt sie nicht mehr. [...] Die Kolonnaden der Serailhöfe sind leer, ohne Sultan und auch ohne Janitscharen. Der »Mörder« oder »Menschentöter«, ein Titel, den sich der Sultan zusätzlich zu zahlreichen anderen zu Recht und stolz zuschreibt, residiert entweder auf der anderen Seite des Goldenen Horns oder am Bosporus. Wohin man blickt, besitzt er kostbare, überaus herrliche Paläste. Es gehört nämlich zum Aberglauben von Sultanen, daß sich jeder wenigstens einen Palast baut und nach dessen Vollendung sofort mit einem zweiten beginnt – denn »solange man an seinem Haus baut, stirbt man nicht«. Zwar sollte jeder auch und vorrangig eine neue Moschee bauen, mancher ersetzt das aber durch den Bau einer Türbe oder Krypta für sich und seine Familie und errichtet sich lieber einen Palast. Daß das Volk kein Geld hat und z. B. allein der Dolmabachtsche-Palast 70 Millionen kostete, darauf kommt es nicht im geringsten an. Nicht einmal der Sultan erfährt, wieviel welches Bauwerk kostet. »584 Franken«, sagte man ihm unverfroren, als er nach den Kosten des Palastes fragte. Und 584 Franken kostete allein das Papier für die zu diesen 70 Millionen nötigen Banknoten.

Wie voll und sonor das Wort Dolmabachtsche klingt, dabei bedeutet es nichts anderes als »Fisolengarten«[23]! Der Palast steht direkt am Meer, in der Vorstadt Tophane vor Galata und nahe dem Sommerpalast Beschiktasch[24] (Stein auf einer Wiege). Er ist in phantastischem Stil errichtet, dem Urteil der einen nach in zu kalter Renaissance, laut anderen in Rokoko mit maurischen und korinthischen Beimischungen, drittens im Stil der italienischen Klassiker, kurz gesagt, sämtliche südlichen Stile sind hier zu einem zwar nicht überall symmetrischen, aber bunten und fröhlichen Ensemble verbunden! [...]

Hier also lebt der Padischah[25], füttert Hühner, köpft Puter, träumt und gähnt. Sein ganzes Leben ist nur ein Spiel. Derzeit hat er sich plötzlich erinnert, sämtliche Palastmauern sollten mit lauter Bäumen bemalt werden, und augenblicklich muß das schnellstens und möglichst geheim geschehen. Der Padischah liebt nämlich Überraschungen und ist auch mit geringfügigen Dingen zufrieden wie ein Kind. Beispielsweise ist sein Arbeitszimmer mit geblümten Tapeten bedeckt. Macht der Padischah eine Spazierfahrt, bekleben die Arbeiter in der kurzen Zeit das Zimmer rasch wieder mit solchen, nur umgedrehten Tapeten, so daß die Blumen jetzt mit den Stielen nach oben weisen, und der Padischah freut sich. Die gesamte Arbeiterschaft muß hier auf den richtigen Augenblick lauern, so schlafen und essen etwa die Schneider vierzehn Tage lang im Palast, bis sie das Glück haben, Maß zu nehmen und Anweisungen zu hören. Wie weit es Abdülaziz selbst mit der Politik treibt, ist leicht zu erahnen – erinnern wir uns nur daran, daß er nach dem Sieg über Montenegro ganz Europa den Dschihad, den Heiligen Krieg, erklären wollte. Fuad Pascha[26] hat es ihm angeblich ausgeredet, schade! Auf diese Weise amüsiert sich der Padischah mit dem Harem, Trinken und Abschreiben des Korans. Jeder Sultan hat ja die Pflicht, wenigstens einmal in seinem Leben den Koran abzuschreiben, und wenn der Engel Gabriel seinem Amte gemäß in den heiligen Nächten des Ramadan Mohammeds Koran mit dem himmlischen Original vergleicht, soll er angeblich höflichkeitshalber auch die Abschrift des Sultans korrigieren. Am meisten vergnügt sich der Padischah allerdings mit seinem Harem – der Dolmabachtsche hat Gemächer für *vierhundert* Frauen. Wir sahen, wie dieser Harem in die Sommerresidenz auf der asiatischen Seite, nach Beylerbeyi übersiedelte. Auf langen vergoldeten und an der Spitze mit Phantasievögeln verzierten Kaiks saßen jeweils circa zwanzig Frauenzimmer, schnatternd und fröhlich. Die Ruderer in schneeweißer Galauniform setzten die Ruder ein, und die Kaiks schossen wie Pfeile an uns vorüber, so daß wir kaum erkennen konnten, ob sämtliche Damen jung und hübsch waren. Als sie ans Ufer stiegen, zog es sie sichtlich nicht hinter die Mauern. Sie drehten sich und liefen durcheinander, aber die schwarzen Eunuchen setzten ihrem freudigen Treiben ein jähes Ende und jagten sie in die kleinen Löcher.

Freitags begibt sich der Sultan entweder per Pferd oder im Kaik in eine Moschee. Wir nützten wie alle Fremde diese Gelegenheit dazu, ihn persönlich zu sehen, gingen nach Tophane zum Dolmabachtsche hinunter. Die Straßen vor dem Palast waren von Menschen übersät. Polizeibeamte, vorwiegend polnische Emigranten, hielten die Ordnung aufrecht. Das Gittertor stand offen, hinter und vor ihm wimmelte es von Militär, ausgesuchten Offizieren, von Kopf bis Fuß goldenen und so fetten Paschas, daß es fast unschön anzusehen war. Wir warteten nicht lange, plötzlich ertönte aus dem Inneren eine ganz passable Militärmusik, als erstes fuhr der Prinz in einer Kutsche heraus, dann kam der Sultan auf einem Pferd geritten. Sein Anzug war dunkelblau, schlicht, nur auf dem roten Fez funkelten große Diamanten. Die Musik spielte, das Volk brüllte, der Sultan setzte ohne geringste Danksagung seinen Weg fort.

Er ist mittelgroß und beleibt, hat ein rundes, gelbes, wie aufgeblasenes Gesicht, eingefallene und völlig glanzlose Augen. Das ganze Gesicht von der Ruhe einer Leiche überzogen, nicht ein Äderchen Leidenschaft belebt das Antlitz, nicht der schwächste Abglanz eines Gedankens durchblitzt das Auge.

Man braucht dieses Gesicht nur anzuschauen und versteht schon die »584 Franken«.

IV
Zu den »Süßen Wassern Europas«

Am Ende des eine ganze Meile langen beziehungsweise tiefen Konstantinopler Hafens, des schon oft erwähnten Goldenen Horns, befinden sich die »Süßen Wasser Europas«, ein Ausflugsziel der Konstantinopler. Es bieten sich hier zwar noch viele andere große Spaziergänge an, zum Beispiel zu dem – allerdings etwas abgelegeneren – Belgrader Wald oder den oberhalb von Kandilli liegenden und wegen der Natur nachgerade zauberhaften »Süßen Wassern Asiens« auf der anderen Seite des Bosporus, wie auch zum flachen Höhenrücken über Skutari, von wo sich eine schöne Aussicht bietet; nur promenieren zum Belgrader Wald fast ausschließlich Armenier, zu den Wassern Asiens nur Türkinnen, und über Skutari gibt es nur einen Korso für die Wägen reicher Türkinnen. Ein Wagen nach dem anderen fährt hier auf einem kleinen Platz unentwegt im Kreis, zuerst immer eine elegante europäische Equipage oder eine bunte Talika, aus der schweigend verschleierte Damen herausschauen, und dann sofort ein offener Wagen mit einem Ochsengespann und in diesem »Araba« eine Schar schnatternder Mägde und Sklavinnen. Diese Exklusivität fehlt an den »Wassern Europas«, hier ist der Europäer mit dem Asiaten und Afrikaner, der Christ mit dem Moslem, die Pariserin mit der Mohrin zusammen. Sehen wir uns das an, wir werden unterwegs und am Ziel ein schönes Stück Konstantinopler Lebens erblicken. Als Fahrzeug nehmen wir einen Kaik.

Es ist an der Zeit, den Kaiks, einer Spezialität Konstantinopels, einige Worte zu widmen! »In der Luft der Falke, im Wasser der Kaik«, lautet ein Sprichwort, und tatsächlich ist hier die Luft voller Falken, Habichte und Adler und das Wasser voller Kaiks. Es handelt sich um ein sehr elegantes Boot, das kleinste ist etwa 12 Fuß lang, innen aber nur so breit, daß zwei schlanke Personen eng nebeneinander sitzen können; ein größerer Kaik ist entsprechend diesen Proportionen breiter und länger. Beide Enden des Kaiks sind spitz wie ein Messer, zur Mitte hin ist er wenigstens eine Elle breit mit Brettern verschalt, so daß diese Teile sozusagen die Funktion von luftgefüllten Blasen innehaben. Der unter dem Wasser steckende Schiffsbauch ist wieder scharf wie eine Rasierklinge, schon die geringste Verlagerung der Last oder ein Druck gegen die Seite stört das Gleichgewicht, und beim Ein- und Aussteigen muß größte Vorsicht walten. Die Mitte des Bootes ist in zwei durch ein Brettchen separierte Hälften geteilt. In der einen ist ein kleiner Teppich ausgebreitet, auf dem sich, nach türkischer Art mit gekreuzten Beinen, der Gast niederläßt; in der anderen sitzt, mit dem Gesicht zum Gast, auf einem niedrigen Schemel der Kajiktschi[27] und bedient zwei lange, blendend weiße Ruder, die sich des größeren Halts wegen zur Hand hin eiförmig bauchen. Der Kaik ist mit goldgelber Farbe gestrichen, oft mit um eine Nuance dunkleren Schnitzereien verziert und so rein wie der Kajiktschi selbst, und es macht Freude, seinen Turban oder den Fez, das schneeweiße Hemd, die muskulöse nackte Brust und die bis über die Knie nackten Beine und auch bis zur Achsel nackten Arme zu betrachten. Welcher Unterschied zwischen einem fröhlichen Kaik und einer schon traurig aussehenden, schäbigen venezianischen Gondel und deren heruntergekommenem Gondoliere! Wohin man auf dem Wasser blickt, überall dahinflitzende oder auf den Wellen schaukelnde Kaiks, ihre außerordentliche Schnelligkeit und Beweglichkeit täuschen derart, daß mancher Reisende ihre Zahl mit bis zu 100.000 bezifferte. Dabei gibt es nur 20.000, meist mit einem oder zwei, manchmal aber auch mit bis zu 20 Ruderern (Türken und Griechen) besetzte Kaiks, und alle Kajiktschi sind, unter Urvater Noahs Schutzherrschaft, in einem Verband organisiert. Sie unternehmen – allerdings wenig sichere – Fahrten bis zu den Prinzeninseln im Weißen Meer; den reißenden Fluten des Bosporus sind sie aber doch nicht gewachsen, weswegen dort schon spezielle Schlepper stehen, ihnen Taue zuwerfen und über das Ärgste hinweghelfen.

Wir suchten uns einen Türken als Kajiktschi aus, weil er in jeder Hinsicht verläßlicher ist. Ein alter weißhaariger Hadschi[28], Aufseher am Kaik-Stand, gab dem Boot einen Stoß, wünschte uns noch »Gott mit euch!«, und schon schwenkte der Ruderer das Ruder, um zwischen den Holzpfeilern der großen Brücke in den inneren, den Kriegshafen zu gelangen. Kaum waren wir durchgefahren, setzte der Kajiktschi beide Ruder ein, das Boot machte einen langen Sprung, einen zweiten, dritten, und schon fliegt es vorwärts wie ein Pfeil, die Ruder biegen sich, der Gischt spritzt, die scharfe Vorderspitze durchschneidet das Wasser wie ein geschliffenes Schwert, manchmal fliegt der Kaik wie eine Schwalbe über das Wasser, manchmal gleitet er wie eine Schlange durch die Wellen – ein köstliches Gefühl! Und wie der Kajiktschi arbeitet! Ein vierzigjähriger Mann mit enormen Muskeln; alle Muskeln spielen, die gewölbte Brust wellt sich, daß das Lederamulett abzuspringen droht. Wir sehen ein Überbleibsel der einstigen Osmanen, des wahren, starken Türken, wie er früher einmal war – die Geschichte vergangener Zeiten erstaunt einen dann nicht mehr!

Wir halten uns in Ufernähe und können Land und Wasser beobachten. Sooft wir uns neugierig hinauslehnen, ermahnt uns gleich der Kajiktschi, das Gleichgewicht nicht zu stören; selber mit dem Rükken zum Ziel sitzend, muß er ständig den Kopf wenden, um nicht irgendeinen Gegenstand zu rammen oder mit einem anderen Kaik zusammenzustoßen – »Kaik! Kaik!«[29] schreit er fast unaufhörlich zur Warnung. Wir fliegen an schlummernden, vor Ankern liegenden Schiffen, aus deren Luken Kanonen ragen, vorüber und auch an langen, heute stillen und leeren Docks. Dafür herrscht am Ufer reges Treiben! Jeden Augenblick der Lärm eines der hier und auch draußen im Bosporus auf hohen Piloten direkt ins Meer gebauten Kaffeehäusern. Häufig tönt von ihnen die Musik von Saiteninstrumenten, und im Inneren sehen wir weiße Frauengestalten – böhmische Landsmänninnen, aber aus den eingedeutschten Gegenden bei uns. Sie kommen in Scharen hierher, spielen sowohl in den Cafés unten als auch oben in Pera im »Jardin des fleurs«, einem Garten ohne Blumen, und ein gewisser österreichischer Diplomat – es ist bekannt, was für Diplomaten wir haben – sagte von ihnen, sie trügen sehr bei »zur – Germanisierung Konstantinopels«! Und neuerlich vernehmen wir den Gesang vieler Stimmen; direkt am Ufer wird ein Haus errichtet, und bei der Arbeit unermüdlich zu singen ist hier Maurerbrauch. Auf den Kais spazieren Leute, mehrheitlich Frauen. Sie bilden Plauderkreise oder umringen eine der hier häufig anzutreffenden »Hexen«, die auf dem Boden hocken und aus einem Wasserkrug und einer Handvoll Kieseln wahrsagen. Schon sind wir beim armenischen Viertel angelangt. Unordentliche Häuser, unordentliche Straßen, schmutzige Häuser, Straßen und Menschen – insbesondere die Armenierinnen unter ihrem schmutzigen Schleier! Das armenische ist das schmutzigste Viertel des gesamten schmutzigen Konstantinopel. Manchmal huscht eine Moschee mit einer schönen Kuppel an uns vorüber oder ein schöner öffentlicher Brunnen – bekanntlich kommt hinsichtlich architektonischer Schönheit in der ganzen Welt den türkischen Fontänen nichts gleich. An jeder stehen Leute, trinken oder waschen sich Hände und Füße. […] Wo wir eine Bildsäule oder Nepomukstatuen aufstellen, pflanzt der Orientale Bäume und baut einen Springbrunnen – Kühle und Naß für jeden Ermatteten!

Dem Kajiktschi rinnt schon der Schweiß aus jeder Pore, dennoch rudert er mit der gleichen Kraft und Ausdauer und hält so bis zum Ziel durch; erst dann verschnauft er und fühlt sich gleich wieder wohl. Seine Schreie mehren sich, auch die Zahl der vorbeifliegenden Kaiks nimmt ja zu. In den meisten Booten geht es fröhlich zu – hier singen die Leute noch! In einem sitzen Soldaten und würfeln, in einem anderen Frauen, sie singen leiernd und näselnd und trommeln auf einem Tamburin, einem mit Fell bezogenen, tönernen Gefäß, im dritten kniet ein Verkäufer großer saftiger Erdbeeren – wir halten einen Moment und kaufen uns ein Körbchen. Und wieder fliegen wir weiter, links haben wir schon die Eyüp-Moschee samt dem dazugehörigen Zypressenfriedhof hinter uns gelassen, und rechts endete schon die Stadt mit einem Stück Festungsmauer, in deren Ruinen neue Häuschen hineingebaut sind; das macht man hier schon mit allen Wällen so. Nun verengt sich der Hafen, wir befinden uns bereits im Süßwasser, links mündet das Flüßchen Alibeyköy-Su (der alte Kydaros), rechts der Kiahat-Su[30] (der alte Berbyses). Auf dem Rasenplatz zwischen den beiden Flüßchen weiden ein paar Kamele. Es sind angeblich »heilige Kamele« – »Machmili Scherif«[31], direkt von dem Kamel abstammend, das den Propheten Mohammed bei seiner Flucht trug; sie verrichten keine anderen Arbeiten, als einmal jährlich die Pilger, die auf dem Weg nach Mekka sind, von Achmedije[32] hinunter an die Küste zu befördern. Die umliegenden Hügel sind mit Militärzelten bedeckt, weißen und grünen (von Offizieren).

Wir fuhren in den Kiahat-Su. Die Ufer sind ziemlich hoch, von Bäumen bewachsen und mit Gärten bedeckt. Die Ufer entlang sitzt Harem an Harem, nämlich Haremsdamen in Grüppchen und Zirkeln. Sie sind mit Proviant hierher promeniert, nun kochen sie Kaffee, rauchen Tschibuk, spielen mit einem Rosenkranz, plaudern und singen. Eunuchen haben sie nur wenige dabei, eine gewöhnliche alte Frau beaufsichtigt sie. Daher benehmen sie sich auch zwangloser, manche hat sogar den Schleier abgelegt und lächelt aufs frivolste in die Welt. Unser Kajiktschi fährt nun der vielen Boote wegen langsam, wir könnten diese Schönen in aller Ruhe beobachten, tun es auch, aber nur mehr halbherzig, es ist uns bereits klar, daß die Phantasie und westliche Schilderungen den orientalischen Schönheiten mehr zuerkannten, als diese aufweisen können. Wir waren inzwischen schon fest überzeugt, daß – sollte es in Konstantinopel überhaupt schöne Frauen geben – es die Armenierinnen, besonders aber spanische Jüdinnen wären.

Der Schleier der Türkinnen ist sehr durchsichtig, außerdem lüften sie ihn liebend gern »zufällig«, wenn sie merken, sie werden beobachtet, und sich einbilden, sie seien hübsch – aber es hilft nichts, die früher überstrapazierte Phantasie duckt sich in einem Winkel. Diese eingemummten Damaszenerinnen, die wie die Spielzeugpuppen armer Kinder bei uns aussehen – statt eines hübschen Gesichtchens ein Stück bunten Fetzens –, würden den Eindruck wahrscheinlich nicht mehr korrigieren! Allerdings haben wir sie nicht in ihrer reizvollen Haustracht gesehen, in Strümpfchen wie Batist, ein einziges Rascheln von Seide, Perlen im schwarzen Haar – nur daß ich sie mir so gar nicht vorstellen kann! Ich sah zerrissene und auf die Fersen gerutschte Strümpfe, mit schmutzigen Füßen darin, die Seide auf den Leibern war vom langen Tragen schrecklich zerknittert, auch das Haar kann ich mir angesichts der restlichen Erscheinung nicht frisiert vorstellen! Ich sah, wie eine – eine Dame in einer Equipage! – den Schleier aufdeckte und von der Stirn warf – ach was, ich sag's lieber doch nicht, welcher Art Tierchen sie von der Stirn wischte. »Sie ist aus Bejmjlik«, gilt hier als Empfehlung größter Schönheit, doch sind in »Bejmjlik«[33] Bulgarinnen, keine Türkinnen.

Auf der Straße sehen alle gleich aus, höchstens daß eine dickbauchiger als die andere ist. Das Gesicht bedeckt von oben und auch von unten ein – somit zweiteiliger – Schleier (»Taschmak, Machrema«) aus feinstem Musselin. Vom Kopf bis zum Boden fällt ein großer weißer Mantel (»Feredsche«) oder ein anderer bunter, der aus mehreren Kragen (»Jermak«)[34] besteht.

Öffnet sich dieser Domino, erblickt man bei den eleganteren oft schon französische Mantillen oder ein anderes europäisches Gewand. Die Hände sind ohne Handschuhe, die Fingernägel aber nur mehr selten gefärbt. An den Füßen trugen sie früher meist durchweg gelbe Schuhe, heute sind sie schon bunt; diese Schuhe sehen wie Schlappschuhe aus, in ihnen aber stecken noch samtene, mit Gold und Perlen kostbar bestickte Pantöffelchen. Wenn es regnet, gehen die Frauen auf speziellen viereckigen Brettchen, an denen unten vier vorne und hinten gleich große, bis zu zwei Daumen hohe Pflöckchen befestigt sind. Einen schönen Gang ergibt das in diesem Fall auf dem Konstantinopler Pflaster, das selbst bei Trockenheit mühselig zu begehen und rutschig ist! Insgesamt ist der Gang der Türkinnen höchst unschön und schaukelnd.

Die Überwachung der Frauen ist so streng, die Gesetzeslage in dieser Hinsicht so schonungslos, daß fast alle Faseleien von Affären zwischen Europäern und Türkinnen nur Faseleien sind. Eine europäische Wohnung darf eine Türkin nie betreten, auf der Straße den Blick etwas länger auf ihr ruhen zu lassen gilt als anstößig, einen Türken nach dem Wohlergehen seiner Gemahlin zu fragen, stellt eine ausgesprochene Taktlosigkeit dar. Daß durch Bewachung alles und immer alles verhindert werden kann, möchte ich allerdings nicht sagen. [...]

Abgesehen von gemeinsamen Spaziergängen sind die Türkinnen hinter Mauer und Schleier verbannt. Sie lesen nichts, können nicht lesen, und die reicheren arbeiten auch nicht. Bei den ehemaligen Janitscharenkasernen, wo Tuch an die Näherinnen von

Soldatenwäsche ausgegeben wird, erblickten wir nur zerlumpte Frauen, die meisten davon Mohrinnen. Sie ruft man nicht einmal zum gemeinsamen Gebet mit den Männern in die Moscheen, ja sogar im Haus zu beten, verlangt man nicht von ihnen. Kurios, war doch Mohammeds Frau Khadidja die erste gewesen, die an seine Sendung als Prophet geglaubt hatte, und die Sklavin Sumayya die erste, die für den Islam starb! [...]

Jedoch, wir nähern uns inzwischen schon den weißen Bauwerken von Kiahat-Hane[35], dem Sommerpalast des Sultans, und der Kajiktschi sucht zwischen Tausenden von Kaiks einen Platz, wo er anlegen könnte. Endlich hat er einen erspäht und ist mit solcher Kraft zwischen die eng aneinanderliegenden Boote hineingestoßen, daß die Schiffchen weit auseinanderwogten und die Spitze unseres Kaiks sich tief in die Erde bohrte. Rundherum ausgiebiges Geschimpfe, das aber im übrigen Lärm untergeht. Und es ist abermals laut!

In einem langen Streifen längs der Ufer herrscht ein Treiben wie bei uns um Schloß Hvězda[36] in Prag. Menschenschar neben Menschenschar, Musik neben Musik, Tanz an Tanz, Gesang im Gesang, Lachen im Gelächter! Und welche Musik! Hier eine italienische Drehorgel auf Rädern, ein Stück weiter Dudelsackpfeifer, noch weiter weg armenische Musik, in die vom anderen Ufer sofort Zigeunermusik hineinfährt. Die armenische Kapelle besteht aus einer Oboe, zwei Gitarren und einem »Kiaman«, einem ganz seltsamen kleinen Saiteninstrument[37]. Die Zigeunerkapelle wiederum setzt sich aus zwei Dudelsäcken und etlichen

Tamburinen zusammen. Die Dudelsackpfeifer stehen abseits, schmutzige junge Zigeunerinnen mit Tamburinen bilden einen Kreis, und inmitten des Kreises steht die schmutzigste und älteste von ihnen. Die jungen schmutzigen beginnen mit Händeklatschen und Schütteln der Tamburine sozusagen als eine Art Chor, anschließend meckert die älteste eine Strophe herunter, neuerlich Klatschen und Rasseln, und die Zuhörer ringsherum geben nach jedem Mal ein lautes komisches Schnalzen von sich, die hier übliche kindische Draufgabe von Bewunderung.

Viel Musik und auch Essen genug. Nicht wenige haben sich in kleinen Blechkesseln gekochten Reis mit Lammfleisch mitgebracht; sie sitzen ruhig darum herum, rauchen, und von Zeit zu Zeit fährt einer nach dem anderen mit der bloßen Hand in den Kessel, drückt sich ein Pilafkügelchen zurecht und steckt es in den Mund. Die Armenier haben rohes Fleisch herbeigeschafft, ein Feuerchen gemacht, Astgabeln in die Erde gesteckt, drehen einen Spieß und braten sich ihr Mahl. Ein Kaffeesieder hat ein Kaffeehaus improvisiert – zehn niedrige Stühlchen, zehn Täßchen und fertig. Hie und da kommen Verkäufer vorbei. Obsthändler verkaufen Kirschen, Erdbeeren und Pistazienkerne, Zuckerbäcker wie Schnitten geschälter Orangen aussehendes »Lokum«, Bäcker Brezeln, bestreut mit weißen Körnern von einem Geschmack, daß bei uns nicht einmal ein Hund dieses Gebäck hinunterwürgen würde. Einzelne Verkäufer scheinen Lederstücke über die Arme geworfen zu haben, rotbraune und durchsichtige Stücke, »Pestil« genannt; eine für uns neue Form von Pflaumenmus respektive Powidel, ich erwartete ständig, der Verkäufer würde mit einem Schustermesser etwas abschneiden. Aber er riß davon nur Stücke ab.

Wollte ich die ganze Buntheit des sich hier bietenden bewegten Bildes wiedergeben, müßte ich wahrscheinlich wieder das gleiche zeichnen, das wir schon an der Brücke über das Goldene Horn sahen. Fast das gleiche Durcheinander, ein noch größeres Getümmel. Zeitweise lösen sich Paare oder ganze Gesellschaften ab und treten in die Gärten des an gewissen Tagen jedem zugänglichen Kiahat-Hane-Palasts. Sie setzen sich auf den grünen Rasen, beobachten die Spiele der Sultanspagen, schlendern durch Gruppen und Alleen majestätischer Zypressen und schöner Platanen oder bleiben oberhalb glänzender Kaskaden stehen und lauschen ihrem Geplätscher. Der Kiahat-Su wird hier über stufenförmige Erhöhungen geleitet und hat mehrere Wasserfälle. Welcher Reiz, hier zu verweilen! Es sind zwar keine riesigen Wasserfälle, bei denen der Dichter den Ausruf täte:

> Wanderer, halt dein Herz, halt es mit den Händen kräftig fest,
> auf daß es vor Entzücken bebend, deine Brust nicht sprenge –,

aber das Wispern und Singen des zu schäumendem Silber zerschellenden Kiahat-Su klingen wie überaus meisterhafte Gedichte, voll Heiterkeit und heilender Frische. [...]

In den Bergen Judäas

Wir verließen Ramleh gegen Mitternacht. In dem Städtchen hatten wir einer kurzen Ruhepause, eines nächtlichen Imbisses wegen gehalten, vor allem aber auf Geheiß zweier reisender Russen, eines gesunden Malers und eines kranken Palästina-Pilgers, die trotz ihres klafterlangen, mit einem zwei Ellen langen Schwert, Pistolen und einem Handschar bewaffneten Kawaß den Wunsch nach zahlreicherer Gesellschaft hegten. Die Rast in der Stube des russischen Hospizes, mit soviel Flöhen wie Mücken, war erbärmlich gewesen. Die Erfrischung bestand aus Tee, schlechtem Wein, wurmigem Wasser und ein paar weichen Eiern. Da der kranke Russe, der wie in einem bequemen Fauteuil seitlich auf dem Maulesel sitzen wollte, mit der Herrichtung des Behelfssattels soviel Zeit vertrödelte, verloren wir die Geduld. Nur von unserem Dragoman begleitet, brachen wir alleine auf.

Zuerst ging es durch ein paar krumme Gäßchen. Trotz tiefster Finsternis erkannten wir, daß die Gebäude fast ausschließlich Ruinen waren; da und dort gab es zwar ein halbwegs beleuchtetes Fenster, aber dessen gemauerte Einfassung war voller Scharten. Eine Zeitlang hallten die beschlagenen Hufe unserer Pferde noch auf Stein, dann bohrten sie sich plötzlich in losen Sand, rechts und links hoben sich schwarz die Umrisse riesiger Kakteenzäune ab – schon lag Ramleh (das »sandige«) hinter uns, und wir ritten hinaus auf die Saronebene, das gesegnete Land der alten Philister.

Hier irgendwo liegt Lud, das Dorf, in dem der heilige Petrus jemanden von der Gicht heilte[1]. Doch sehen wir keine zwanzig Schritte weit. Rechts und links ein braunschwarzes Plateau, der Himmel dunkel, nur die Straße tritt grau hervor. Der einzige Anhaltspunkt in dieser Finsternis ist der lange Reitermantel unseres Dragomans, ein weißer Abayeh. Unverdrossen trabt der Dragoman vorwärts, wir zwei ziemlich verstimmt ihm nach. Die Müdigkeit, die Unausgeschlafenheit, der ungewohnte Nachtritt lassen keinen Humor aufkommen, außerdem ist die Straße so schlecht, daß man auf die Pferde achten muß, auf daß sie nicht zu Fall kämen und gut Schritt hielten.

Plötzlich stoppt der Dragoman.

»Herrschaften, jetzt bitte beisammenbleiben und Obacht!«

Und er gibt dem Pferd die Sporen und fliegt wie ein Pfeil vorwärts. Sein Falkenauge hatte das Dunkel durchbohrt – uns entgegen wehten mehrere Beduinenmäntel.

»Halt!« befiehlt der Dragoman.

»Gelobt sei Gott bei Tag und bei Nacht!«

»Wer bist du?«

»Wir sind deine Brüder.«

»Wohin reitet ihr?«

»Nach Joppe[2] !«

»Aha, glückliche Reise!«

»Euch auch, Herr, im Namen des Allbarmherzigen!«

Wie eine wilde Jagd galoppieren die Beduinen an uns vorbei. Wir reiten stumm weiter, in der linken Hand die Zügel, die rechte auf dem Revolver. Hier wird Christus angeblich einmal den Antichrist besiegen, vorerst würden ein paar Patrouillen aber nicht schaden.

»Ist es gefährlich?« fragen wir.

»Eher nicht, Sie müssen nur beisammen bleiben und, wenn sie kommen, schießen, hier ist es gut, wenn man schießt, man kann sich noch erwehren, hinter Jerusalem läßt man sich besser ausrauben!«

Abermals geht es schweigsam weiter. Manchmal erklingt ein Glöckchen, und etwas Aufgetürmtes, Formloses bewegt sich an uns vorüber, beladene Kamele. Nach einiger Zeit gibt der Dragoman dem Pferd wieder die Sporen, und neuerlich hören wir sein »Halt – wer bist du?«

Eine beschwerliche Reise. Fünf Stunden Stummsein und ständig die Hand auf dem Revolver. Schließlich bemerken wir, daß die Straße holpriger wird. Sie führt bergauf, statt der dunklen Ebene sehen wir dunkles Gestein, die Pferde schreiten mühsamer aus, wir reiten hinauf in die Judäischen Berge. Dabei hören wir in der Ferne ein langes, winselndes Heulen – jetzt wiederholt es sich – es hat sich schon vervielfacht, tönt von fern und von nah, hinter und vor uns.

»Ein Dorf, weil die Hunde heulen?«

»Schlimmer, Herr – Schakale, vielleicht eine Hyäne. Sie müssen ein Opfer haben.«

Kurz darauf jedoch scheint sich der dunkle Himmel schon mit einem grauen Tuch überzogen zu haben. Ein kurzer Übergang – die Sonne hat sich irgendwo über den Horizont geschwungen – es ist Tag, ein heller, klarer Tag – die Nacht gleichsam mit einem einzigen Ruck verschwunden.

Wir sind in einer felsig-öden Landschaft. Romantik der Nacktheit! Als hätte das Grün auf den Felsscharten von Anfang an nie Wurzeln geschlagen, der Regen schon vor Jahrtausenden jede Erde hinweggeschwemmt. Auf einem der Bergzinken verstreute Ruinen. Das Dorf Latrun, aus dem einer der zwei Schächer stammte, die neben Christus auf Golgatha umkamen. Hinter dem gegenüberliegenden Grat, ungefähr eine halbe Stunde weiter, liegt Amwas, Emmaus[3].

Das Schakalgeheul klingt etwas gedämpfter. Doch schwillt ein anderer Ton an, breiter, voller, unendlich traurig. Wir biegen wieder um eine Felskante. Mitten auf dem Weg liegt ein Kamel. Es stirbt. Ab und zu hebt es den Kopf aus dem Geröll und brüllt langgezogen, als würde eine große Schalmei ein Wehklagen ausstoßen. Sein Herr hat es schon verlassen. In den umliegenden Felsen jammern gedämpft Schakale, sie trauern, daß ihnen der Tag ihr Opfer entrissen hat und es den in der Höhe kreisenden Geiern schenkt.

Und abermals biegen wir um eine Steinwand. Vor uns öffnet sich ein ovales Tal, leer, verbrannt.

»Bab el Wad«, zeigt der Dragoman mit dem Finger hinunter. »Wir werden uns hier in einem Kaffeehaus kurz ausruhen.«

Eine erfreuliche Nachricht für uns, die wir vom Ritt zerschlagen sind. Dort in dem kleinen Tal sehen wir ein bescheidenes Gebäude aus Stein, vielleicht bekommen wir wenigstens irgend etwas! Wir reiten hin, doch anstatt zu dem höher gelegenen Gebäude strebt der Dragoman von der Straße abwärts einer verdorrten Wiese zu, steigt vom Pferd und bindet es an einen der etliche Daumen dicken Pflöcke, die aus der Erde ragen.

»Und das Café?«

»Hier«, lächelt der Dragoman und zeigt auf einen Haufen gelbes und bräunliches Reisig.

Wahrlich, nur wenn hier überhaupt nichts wäre, der Erdboden ist nämlich kahl, könnte dieses Kaffeehaus noch primitiver sein! Ein kleiner, kaum zwei Klafter Durchmesser messender, zu etwa drei Vierteln geschlossener Kreis. Eine halbe Elle hoch über dem Boden erhebt sich schlampig geschichtetes Gestein, das mit Erde beklebt ist, in dieser Erde stecken verwelkte Zweige, deren Spitzen gebogen und an einer in der Mitte hineingerammten Gabel befestigt sind. Ein Teppich auf dem Boden und ein Töpfchen auf glühender Kohle, fertig sind wir.

Der Kaffeewirt, ein etwa achtzehnjähriger junger Mann, ist herausgelaufen und reicht uns freundlich die Hand. Der Dragoman gibt Befehle, wir haben die Plaids ausgebreitet – wer würde sich diesem innen vermutlich lebendigen Teppich auch anvertrauen! –, und schon liegen wir auf der Erde ausgestreckt.

Wir befinden uns in den Bergen von Judäa.

Ein himmlischer Morgen! Ein Morgen in seiner ersten Ruhe, eine wie von den vereinigten Engeln des Tages und der Nacht bewachte Stille!

Die Sonne ist erst vor kurzem hervorgesprungen, und trotzdem ist die Luft schon brennend heiß. Nur die steinharte oder festgestampfte Erde ist noch kalt wie Eis. Bald dringt ihre Kälte durch das Plaid in den Körper, wir mußten lieber aufstehen und umhergehen, trotz unserer Müdigkeit.

Vielleicht wird uns eine Abwaschung mit kaltem Wasser beleben. Der Kaffeewirt gießt es uns bereitwillig auf die Hände. Er merkt, daß wir nach einem Tuch Ausschau halten, um uns abzuwischen, reißt sich das weiße Tuch seines Turbans vom Kopf und reicht es uns mit einer so eleganten Bewegung, als hätte man sie ihm in einem führenden europäischen Salon beigebracht.

Gleichzeitig ist der Kaffee fertig. Der Cafetier serviert ihn in kleinen runden Kaffeetassen – »Henîan!« (Wohlsein!), sagt er mit einem Lächeln. Bekanntlich trinken auch die Araber den Kaffee ungefiltert, mit dem Kaffeesatz, der Zucker und Sahne ersetzt. Der Kaffee schmeckt allerdings ausgezeichnet, man gewöhnt sich bald daran und gewöhnt es sich ungern wieder ab. Wir haben uns auf die zusammengewickelten Plaids gesetzt und trinken Tasse um Tasse. Aus dem Geröll, das dem Kaffeehaus als Fundament dient, kriechen zarte Mäuschen hervor, laufen um unsere Beine herum und blicken uns mit ihren stechenden Äuglein neugierig und furchtlos an. Etwas weiter weg, auf einem Felshang, läßt eine Karawane ihre Kamele weiden; mit dem schärfsten Fernglas erkennt man nicht, was die Tiere vom nackten Gestein rupfen.

»Und was soll das Steinhaus hier?« frage ich schließlich.

»Ein Wachhaus, es gibt ihrer fünfzehn in den Bergen bis Jerusalem.«

»Aber unbesetzt? Ist es hier schon so sicher?«

»Gerade vergangene Nacht wurden griechische Kaufleute ausgeraubt, ich wollte es Ihnen nicht sagen. Die Soldaten haben selbst angegriffen, deshalb hat der Pascha die Wachen lieber geschlossen.«

Die Straße, die einzige in Palästina, ist wenigstens etwas belebter. Manchmal gehen einzelne ausgezehrte und unschöne junge Araberinnen vorbei, in einem enganliegenden blauen Hemd als einzigem Gewand; mit einem blauen Wickeltuch um den Kopf und darauf ein Korb mit lebendigen Hühnern für Jerusalem. Manchmal wiederum ziehen Kamele vorüber, einzelne, mehrere, mit Last oder nur gesattelt. Sie alle haben den stillen Schritt von Saumtieren, was bei ihrer Größe für den Reiter anstrengend und unangenehm ist; der Körper des Reiters bewegt sich in einem großen Bogen nach vorn und wieder zurück. Wer das nicht gewöhnt ist, hält es kaum ein paar Minuten im Sattel aus. Nun kommt ein ganzer Paternoster von Kamelen. Auch Frauen reiten mit, ihretwegen haben die Kamele Schaukelsitze. An jeder Seite befindet sich eine senkrechte Gabel, zwischen ihnen ist eine Hängematte gespannt, und darauf sitzt auf gekreuzten Beinen die Weibsperson. Die Vorrichtung ist so stabil wie eine Kompaßnadel. Der Anblick der Kamele ist überhaupt spaßig. Der Körper unförmig, scheinbar plump, der Gang weich und still; dieser abgeflachte, kurze und kahle Schwanz, der Höcker und der lange Hals haben etwas Komisches an sich, das geduldige Gesicht und das gutmütige

Auge strahlen etwas Dumm-Menschliches aus. Es ist amüsant, diese Gesichter mit der Physiognomie einiger meiner guten Bekannten zu vergleichen.

»Wir müssen aufsitzen, meine Herren«, mahnt der Dragoman.

»Ich hoffe, wir kommen zu Mittag in Jerusalem an, so daß wir höchstens ein Stündchen in der größten Hitze unterwegs sind.«

Gestärkt ritten wir weiter durch die heiße Wüste.

Die Berge werden höher und schroffer, dafür sind die Täler wenigstens ein bißchen grüner. Auf den grünen Hängen ist spärlich Eichengestrüpp verstreut, die Böschungen sind mit graugrünen Ölbäumen bepflanzt, deren Farbe hier etwas saftiger ist; auch eine Herde blauschwarzer, hornloser und großer Ziegen sichteten wir.

Abermals ging es einige Stunden lang steile Serpentinen hinauf und hinunter, über Berg und Tal. Wir umritten das schon ziemlich ansehnliche, aber räuberische Abu Gosch*, drangen wieder in Täler und kahle Gebirge vor – nicht leicht, sich nur der Naturschönheiten wegen in das heilige Palästina zu verlieben! Hier könnte jener Dichter, der behauptete, »jede Heilige ist nur ein *schöner* Irrtum der Natur«, seinen Ausspruch korrigieren. Allein, heilig ist auch schon das, was viele Seelen verbindet!

Und neuerlich sind wir auf dem Kamm eines Berges angelangt –

»Sehen Sie sich um, meine Herren!« sagt der Dragoman und hält das Pferd an.

---

* Ein nach einem berüchtigten Räuber benannter Ort.

Mir stockte fast der Atem!

Man sieht weit durch die diamantklare Luft – sehr weit!

Als erstes unter uns das wellenförmige Gebirge, das wir durchquert hatten, hinter ihm die weite Saronebene, dahinter das Mittelmeer, ein zuerst weißer, dann blauer, dann in allen Farben opalisierender Streifen. Richtung Norden und Süden steile Berge und tiefe Täler – dort auf dem Gipfel des Propheten Samuel Grab, dort der Berg, auf dem Jakob seinen Traum von den Engeln hatte, hier unten das Tal, wo David sich »fünf glatte Steine aus dem Bach«[4] nahm, dort wieder die Wüste des heiligen Johannes und der Ort, wo die Jungfrau Maria Elisabeth besuchte. Und dieses weiße Wachhaus dort ist schon das letzte – dahinter Jerusalem, dann die Moab-Berge, der blaue Spiegel des Toten Meeres!

Breite deine Flügel aus – Phantasie! – –

Meine Begleiter waren bereits ein schönes Stück weiter geritten, ehe ich mich besann und dem Pferd die Sporen gab.

Jerusalem

[…] Ich würde gerne wissen, von wo die Maler gewöhnlich Jerusalem zeichnen! Sämtliche Bilder, die ich je sah, waren schlecht, wenigstens was die Perspektive betrifft. Gut überblicken kann ein Zeichner die Stadt vom »Berg des Ärgernisses«, sofern er nicht befürchtet, die durch ihren Fanatismus berüchtigten Bauern des Dorfes Siloah, das zu seinen Füßen am Kidron liegt, würden ihn zu steinigen versuchen. Oder noch besser vom benachbarten Ölberg aus. Wie wir uns in Jerusalem überhaupt alles auf ganz knappem Raum zusammengepreßt vorstellen müssen, ist auch das Kidrontal nicht breit und der Ölberg wenigstens um die Hälfte näher an der Stadt als unser Laurenziberg[1] an der Moldau.

Jerusalem erstreckt sich am anderen Abhang der Berge Judäas. Nachdem wir aus der Saronebene sieben, acht Stunden lang immer höher und höher, von Kamm zu Kamm geritten waren, gelangten wir schließlich auf eine Anhöhe, von der wir zu den Mauern Jerusalems hinunter – und über sie hinweg zum Ölberg sahen. Die Stadt wird von zwei Seiten, beim Joppe- und Damaskus-Tor, von einer Art Festung umgeben, in die zwei übrigen Himmelsrichtungen gewendet sind einerseits das Hinnom- und im rechten Winkel zu diesem dann das Kidron- oder Josaphat-Tal. Hinter dem Hinnom-Tal erhebt sich der Hügel des »Schlechten Rates«, über dem des Kidron ragt der Ölberg auf.

Schauen wir von diesem Gipfel auf die Stadt, liegt sie wie ein regelmäßiges Viereck vor uns. Trotz dieser Regelmäßigkeit bietet sie einen ziemlich malerischen Anblick. Hohe, gezinnte Mauern verleihen ihr den Charakter einer Festung, und in diese Mauern eingefügt, besonders in der Gegend des Hinnom, sind Teile der einst den Raum des Salomonischen Tempels umschließenden Mauer, Felsblöcke von sagenhafter Größe. Die Kuppeln und Türme zahlreicher Kirchen und Minarette ragen aus einem ganzen Gebirge kleiner – weißer, gemauerter – Kuppeln, von denen fast jedes Haus mehrere und ein geräumigeres Kloster fast dreißig besitzt. Es scheint eine riesige Anzahl von Häusern zu geben. Ein Haus hier wird nämlich nicht wie bei uns gebaut; zwei oder drei Stockwerke übereinander führen nur auf die Straße hinaus, im Inneren besteht jedes aus einer Anhäufung kleiner, wie weiße Würfel aussehender Häuser, die entweder neben- oder quer übereinanderstehen und durch Stiegen oder nicht überdachte Gäßchen oder auch mit einer in ihrer Mitte eine Zisterne aufweisenden Räumlichkeit verbunden sind. Jedes größere Zimmer pflegt eine Kuppel zu haben. Ansonsten sind die Dächer orientalisch flach und dienen gegen Abend als Terrasse, manchmal mit einer Aloe oder mit Kaktussen geschmückt. Zu Dreiecken übereinandergelegte Hohlziegel umrunden die Dächer, schützen vor der Neugier der Nachbarn, führen frische

Luft zu und verleihen dem Blick auf die ganze Stadt noch mehr Schmelz. Bloß ist alles aus hellgrauem Kreidestein gebaut, und diese Farbe wirkt zum Verzweifeln monoton, als läge Jerusalem unter einem Leichentuch.

Jerusalem wurde mehrmals zerstört, auch ein Erdbeben trug zu Veränderungen bei, nicht einmal alte Hügel und Täler sind heute mit Sicherheit zu lokalisieren. Nur die Lage des Zion, des Ölbergs, Josaphats und Harams (des Platzes des alten Tempels) steht fest, alles andere ist unbestätigt, Golgatha mit dem Gottesgrab nichts mehr als eine Fabel. Und das modernere Jerusalem gleicht sich fast überall. Gebäude in europäischem Stil trifft man fast nur vor dem Joppe-Tor an, wo auf den Anhöhen einige Schulen für arabische Kinder, das Haus der protestantischen Diakonissinnen, ein Aussätzigenspital und das prachtvolle russische Pilgerhospiz verstreut sind. Im Inneren ist die Stadt zwar in mehrere Viertel, ein armenisches, christliches, jüdisches, mohammedanisches, unterteilt, ohne daß diese 40.000 andersgläubigen Jerusalemer sich im übrigen streng an ihren Bezirk binden würden, wobei die Viertel sich auch architektonisch nicht im geringsten unterscheiden.

Außer dem Haram weist Jerusalem sehr wenige Plätze oder »Maydan« auf, und alle sind unregelmäßig und klein. Die Straßen führen von Westen nach Osten und von Süden nach Norden und kreuzen sich meist rechtwinkelig. Viele von ihnen sind allerdings Sackgassen, keine einzige schön gerade, alle sind der Hanglage wegen steil. Das Straßenpflaster ist ärger als jenes von Konstantinopel und Belgrad, somit das schlechteste auf der ganzen Welt. Die Pflastersteine sind groß, rutschig, hier zu reiten ist gefährlich – zu Fuß gehen aber gehört sich nicht in Jerusalem. Nicht nur in Jerusalem, sondern überhaupt in ganz Palästina gibt es keine einzige Fuhrgelegenheit.

Nachts sind die Straßen ganz unbeleuchtet, und ein Fußgänger muß vorschriftsmäßig eine Laterne tragen. Finster ist es in ihnen aber auch während des Tages. Einige Gassen im Basar – dem Suk – sind überdacht, die anderen größtenteils eng, begegnet man einem Reisig aus Hebron tragenden Kamel oder einem Balken schleppenden Esel, muß man den Rückweg antreten. Darüber hinaus sind sie schmutzig wie in Kairo, und von Hunden wimmelt es bereits wieder wie in Kairo und Konstantinopel zusammen. Die steinernen Häuser sind so hoch, daß man kaum ein Stück blauen Himmels sieht. Vor manchen sind Steinbänke in den Gassen eingelassen, und die mit roten, manchmal hübsch geschnitzten Gittern versehenen Fenster ragen alle in Form von Erkern empor. Wo sich Werkstätten befinden, wälzt sich der Rauch von Essen oder der Brandgeruch eines »Mangal« (eines Kohlebeckens, des ausschließlichen Jerusalemer Ofens) zu den Türen hinaus, einen Schornstein würde man hier vergeblich suchen. [...]

Die fahle Totenfarbe, die Jerusalem verhüllt, breitet sich auch über die ganze Umgebung aus. Palästina ist eine Wüste, eine steinige, felsige, traurige Wüstenei. Wenn König David auf den Mauerzinnen der Zionsburg in der Früh sein Gebet verrichtete, sollen die Vögel Jerusalems jedes seiner Worte mit ihrem Gesang wiederholt haben. In der heutigen Zeit könnte er sich die Augen aus dem Kopf weinen, nicht einmal ein winziger Jungvogel würde sich hören lassen! Früher gab es hier sicherlich mehr Vegetation, heute hingegen entlockt der Frühling kaum irgendwo dem Gestein ein schwaches Grün, ein Gräschen. Weißgrau, kahl ist das ganze Umland. Nur da und dort ein paar überalterte Olivenbäume mit ihrem traurigen grauen Grün, so scheint alles seit langem niedergebrannt und von Asche bedeckt zu sein. Diese Öde strahlt etwas eindrucksvoll Erhabenes aus. Reitet man auf den Ölberg und dort zu der Moschee, der früheren Himmelfahrtskapelle, und in das kleine arabische Dorf Tur, raubt einem die Herrlichkeit fast den Atem! Hier die tote ewige Stadt, um sie herum ein einziger mit weißen Steinen übersäter Friedhof, hinter ihm die nackten Felsen des Samuelgrabs und immer weiter nichts als kahle Gipfel, lauter nacktes Gestein, man sieht ein ganzes Meer toter Bergbuckel, riesige reglose graue Wellen, sich immer weiter und weiter erstreckend bis in schwindelnde, immer aber noch deutliche Ferne zu den Bergriesen des Moab, vor ihm ein Tal, durch das sich der dunkle Streifen des Jordan schlängelt, dahinter die Wüste Christi und rechts der blaue Spiegel des Toten Meers, fast erschreckend klar und ruhig, still wie ein tiefer Traum.

Der dreifache Gipfel des Ölbergs wird mit einem Adler mit ausgebreiteten Flügeln verglichen. Adlergedanken breiten sich von ihm aus – im Nu über einen Umkreis von dreißig Meilen und über tausend Jahre hinweg!

III

Manche Straßen, besonders die nur von Mohammedanern bewohnten, sind klösterlich still. Keine Menschenseele unterwegs, die Häuser verschlossen, man muß mit einem Metallhämmerchen anklopfen, wenn man Einlaß begehrt; streckt eine zu sorglose Mohammedanerin den unverschleierten Kopf heraus, zuckt sie wie von einer Schlange gebissen zurück, und man hört sie lamentieren: »Ja da veti![2]« (Ich Unglückliche!) Die Luft ist erfüllt vom Flügelschlag der großen Heuschrecken, die zu Millionen über die Stadt fliegen, wie Sternchen in der Sonne glänzen, die Zisternen verunreinigen und alles verwüsten.

Auch im Umkreis einiger Konsulate herrscht die ewige Stille. Es sei denn, man vernähme, wenn man sich besonders unglücklich fühlt, den entfernten Klang eines Pianos, den hier einzigen Ersatz für europäische Konzerte, Bälle usw., die es in der Heiligen Stadt vorerst nicht gibt. Anders ist es auf den mohammedanischen Basaren, in den vom Joppe-Tor nach Osten führenden Gassen sowie in der »Christenstraße«. Hier gibt es Unmengen von Werkstätten; solange die Sonne scheint, hallt ständig ihr Lärm. Die Klempner haben alle Hände voll zu tun, um für die Pilger ausreichend Blechflaschen für das Jordanwasser erzeugen zu können. Die Drechsler fertigen Kassetten, Lesepulte, Einbanddeckel für Jerusalem-Alben und Tabakspfeifen aus hellgelbem Balsam-, hellbraunem Oliven- und dunklem Holz aus »Hebron« und verkaufen sie, würde auch das Stück nicht mehr als fünf Centimes wert sein, armen frommen

Pilgern aus besonderer Opferbereitschaft jeweils zu zwei Franken. Andere drechseln ausschließlich Ölbaumholz zu Rosenkränzen. Steinschleifer stellen aus dem vom Toten Meer eingeführten schwarzgrauen »Mosesstein« Tintenfässer, Briefbeschwerer und kleine türkische Kaffeetassen her. Wie in Konstantinopel haben die Geldwechsler auch hier ihren gesamten Laden auf der Gasse, einen viereckigen und mit Draht überzogenen kleinen Schrein und in ihm eine kuriose Mischung aus Napoleondoren und Guineen, Theresientalern, spanischen Coloneaten oder Säulenpiastern und englischen Rupien, kleinen ägyptischen und türkischen Kupfermünzen, silbernen türkischen Medschidjen oder »Ghazi« (»Siegreichen«, wie man sie hier nennt), russischen Imperialen und türkischen Lira-Goldmünzen zu hundert Gurusch (respektive Piastern = Sechserln), zu 50, ja auch noch goldenen zu 5 und 3 Gurusch[3].

Dazwischen bewegen sich, wiewohl in nicht zahlreichen Gruppen, Menschen sämtlicher Nationalitäten. Man hört Russisch, Arabisch, Türkisch, Griechisch, Syrisch, Hebräisch, Italienisch, es gibt keine bekanntere Sprache, die Jerusalem nicht tagtäglich zu hören bekäme. Ein blühendes Menschenmosaik! Hier schleicht wie ein Schatten ein junger Jude in schlafrockartiger Kleidung. Seine Wangen sind wachsbleich, die Augen haben den Ausdruck eines kranken Kindes, alles schlottert an ihm wie an einer Stange; er ist aus Polen hergekommen, ohne Ziel, ohne Anlaß, und leidet Hunger. Mit unendlicher, aber natürlicher Grandezza schreitet ein Beduinenscheich (ein Stammesfürst) einher. Über den Turban hat er ein mit einer Seidenschnur umwickeltes seidenes Tuch geworfen – die Tracht aller vornehmeren Reiter von Kleinasien bis ans Ende Afrikas. Der Abayeh, der lange weiße Reitermantel, wallt von den Schultern bis zum Boden. Unter dem Mantel erblickt man statt der breiten Leibbinde, wie sie die Türken zum Schutz ihres Lebens beim Reiten tragen, einen Ledergürtel. Der Scheich hat dich gesehen, langt mit der Rechten, als wolle er Staub aufheben, zur Erde, legt sie dann auf Brust und Stirn und reicht dir anschließend die rechte Hand. Nachdem er einen als Ausländer eingestuft hat, hofft er, man würde von ihm ein Pferd zu Rundreisen mieten, wobei er einen allerdings als Geleitwache zum Jordan begleiten würde.

Hinter ihm umringen mehrere Männer und Frauen vom Land einen Wasserverkäufer. Sie tragen lediglich ein blaues Hemd, über diesem einen Mantel aus Kamelhaar, weiß-braun gestreift, auf dem kahlrasierten Kopf nur am Scheitel ein flachgeschlagenes rundes Käppchen aus Leinwand oder Filz, welches man hier gewöhnlich unter dem »Keffeh«[4] (oder dem »emamech« = Turban) aufhat. Sie sind alle aus dem Dorf Lifta gekommen und suchen eine Tagelöhnerarbeit. Ihre Frauen sind ganz ähnlich gekleidet, nur haben manche nichts anderes an als dieses dunkelblaue Hemd, und besitzt eine einen Mantel, ist er nicht aus Filz, sondern nur aus leichtem braunen Stoff. Sie haben ihre Männer zur Arbeit begleitet, beabsichtigen selbst aber nicht zu arbeiten. Mit weiblichen Dienstboten haben die Jerusalemer Hausfrauen überhaupt ihr Kreuz. Eine unverheiratete Frau nimmt keinen Dienst an, weil sie sich dafür schämt, nur allerärmste verheiratete Jerusalemerinnen gehen bedienen, sooft eine jedoch tagsüber ihre Familie besuchen möchte, verläßt sie die Arbeit.

Ein Verkäufer von Wasser aus der Nehemia-Quelle hat seine Ware in einem länglichen Sack, genäht aus einem Ziegenbalg, dessen Fell von der Feuchtigkeit matt glänzt. Die Bauern legen die Öffnung nicht an die Lippen, sondern halten den Schlauch in die Höhe und spritzen sich das Wasser in den Mund, was sie geradezu virtuos handhaben. Jetzt ist ein riesenhafter Hamal, ein Lastenträger, bei ihnen stehengeblieben. Ein Riese nicht so sehr wegen der Gestalt als wegen der Fähigkeit, mehrere Zentner schwere Lasten zu tragen. Und dieser Mann arbeitet sogar am Ramadan, wo es den ganzen Tag zu fasten gilt, immer gleich!

Plötzlich wird man von einem europäisch Gekleideten an der Hand gepackt. Er verneigt sich, reicht ein in Buchdeckel gebundenes ganzes Archiv von Empfehlungsschreiben und bietet seine Dienste an. Er ist vom Handwerk der Tätowierer und brennt Pilgern rote Zeichen, daß sie in Palästina waren, auf Brust und Arme. Seine Empfehlungsschreiben sind in allen Sprachen und von unterschiedlichsten Menschen verfaßt. Auch ein deutscher Prinz (Ludwig von Hessen) hat sich von ihm circa elf Fürstenkronen auf den Arm brennen lassen und bestätigt, mit ihm zufrieden gewesen zu sein.

In heilloser Eile tragen plötzlich Juden einen auf einer Leiter aufgebahrten Toten vorbei. Sich wie Türkinnen in einen weißen Mantel hüllende, aber unverschleierte Jüdinnen laufen laut klagend der Prozession nach – anschließend versammeln sich alle im Haus des Entschlafenen zum Kaffee. Eine Leiche wird in Jerusalem nie länger als ein paar Stunden im Haus gelassen, die Juden bringen ihre Verstorbenen so schnell wie möglich aus dem Haus. Türken tragen einen Toten auf einer Bahre in einem Sarg, Christen ohne Sarg. Und wieder schreitet einem ein hochehrwürdiger Kawaß, ein Gendarm, entgegen. Auf dem Kopf hat er einen Tarbusch[5] oder Fez, in der Hand einen langen Stock, an der Hüfte einen Säbel; er ist sich sichtlich bewußt, eine bedeutende Funktion auszuüben, wenn er hier einem Konsul vorangeht, um alle Hindernisse zu beseitigen, die seinem Herrn unterwegs entstehen könnten. Ein betrunkener Grieche torkelt von Haus zu Haus, und ein Häuflein türkischer Frauen drückt sich aus Angst vor ihm an die Mauer. Hier dominiert schon die damaszenische Mode, die vornehme Dame trägt über das ganze Gesicht ein buntes geblümtes Tuch, während eine einfache Frau einen kleinen schwarzen Schleier hat, der in Form eines Kreuzes nur Augen, Nase, Mund und Kinn bedeckt. Ansonsten sind die erwähnten Damen vollständig in weiße Mäntel gehüllt und sehen poetisch wie ein voller Mehlsack aus. Sie zerren einen etwa dreijährigen kleinen Türken hinter sich her. Der Junge hat krebsrote, goldbestickte Höschen an; es sind seine ersten, und er ist noch ganz verheult, weil man ihn daheim feierlich halbnackt durchs Zimmer schleifte, bevor man sie ihm anzog.

Nicht gerade bunter, aber weit lebendiger geht es in jedem Suk, der Gasse eines Basars, zu. Die Geschäfte sind viereckige, ein wenig höher liegende Öffnungen in der Mauer, die zur Nacht mit einer großen Klappe verschlossen werden. Drinnen sitzt entweder ein Verkäufer bequem mit gekreuzten Beinen und raucht eine Wasserpfeife, die Nargileh, oder einen Tschibuk, »Kasabeh«, oder es arbeiten hier ein Baumwollklopfer, ein Tschibukproduzent, ein Tabakblätter schneidender Tabakspinner usw. Zahlreiche Menschen sind unterwegs, und der Bettler ruft sein »Ich bin ein Gottes- und Prophetengast!« nicht umsonst wie anderswo. Hier sieht man auch mehr Bethlehemerinnen, die schönen, ja einzigen schönen Araberinnen. Es sind Christinnen, sie kommen mit Kreuzen und anderen Perlmuttsouvenirs auf den Markt, und den möchte ich sehen, der beim Blick in die sanften schwarzen Augen nichts kauft! Zwischen den Händlern gehen Getränke- und Lebensmittelverkäufer umher. »Erfrische dein Herz!« schreit einer und offeriert – Zuckerwasser. »Es reinigt das Blut«, lärmt ein Rosenwasserverkäufer. »Schwalbenfutter!« kreischt ein dritter, der mit Butter bestrichenes und mit Sesamsamen bestreutes Gebäck von für uns ungewohntem Geschmack hat. »Dein Frühstück, o Fastender!« – und der Fastende kann sich hier für einen Gurusch ein rundes Brot kaufen. »Mach dir eine gute Nacht, Barmekide!« – und der »Barmekide« kann hier geschmorte Erbsen bekommen. »Gott wird dich strafen, Ungläubiger!« – und den Ungläubigen lacht ein Schüsselchen Gurkensalat an. Einige der Läden sind für eine mohammedanische Schule eingerichtet. Es wimmelt von Buben – die Mädchen lernen nichts –, sie sitzen in Grüppchen auf dem Boden und plärren alle zugleich den Lehrer an, bis man sich die Ohren zuhält. Laß die Hände auf den Ohren! Nur ein paar Schritte weiter ist ein Kaffeehaus, und dort spielt für die kaftanbekleideten Türken eine arabische Musikkapelle; ein Zimbal, auf dem aber nicht mit dem Hämmerchen, sondern wie auf einer liegenden Harfe mit den Fingern gespielt wird, hundert Schellen an einer Stange, zwei kleine, kokosnußgroße Tympana[6], auf die man auch nur mit den Händen schlägt. Die Melodie modern tschechisch, somit keine oder eine unendliche, dazu Geschrei sämtlicher Musiker, und die Türkenturbane wiegen sich höchst zufrieden.

Spaziergänge unternehmen die Jerusalemer nur vor das Joppe-Tor. Hier gibt es mehrere Kaffeehäuser, vor denen Ware auf Kamele geladen oder von ihnen abgeladen wird. Gleich beim ersten herrscht schreckliches Gebrüll. Zwei Kamele, denen man schon das Sattelzeug abgenommen hat, sind aneinandergebunden. Einem von ihnen hat man, damit sie nicht weit kommen können, das rechte Bein hochgebunden. Das andere Kamel nutzt diese Hilflosigkeit augenblicklich freundschaftlich aus und beißt das gefesselte ins linke Bein, so daß es vor Schmerz schrecklich brüllt. Vielleicht könnte ihr Herr Frieden stiften, aber er prügelt sich gerade mit einem »Mukari«[7] (Pferdeknecht) um einen Stock. »Bist du vielleicht ein größerer Herr als ich, daß du einen Stock hast und ich nicht?« schreit er und hat ihm auch schon den Stock entwunden. Der »Mukari« jedoch läßt sich auf einen neuen Kampf ein, zieht dem Sieger eins mit seinem angespuckten Pantoffel über und schimpft ihn »sechzehn Hunde«. Die Straße lang eine ganze Reihe schon beladener Kamele und Esel. Erstere stellen hier die Aristokratie dar. Sie lassen sich junge Maiskolben schmecken, der Landwirt läßt sie ruhig weiden, findet er aber einen armen Esel im Mais, schneidet er ihm sofort die Ohren ab. Die Menge macht's; Kamele gibt es höchstens hundert in einer Herde, Esel gleich etliche hundert, sie sind keine Rarität.

Links geht man von der Straße zu einem Nebenweg hinunter und auf diesem zum sanften Gihon-Hügel, wo sich ein türkischer Friedhof, ein großer, im Sommer allerdings ganz ausgetrockneter Teich, ein paar ausladende Bäume und vereinzelte Gebäude befinden – daß es am Joppe-Tor ein paar europäische Gebäude, Wohltätigkeitsanstalten, gibt, erwähnte ich schon. Gleich am Beginn des Seitenwegs sitzen Bettler; sie haben die Münder und Nasen bedeckt, ihre Stimme winselt heiser um ein Almosen, und die erhobenen Arme sind mit einem Tuch umhüllt, um nicht Ekel zu erregen. Es sind Aussätzige, Nachkommen jener, von denen die Bibel berichtet. Sie pflanzen sich untereinander fort, die Kinder sind meist gesund, erst beim Nahen der Geschlechtsreife bricht ihre schreckliche Erbkrankheit aus. Neben dem Zions- oder Davidtor hat man für sie siebzehn Hütten errichtet, aus denen sie sich nicht entfernen sollen, doch schwärmen sie trotzdem zum Betteln auf die Straßen aus. Auch an anderen Orten Palästinas sah ich sie betteln. Ich weiß nicht, worauf die Krankheit eigentlich beruht, weiß aber, daß es keine Hilfe gibt, es sei denn, man verbietet ihnen Eheschließungen. Viele, vor allem englische Ärzte haben sich bereits davon überzeugt; auf dem Gihon gibt es ein eigenes

Krankenhaus für zehn Leprakranke, das aber nicht den geringsten Erfolg hat. – In ihre Blechschüsselchen fallen kaum Gaben. Ein feister Priester spendet ihnen nichts, die haufenweise herumwatschelnden feinen türkischen Damen gehen ebenfalls gleichgültig an ihnen vorüber, höchstens, daß eine europäische Dame oder ein Fräulein in die Tasche greift.

Wer überhaupt Zeit hat, macht am späteren Nachmittag einen Spaziergang zum Joppe-Tor. […] Die Jerusalemer gehen dort dem Wind entgegen, promenieren auf dem Gihon, sitzen auf den türkischen Grabmalen. Kaum neigt sich aber die Sonne zum Horizont, eilt alles wieder in die Stadt zurück. In Palästina geht der Tag ohne Dämmerung in die Nacht über, es gibt keinen Abend; sobald die Nacht anbricht, werden die Tore unerbittlich verriegelt, und draußen ist es gefährlich, Beduinenräuber stoßen dann oft bis an die Stadtschanzen vor. […]

IV

[…] In der Welt erfreuen sich die Jerusalemer nicht gerade eines guten Rufs. Sie sind geistig hinter dem Rest der Welt zurück, wiewohl – ihre Uhren haben sie aus Aberglauben überall eine ganze Stunde vorgestellt! Man berichtet unschöne Dinge von ihrem Charakter. Sie sollen verlogen, geschwätzig, faul und feig sein. Bettelei und Diebstahl sind hier allerdings, trotz der schlechten Polizei, kaum verbreitet.

In Palästina kommen auf zehn Mohammedaner ein einziger Christ und ein einziger Jude, in Jerusalem sind es pro Christ und pro Jude schon zwei bis drei

Mohammedaner. Christ, Jude und Mohammedaner sind hier in allen ihren Sekten vertreten, und alle sind Prototypen des Fanatismus – auf den interessanten religiösen Charakter der Jerusalemer werde ich noch zu sprechen kommen. Daher hat auch der gemischte »Rat von Jerusalem« ziemlich viel zu tun. Er besteht aus acht Mitgliedern, vier Mohammedanern, drei Christen (je einem Griechen, Katholiken, Armenier) und einem Juden, und er amtiert nur mündlich. Auf diese Weise ist Jerusalem gegenwärtig dem Schutz aller christlichen Konsule unterstellt, und diese haben wenigstens über die zugewanderten Ausländer eine größere Macht als der Jerusalemer Pascha, zu dessen Paschalik[8] übrigens auch ganz Syrien gehört.

Jedem Reisenden drängt sich schon deswegen die Frage auf, wer Jerusalem beherrsche. Von den hier schwachen Juden kann keine Rede sein. Die Mohammedaner befinden sich politisch im Niedergang, und der erste große Schlag, der Konstantinopel erschüttert, wird Jerusalem ausliefern. Aber wem? Den Katholiken? Möglicherweise würde sich das zugunsten der Katholiken entscheiden, verlegte der Papst seine Residenz von Rom nach Jerusalem. Nur wird der Papst etwas unschlüssig sein, den gewohnten europäischen Luxus fahren zu lassen, sich auf apostolische Schlichtheit zu beschränken, eine schöne Gegend gegen eine Wüstenei einzutauschen, sich wehrlos allem immer noch möglichen, beispielsweise einem schon letzten Ausbruch mohammedanischen Fanatismus, auszuliefern, und er wird es, bis er sich das überlegt hat, bleiben lassen. Auch würden wir, kaum daß er Rom, gleichgültig wohin, verlassen hätte, wohl die neu-alte Komödie von zwei oder drei gleichzeitig amtierenden Päpsten zu sehen bekommen und hätten gleich mehrere gleichzeitig Unfehlbare, die sich unfehlbar alles Böse an den Hals wünschen würden. Der protestantischen Art mangelt es hier an Durchschlagskraft, sie wird vielleicht noch viele Erfolge erzielen, kaum aber die Macht erringen. Also bleibt der Grieche, vor allem der Russe.

Der Russe ist »Notus in Judaea deus«. Von den jährlich hierherkommenden Pilgern sind wenigstens ein Drittel Russen, und es fließen ihnen seitens der Regierung für ihre Pilgerreise alle möglichen Unterstützungen zu. Ihre griechisch-orthodoxen Klöster erfreuen sich unter den Arabern eines weitaus besseren Rufs als die katholischen oder armenischen. Ein griechisch-orthodoxer Mönch ist gastfreundlich, aber mehr Mönch als Wirt, er beherrscht Arabisch, bestellt den Boden, unterrichtet arabische Landfrauen, unterstützt sie mit Medikamenten. Die Russen haben bei Jerusalem eine große Kolonie, ein neues Jerusalem gegründet. Sie kauften vor dem Joppe-Tor ein riesiges Grundstück, umgaben es mit einer Mauer, errichteten eine Kirche, ein mehrere hundert Pilger fassendes Haus, ein großes Spital. Ein Erzbischof hat hier seinen Sitz, ein sehr gebildeter und tatkräftiger, von rührigen Priestern umgebener Mann, der in seinem Seminar bereits aus Inländern, Arabern, einen jungen griechischen Klerus heranzieht. Geld gibt man ihnen mehr als reichlich. Die Russen möchten hier ihr Gegen-Rom haben, und erobern sie Jerusalem moralisch, haben sie dem Konstantinopler Islam wenigstens einen Flügel gebrochen.

Wer vom Schwarzen Meer durch Kleinasien, Syrien und Palästina gereist ist, wer gesehen hat, wieviel Arbeit, Geld und Intelligenz die Russen hier ins ärmste Nest werfen, staunt über ihre Agitation und erkennt, daß die Russen ihr primäres, ja existentielles Interesse verständlicherweise hier ans Meer legen. Das Körnchen Wahrheit, das den Gerüchten eines russischen Interesses an uns Tschechen anhaftet, nimmt sich den Fakten im Orient gegenüber wie ein Spielzeug aus, das der Mensch in der Hand hält, um es zur rechten Zeit aus irgendeinem Grund wegzuwerfen. Sogar die größten Ideen werden sehr, sehr langsam Wirklichkeit!

V

Wäre ich auch ein überzeugter Katholik, würde ich den orthodoxen Nichtunierten, den Russen, in Jerusalem den Sieg wünschen. Zum Vorteil des Christentums. Die Jerusalemer Konsule schützen die Christen wohl vor Gewalt, doch nur in der Stadt. Anderswo in Palästina haben die Christen genug zu leiden, ich verweise nur auf die bekannten traurigen Vorkommnisse, die sich bis heute in der Drusenstadt Hasbej zutragen, obwohl es dort viele, an die 4000, Christen gegeben, sie vier Klöster dort gehabt haben usw. Die palästinensischen Moslems sind die allerfanatischsten, selbst im Hauptsitz des Islam, in Kairo, passiert einem nicht wie in Jerusalem, daß ein Moslem »Hajdi dschaur!« (Hau ab, Ketzer!) riefe! Hier ist der Christ für den Türken immer noch ein »Atschallak Nusrani« – »mit Verlaub, ein Christ«. Und dabei steht der Islam dem Christentum ziemlich nahe, Isa ben Mirjam[9], unser Jesus, ist auch für sie ein Prophet!

Verläßt man sich darauf, daß ein gebildeterer Mohammedaner hier wenigstens den Protestanten gewissen Respekt bekunde, ist dieser Respekt bei der Passivität des Protestantismus den christlichen Elementen wenig von Nutzen. Einzig die russischen Klöster können hier etwas bewirken, und erblickt man auf einer Jerusalemer Gasse eine Schar Seminaristen aus dem Kreuzkloster, in blauen Röcken, mit langen Haaren, sieht man hier in ihnen auch die einzigen wahren Kämpfer der Zukunft. Wie kann ein Türke Respekt vor christlichen Sekten haben, wenn er sieht, von welcher Gehässigkeit, welch niederträchtigem Intrigantentum und blutigem Haß aufeinander sie erfüllt sind! Kaum hat eine Sekte in Konstantinopel etwas durch Bitten und Bestechungen für sich erreicht, zahlt schon die zweite noch mehr, um der ersten alles zu verderben. Wie kann er Respekt vor Priestern haben, die schmutziger, raffgieriger, unaufrichtiger als seine eigenen sind, dabei auch prosaischer und unwissender als einer, der wenigstens seinen Koran gut kennt! Was soll er denken von den Christen, wenn sie ihre Kapellchen vollhängen mit Gold- und Silberlampen, reichverzierten Leisten, Kleinodien und Edelsteinen, wenn sie kostspielige Sanktuarien und Hotels bauen, aber keinen Groschen hergeben, damit der Weg zu Gethsemane und zum Mariengrab wenigstens notdürftig instand gesetzt würde! Was soll er von ihnen halten, wenn an dem den Christen heiligsten Ort, in der Grabeskirche, ständig eine türkische Wache präsent sein muß, damit es nicht tagtäglich zu Handgreiflichkeiten käme! Er sieht Lutheraner, Katholiken, aber nicht Christen, er kapiert nur, daß sie Speisen essen, die er für unrein hält – nichts mehr!

Die widerwärtige Menge Mönche wie zu den Kreuzfahrerzeiten gibt es hier nicht mehr. Orte wie das einstige Mar Saba[10], wo 10.000 Mönche und Asketen beisammen waren, existieren nicht mehr, genügend Klöster jedoch, die mindestens hundert Ordensfaulenzer beherbergen. Im reichen armenischen Kloster zu Jerusalem wohnen mindestens hundert Mönche; ihre Kirche ist vollgestopft mit Porträts ihrer Patriarchen, bärtiger, goldbehangener Männer mit zum Segnen erhobener Hand, und der wirkliche Segen wird auf Millionen veranschlagt. Das Salvatorkloster beherbergt etwa fünfzig Franziskaner, deren Guardian sich selbst den Titel »Kustos des hl. Landes« zuschreibt; sie sind auf Kneipenart so gut auf Pilger eingerichtet, daß sie diesen jährlich Tausende von Tausendern abpressen. *Wirtshäuser* sind das, aber nicht Klöster, und zwar gleich raffgierig im dreckigsten Winkel Jerusalems wie im stolzen Gebäude »Garten Gottes« oder auf dem Berg Karmel, wo sie den Gästen sogar die gesunde Luft und den schönen Meeresblick in Rechnung stellen. Selbst die als teuer verrufenen alexandrinischen Hotels sind billiger, auch sauberer und besser. Und kann dir ein Mönch nicht mit seiner »Gastfreundschaft« das Fell über die Ohren ziehen, schmiert er dich sicher mit einem Steinchen aus irgendeiner heiligen Grotte oder dem Zweiglein eines wundertätigen Ölbaums an, und gibst du ihm beim Abschied in deiner Standhaftigkeit die immer noch leere Hand, so spritzt er dir, als letztes Attentat, stinkendes Rosenwasser hinein. Gleichgütig, ob du von der Säule fortgehst, wo Christus gegeißelt wurde, von der Kapelle, wo der hl. Jakob geköpft wurde, vom Kaiphas-Haus, von wo auch immer, ständig hättest du dir diesen Geruch von der Hand zu waschen. Das haben sie von den Synagogendienern gelernt, die bei Hochzeiten rituell und wegen des Trinkgelds den Hochzeitsgästen Rosenwasser auf die Hände gießen. Das Kloster Ain Karim (Hl. Johannes in der Wüste), etwa zwei Stunden von Jerusalem entfernt, lebt nur von der Erzeugung des Rosenwassers und hat eine große Brache mit Rosen bepflanzt. Abgesehen vom Profit interessiert die Mönche hier nichts. Zeig einem armenischen Mönch die Bibel, und er wird dir sagen: »Das ist keine Bibel, ich hab gehört, Christus der Herr hat sie in den Himmel mitgenommen!« [...]

Masr el-Kahira

I

»O Ägypten, Ägypten! Die Zeit wird kommen, da man dich und deine Weisheit geringschätzen, da deine Werke und Taten der Vergessenheit anheimfallen werden.«
Hermetische Schrift.

Wir stehen auf der Plattform der Kairoer Zitadelle, und Erregung durchwogt unsere Brust. Wir haben schon ein ziemliches Stück Orient bereist, sind abgestumpft gegen Palmen und biblische Gestalten, fühlen uns hier aber dennoch neuerlich wie von einer Fabel bezaubert. Wir sahen schon viele, sehr viele fast überwältigende Landschaften, blickten von den Höhen Skutaris nach Europa und Asien, auf Konstantinopel und den Bosporus, das Schwarze und das Weiße Meer, schauten vom Judäischen Bergland auf das Mittelmeer, das Tote Meer und das ganze heilige Palästina, sind am Fuß der stillen Bergriesen des Sinai, an der Grenze zwischen Asien und Afrika gestanden – den Eindruck, der sich unser hier bemächtigen würde, hatten wir trotzdem nicht vorausgeahnt!

Ein großer Teil des nördlichen Ägyptens liegt vor uns ausgebreitet da wie ein herrliches Gemälde, ein überaus bunter, von Meisterhand gestickter Teppich, und wir können alles mit bloßem Auge in zauberischer Deutlichkeit erkennen. Hinter uns erheben sich die grauen Mokattamberge, als würde noch ein morgendlicher Traum auf ihnen ruhen. In unabsehbare Ferne erstreckt sich die endlose, gelbgraue Wüste, und aus ihr ragen die riesenhaften Pyramiden von Giseh, Dahschur und Sakkara zum Himmel empor. Der heilige, alte Nil wälzt sich in zwei mächtigen Strömen nach Norden, von seiner dunklen Flut heben sich hellgrüne, üppige Ufer ab. Eine fruchtbare grüne Ebene dehnt sich in drei Richtungen aus, und unter uns liegt die nach Konstantinopel größte orientalische Stadt, das stolze Masr-el-Kahira (die »Siegreiche«, die »Rächende«), Zeugin von hunderterlei Kämpfen, an deren Mauern sogar die fanatischen Schädel der Kreuzfahrer zerschmetterten. Hunderte von Minaretten, phantastische Kuppeln und sattgrüne Gärten sind vom rosigen Gold eines schönen Morgens übergossen, das Tosen buntesten Lebens dringt wie fernes Meeresdröhnen zu uns – der Himmel ist von so klarem Blau, die Luft so balsamisch – und wir fühlen uns inmitten dieser ergreifenden Schönheit so unsäglich traurig!

Schönes, märchenhaftes, unglückliches Ägypten! Nicht nur, weil sich geistige Finsternis ausbreitete, wohin einst die Pythagoräer als Schüler pilgerten, und auch nicht, weil sich der Ruhm verlor, von wo aus sich einst Angst bis ins mächtige Venedig verbreitet hatte. Es hatte die Priesterkultur gegeben, deren Weisheit sich auf zweiundvierzig hermetische Bücher gründete, die Zeit von Göttern und übermächtigen Königen – das Volk war schikaniert und unglücklich.

Die mohammedanische Kultur hielt Einzug, Kalifen und stolze Mamelukensultane herrschten – und das Volk war schikaniert und unglücklich. Mit aller Kraft drängt die Kultur des fortschrittlichen Europas ins Land – und das Volk stöhnt und weint. Stumm fließt der Nil an den Pyramiden vorüber, schaukelt auf seinen Wellen die Spiegelbilder schlanker Minarette, trägt Dampfschiffe und dient Fabriken, und seine eigenen Kinder haben keinen heiteren Tag und haben ihn nie gehabt. Die Herrschaft der vogelköpfigen Götter alter Zeiten wie auch der dreisten Paschas der Gegenwart war immer gleich grausam, sie mußten nie Pyramiden aus Stein errichten – jeder hat Pyramiden von Leichen aufgetürmt und Berge von Armut angehäuft. Das Volk ist zurückgeblieben, wie es zu Zeiten des Gottes Horus war; er wird als Kind, mit dem Finger im Mund, dargestellt, doch ist das Volk ein verderbtes, böses, furchtsam erregtes und hungriges Kind. Die alten Ägypter hatten ein »Totengericht«. Wo ihre Skulpturen jenes Gericht zeigen, legt der Verblichene sein Herz in die eine Waagschale, und in die zweite legt Thot, der »Gott der Buchstaben«, der »Himmelsschreiber«, eine Straußenfeder, die Feder der Wahrheit. Man weiß nur von zwei oder drei Herrschern, daß ihre Herzen mit Wahrheit und Gerechtigkeit das Gleichgewicht hielten. Nichtsdestotrotz verbeugen sich die Götter vor *allen* Königen und heißen sie aufs schmeichlerischste im Himmel willkommen.

Die Poesie verschwindet, und ihr nach folgt Prosa. Die Tradition ist erloschen. Memnon ertönt nicht mehr, wenn ihn ein Morgenstrahl küßt, erklingt aber jedesmal, wenn ein Fellache auf einen bestimmten, sich im Schoß der Statue befindlichen Stein haut – damals ein Priester um den Preis seiner Herrschaft, heute ein armer Fellache gegen ein armseliges Trinkgeld. Wir können die Hieroglyphen und die hieratische Schrift bereits lesen und wissen, daß die hochgepriesenen Mysterien oftmals nicht mehr als dummer Aberglaube waren. Auch die Natur ist trivial geworden. Die berühmten Rosengärten beschränken sich nur mehr auf das kleine Fayum, eine Oase, Papyrus und Lotos sind fast ausgestorben, der Balsamstrauch ganz verschwunden. Dafür erstrecken sich überall Tabak, Mais, Reis, Zucker und Indigo und bescheren dem Bauern Schweiß und dem Pascha Millionen.

Dennoch ist dieses unser Kairo, das Haupt des Landes, schön und lebendig und reich! Seine Lage am Fuß des Mokattam ist paradiesisch. Auf drei Seiten umgeben Palmen und Felder die Stadt, aus der vierten Richtung schlagen die Sandwellen des Saharameers an ihre Mauern. Es hat äußerlich und in seinem Inneren, besser als alle anderen Städte, seinen altorientalischen Charakter beibehalten, und es dünkt einen hier immer, ein arabischer Fabeldichter würde uns seine zauberhaften Märchen erzählen. […]

Gehen wir doch schon hinunter in die Stadt, über den von Saharasand hoch bedeckten Er-Rumejleh-Platz, von dem bis zu uns herauf das Geschrei und Gejohle von Sängern, Verkäufern, Musikanten und Komikern hallt.

II

Nur ein paar der größten Straßen haben eigene Namen, Hausnummern trägt hier kein einziges Haus. Die Straßen sind wie im ganzen Orient sehr eng, ganz unregelmäßig, voller Winkel, Krümmungen und Ruinen. Unregelmäßig sind auch die einzelnen Häuser, fast durchwegs aus Stein und oft mit dekorativen Portalen, während es in Kontantinopel nur Holzbauten gibt, das gesamte Erdgeschoß ist oft ein einziger Laden, oben lauter Vorbauten und Erker, die statt mit Fensterscheiben und Rahmen nur mit hölzernen, dafür vielfach höchst kunstvoll geschnitzten und buntgestrichenen Gittern versehen sind. Durch dieses Gitterwerk können die Frauen bequem auf die Straße hinunterschauen. Zahlreiche Moscheen mit Loggien und Minaretten, weiß und rot quergestreift, überragen die angrenzenden Gebäude. Von Dach zu Dach sind oft über die Gasse hinweg Bretter gelegt oder Tücher gespannt, damit es unten schattig und kühl wäre. Manche Straßen und Viertel sind mit ziemlich großen, gewöhnlich aber schon zerfallenen Pforten und Toren voneinander abgeteilt. Gestank herrscht überall genug, und auch Kehrichthaufen gibt es reichlich.

Weltberühmt ist die gleich hinter dem Esbekijeh-Platz beginnende Hauptstraße, die berühmte Muski. Sie ist nicht allzu breit, ein Drittel schmaler als unser Graben in Prag, aber mindestens eine halbe Stunde lang, belebter als die lebhaftesten Kreuzungen Pariser Boulevards und noch bunter hinsichtlich der Menschen als die berühmte Holzbrücke über das

Goldene Horn in Konstantinopel. Das Gedränge und Gewimmel in der Muski währt vom ersten Morgengrauen bis nach Einbruch der Dunkelheit. Manchmal ist es schier unmöglich, sich durchzuschlagen. Kamele und Esel, Pferde und Hunde, Menschen und Fuhrwerke verkeilen sich zu einem derartigen Knäuel, daß es keine Rettung gibt, sofern nicht die Peitsche eines Laufknechts oder ein Sporen und Zügel nichts schonender rücksichtsloser Reiter alles durchhaut. Der Lärm wälzt sich hier dahin wie ein ewiger Wasserfall, über den sich manchmal ein stärkerer einzelner Ton hinwegsetzt, der Jauchzer eines Jungen, das Iahen eines Esels, das langgezogene Brüllen eines Büffels oder die traurige Stimme eines Kamels. Wenn wir vor allen möglichen Zufällen und Unfällen, die hier eine Gefahr für unser Leben oder wenigstens für unsere heilen Glieder darstellen, auf der Hut sind, können wir beherzt in dieses Gewühl eindringen, die Zeiten, von denen unser Harant z Polžic bei seiner Beschreibung Kairos spricht[1], sind schon vorbei: »Unsereiner mußte allerdings oft in andere Seitengäßchen ausweichen und Umwege machen, und das nicht ohne mancherlei Gespött sowohl von hochnäsigen, halsstarrigen Türken als auch von Reitknechten, die uns den Hut vom Kopf rissen oder auf unserem Kopf wie Kreisel tanzen ließen.« Zwar lernen die Buben schon in den Schulen mannigfaltige Flüche für Andersgläubige, manch ein abgefeimter Diplomat bringt es, wenn er sich mit Wein betrinkt, auch fertig, europäische Gäste mit »Ya kalb! Ya chansir!« (Du Hund! Du Schwein!) zu titulieren, in Predigten gibt es den feststehenden Satz »O Gott, vernichte alle Ungläubigen, deine Feinde; knicke ihre Banner, zerstöre ihre Häuser, und gib sie samt ihrem Hab und Gut uns Moslems zur Beute!« –, Sultan Nassirs Gesetz hingegen ist schon vergessen! Christen müssen nicht mehr nur schwarze und Juden nur gelbe Tücher auf ihrem Kopf tragen, müssen nicht mehr ausschließlich auf Eseln reiten und selbst das nur im Seitensitz, sie müssen nicht aufstehen, wenn ein Mohammedaner zu ihnen tritt, müssen beim Betreten eines öffentlichen Bades keine Schelle am Hals tragen, ja sie können im Gespräch mit einem Mohammedaner sogar noch »lauter« reden als dieser, wenn es nötig ist, und sie dürfen auch ihre Häuser höher bauen als er, wenn es ihnen einfällt.

In der Muski allerdings überwiegt das orientalische Gepräge, das hier das allerbunteste ist. Selbst ein Europäer setzt sich, auch wenn er ansonsten seine eigene Tracht trüge, wenigstens einen roten Tarbusch auf. Weiße, rote und grüne Turbane, lange Kaftane in allen möglichen Farben, farbige Schuhe, Bauchbinden und Jacken, ein weißer Mohrenmantel, Waffen aller Art, die blaue Bluse eines armen Fellachen und die grauen Lumpen eines Eseltreibers huschen an den Augen vorüber. Die schöne Kutsche eines Paschas rast rücksichtslos durch die Menschenmenge, ihr voraus flitzt ein junger Sais (Roßknecht), brüllt »Guarda! Guarda!« und drischt mit der Peitsche aufs – arm gekleidete – Volk los. So einen Sais hat auch jede private Kutsche, ja sogar jeder Fiaker. Auf schönen Reitkamelen, Tieren mit schwärzlichem Fell und elegantem Gang, mit reichen Teppichen bedeckt, reiten die Diener des Vizekönigs. Ein protziger

Türke sitzt auf einem von einem herumschreienden Eseltreiber angetriebenen und ständig mit den Sporen bearbeiteten Maultier. Ein anderer, Zweizentner schwerer Nachfahre Mohammeds sitzt auf einem winzig kleinen, aber trotzdem flott trabenden Eselchen. Ein solches Eselchen kann man samt seinem Herrn, einem mit dem geringsten Bakschisch und dem größten Kopfstück zufriedenen, als Dragoman wie auch als Arabischlehrer dienenden Jungen mit weißem, schwarzem oder kastanienbraunem Gesicht um 18 Piaster (1 Gulden 80 Kr. ö.W.) pro Tag bekommen. Der Gang des Esels ist leicht; auf ihm zu galoppieren ist sehr angenehm, wirkt aber immer läppisch, der ganze Körper des Reiters hoppelt, und der Kopf zittert komisch.

Eine lange Kamelkarawane trägt und schleppt zugerichtetes Bauholz, das gefährlich hin und her schwankt und überall anstößt. Auf dem ersten Kamel sitzt ein Araber, ein echter Beduine, der die Tiere nur verliehen hat, und blickt ruhig und vornehm auf den Tumult hinab. Eine große Herde schöner schwarzer, hochgewachsener Ziegen drängelt sich durch die Massen; die Leute versetzen ihnen Tritte, die Tiere treten ihnen auf die Füße, ein fast ohrenbetäubendes Meckern und Klagen. Gleich hinter der Herde rennt fast im Galopp ein Grüppchen Menschen, von denen einige auf einer Bahre einen Leichnam tragen; obwohl der Prophet desgleichen verboten hat, schreien die sie begleitenden Frauenzimmer verzweifelt, werfen Sand und Staub in die Luft, beugen sich zum Boden nieder und streuen sich Dreck auf Brüste und Kopf. Wieder saust eine Reihe von Wägen vorbei, und zwischen sie mischt sich ein ärmliches, halbnacktes Mädchen, das frischen Pferdemist in eine Strohschüssel aufliest; sie wird ihn als Heizstoff für die in Ägypten seit alters her üblichen Brutöfen verkaufen, in denen schon seit Tausenden von Jahren Hühner künstlich ausgebrütet werden. Plötzlich stiebt alles auseinander, und alles schimpft wie aus einer Kehle. Der Besitzer irgendeines Ladens hat es seiner Ware und der Abkühlung der Luft im allgemeinen wegen für gut gehalten, ein Schaff Wasser auf die Straße zu schütten. Zuwarten, »bis die Leute ein wenig vorbei sind«, kann er nicht, und hat er auch vorher »Gestatten!« gesagt, galt das durchaus nicht den Menschen, sondern unsichtbaren Dschinns oder Geistern; er würde ungern einen zufällig mit Wasser begießen und seine Rache herausfordern. Und abermals ruft er »Gestatten!« und hat auch schon einen ganzen Korb Knochen und Hautabfälle hinausgeworfen. Eine Meute staubiger, unsagbar magerer Hunde jagt der Beute nach, aber schon ist zwischen ihnen ein kleiner Junge, noch ausgezehrter und hungriger, und rauft mit den Hunden um jeden Bissen.

Mehrere bewaffnete Reiter tänzeln auf feurigen Pferden durch die Straße; hinter ihnen schreiten zwei Reihen Infanteriesoldaten in weißen Röcken mit roten Aufschlägen und in weißen Pantalons und führen in ihrer Mitte einen Trupp gefesselter Araber mit. Es ist die hier übliche Rekrutenaushebung – ein Dorf wird umstellt, und wer waffentauglich ist, mitgenommen. Ihnen nach gehen neugierige Kairoerinnen. Eigentlich wälzen sie sich wie in Säcke eingenäht. Den ohnehin meist fetten Körper umhüllt ein schwarzer oder weißer Mantel, unter dem hellfarbige, grüne, rosarote oder gelbe Gewänder und rote oder gelbe Pantoffeln mit hohen Stöckeln hervorgucken. Einige haben nach Art der Damaszenerinnen das ganze Gesicht mit einem geblümten Seidentuch bedeckt, andere im schwarzen oder weißen Schleier wenigstens ein Loch für die Augen, wieder andere tragen einen schwarzen Schleier nur über das halbe Gesicht, und unten schaut das tätowierte Kinn hervor. Einige aus dem Haufen plappern miteinander, einzelne tragen selbst einen palmenförmigen Fächer, eine andere hat dazu einen schwarzen Eunuchen, und eine dritte galoppiert blasiert auf einem auf beiden Sciten von Eunuchen gehaltenen Eselchen. Nach Möglichkeit kokettieren sie liebend gern, obwohl der Koran Untreue mit der Todesstrafe belegt und schon manche mit einem Stein am Hals im Nil ertränkt wurde – sofern sie nicht das Geld besaß, die Richter zu bestechen. Woher sollten Liebe und Treue auch kommen! Der Reiche nimmt sich mehr Frauen (der Koran erlaubt vier) und dazu vielleicht eine unbegrenzte Zahl von Sklavinnen und Konkubinen, nur um mit seinem Vermögen zu prahlen, und ein Armer nimmt sich ebenfalls gleich mehrere, damit sie ihm mit manueller Arbeit beim Geldverdienen helfen. Sobald ihm eine nicht mehr gefällt, gibt er ihr einen Teil der Mitgift zurück und jagt sie fort. Die Verstoßene kann einen anderen heiraten, manche hat – sechzehnjährig – schon fünf bis sechs Männer gewechselt, woher also Liebe und Treue nehmen!

Und neuerlich kommt ein Begräbnis, diesmal ein jüdisches, begleitet von ungefähr fünfzig kleinen Sängerinnen, die kreischen, daß es einem fast weh tut. Und wie um sie zu verspotten, setzt direkt über uns ein anderes wildes Kreischen und Miauen ein. Zwei Affen jagen auf den Erkern und Holzgittern des nächsten Hauses einem großen schwarzen Kater nach. Aus dem Gitterwerk bewegen sich Stangen zu den Affen, um sie daran zu hindern, ein hier bis heute so geheiligtes Tier, wie es vor tausend Jahren der Göttin Neith in Saïs heilig war, zu zerfleischen. In der ganzen Straße fangen Hunde zu bellen und zu heulen an. Der derzeitige Vizekönig läßt die Hunde zwar eifrig vergiften, zum Glück der Kairoer gibt es aber immer noch genug, weil Hunde hier nämlich die einzigen Straßenräumer sind und ohne sie Kairo in Kürze von Abfällen aller Art zugeschüttet und am bestialischen Gestank erstickt wäre. Um das Bild und den Krawall zu vollenden, haben sich acht Träger mit einer Militärpatrouille in eine Schlägerei eingelassen. Auf vier parallelen Stangen (wobei sie im Gleichschritt gehen und die Nachbarn einander an der Schulter festhalten) hatten sie eine ganze Fuhrmannsladung Baumwollsäcke getragen und der Befehle erteilenden berittenen Patrouille nicht ausweichen können. Daneben sitzen vor einem benachbarten Café in aller Ruhe Türken auf niedrigen Strohhockern ohne Rükkenlehne und spielen, ohne sich um jegliches Getümmel zu scheren, Domino. Wie schmutzig dieses kleine Kaffeehaus ist – aber lachen wir nicht darüber, so manches der beliebten Prager Wirtshäuser ist nicht besser!

Wen kümmert es, wenn neben ihm jemand umgebracht wird! Geldwechsler klimpern mit dem Geld und ihren kleinen Büchsen, um auf sich aufmerksam zu machen. Ein Eselfriseur schert einen Esel und beschmiert die schon geschorenen Stellen mit Lehm – ein komisches Bild! Ruhig schreitet ein Kopte über die Straße; sein langer Kaftan ist immer schwarz, um die gelbe Stirn hat er ein dunkelblaues Wickelband und im Gürtel in einem Ziergehäuse Tintenfaß und Feder stecken. Seine Sprache verhält sich zur Sprache der Hieroglyphen wie das Italienische zum Latein. Ein Wasserverkäufer reicht einem Lastenträger einen Sack aus Ziegenhaut mit nach außen gekehrtem glänzenden Fell, und der vierschrötige Kerl saugt das Wasser durch ein Loch wie Milch aus einem Euter. Bettelnde Derwische in braunem Gewand und mit einer hohen hellbraunen Filzhaube, die die Form eines umgedrehten Blumentopfs hat, gehen zu zweit von Haus zu Haus. Ununterbrochen plärrt einem ein bettelnder Krüppel, meist ein Blinder, ins Ohr. Hier, neben einer halb zerfallenen Moschee, sitzt schon wieder ein Bettler, der aber ausnahmsweise korpulent und gesund ist. Die Vorübergehenden treten von selbst zu ihm und geben ihm Almosen, weil in diesen Ruinen nämlich ein mächtiger Geist namens Kutb wohnt und der Bettler angeblich sein Diener ist.

Unverschleierte Fellachenfrauen stolzieren mit langen Schritten einher. Ganz nackte kleine Kinder, fast noch Säuglinge, sitzen im Reitersitz auf ihren Schultern und halten sich am Kopf fest. Die Augen dieser Kinder sind nicht zu sehen, statt dessen erblickt man nur zwei schwarze große Fliegenhaufen. Das Kind macht dabei keinen Mucks, auch der Mutter fällt nicht ein, die Fliegen zu verjagen, schließlich leiden auch die Erwachsenen an den vielen Fliegen in den Augen und reagieren dabei nicht! Jeden Augenblick schleicht eine von einem noch halbwegs sehenden Menschen geführte Gruppe Blinder vorbei. Die Sonnenglut, der mehlfeine Wüstensand, der gewaltige Schmutz, das ist die wahre ägyptische Augenkrankheit.

Wir gelangen zu einer anderen Moschee, von deren hohem Minarett soeben der Muezzin ruft, »beten ist besser als schlafen«. Auch dieser Muezzin ist ein Blinder, damit er die Geheimnisse der umliegenden Harems nicht sehen kann. Unter der Moschee ist ein Kesselschmied, und sein Hammer macht einen fast taub. Über ihm befindet sich eine offene Loggia, eine arabische Schule mit etwa hundert auf dem Fußboden hockenden Jungen (die Mädchen lernen gar nicht beten, angeblich sei ohnehin nicht sicher, ob das Paradies auch Frauen offenstünde). Alle leiern gleichzeitig und so monoton wie möglich eine Koransure herunter. Von der Decke der Loggia hängt ein europäischer Zylinder; hat sich ein Junge zuviel zuschulden kommen lassen, setzt ihm der Lehrer zur Strafe den Zylinder auf. Neben der Moscheetür zwei höchst unterschiedliche Bilder. Ein zerlumpter, wahnsinniger Bettler hüpft auf den Treppen herum und blökt wie ein Tier; die Passanten versuchen sich seiner Hand zu bemächtigen und sie zu küssen, da nämlich Verrückte als heilige Personen* gelten. Und oben,

---

* Zur Zeit der Kalifen gab es in Kairo eine berühmte Irrenanstalt, wo man die Kranken vor allem mit Musik behandelte. Heute strolchen sie frei herum.

hinter ihm liegt eine Frau in den letzten Zügen. Sie ist von Cholera befallen und wurde hergebracht, damit sie hier an einem geheiligten Ort stürbe. Ein schrecklicher Anblick! Auch ihr nähert man sich, um sie zu berühren. Die Frau stöhnt, wälzt sich herum und schlägt in alle Richtungen um sich. –

III

Viel amüsanter und noch interessanter als in Konstantinopel sind die Basare hier. Riesigkeit ist die einzig richtige Bezeichnung für ihre Ausmaße. Der Gorieh-Basar, wo es lauter Woll-, Baumwoll- und Seidenstoffe gibt, scheint ein ganzes Städtchen zu sein. In einem Häusergeviert wiederum befinden sich nur Kupferschmiede, und die Formen ihrer verschiedenartigsten Kupfergefäße sind unglaublich phantastisch. Ein anderer Basar führt nur Tschibuks, der vierte nur Waffen, der fünfte nur Zucker und süßes Obst, der sechste hat Hunderttausende von verrosteten Krügen aus Kenneh, zum Reinigen des Nilwassers. Auch die Schneider sind hier in einer einzigen Gasse konzentriert, in einer anderen die Schuhmacher, die Riemer wieder woanders, die für ihre Kunst berühmten Silberschmiede residieren in einer ganz engen und dunklen Gasse. Übrigens bekamen wir von ihrer Kunst nicht viel zu sehen. Ihre Geschäftchen sind viereckige, anderthalb Ellen über dem Erdboden liegende Löcher, in denen man nicht das geringste sieht außer dem rauchenden, auf gekreuzten Beinen sitzenden Verkäufer. Erst wenn man seine Bitte ausspricht, kramt er von irgendwo im

Hintergrund ein einziges Stück hervor, und möchte man es nicht, bringt er erst das zweite; das erste allerdings hat er schon wieder verstaut. Der Tarbieh-Basar ist voller duftender Gewürze, Weihrauch und Salben aus Arabien, Persien, Indien und dem Sudan, und die Luft ist von den Düften fast übersättigt. Lärm gibt es verhältnismäßig wenig in den Basars, Verkäufer und Käufer sitzen ruhig nebeneinander, der Verkäufer bietet Tabak und schwarzen Kaffee an, und ein Käufer kann in den Basars den ganzen Tag gratis Kaffee trinken. Dafür wird die Ware möglichst hoch angeschlagen, und das Feilschen nimmt kein Ende. Nur ein Türke verlangt sofort den Endpreis. – »Was kostet der Teppich da?« – »Einen Kissé.«* – »Teuer! Ich zahle dreihundert Piaster.« – Der Türke schüttelt nur den Kopf, spricht nicht und läßt einen gehen.

Beim Spaziergang durch die Basare gelangt man jeden Augenblick zu einer der dreihundert Kairoer Moscheen. Es gibt keine Stadt und keinen Ort in der Welt, wo man die Schönheit, Buntheit und erhabene Pracht des Sarazenenstils so leicht und gründlich studieren könnte wie hier. Hat man eine Genehmigung vom Konsul oder seinen Kawaß bei sich, kann man überall eintreten; in der ganzen mohammedanischen Welt waren die Moscheen für Besuche Ungläubiger nirgends so rasch zugänglich wie hier, und der Eintritt noch dazu um achtzig Prozent billiger als in Konstantinopel. […]

---

* Kissé = Säckchen, 500 Piaster oder bei uns 50 Gulden.

IV

Der berühmte Esbekijeh, von dem die ganze Welt weiß und träumt als einer Synthese der sagenhaften Schönheiten des Morgenlandes, wo man sich in den Zauber von *Tausendundeiner Nacht* hineinträumen kann, zog mich nicht an. Das ist schon nicht mehr der Esbekijeh, den Mehmed Ali[2] hervorzauberte, sondern ein vom heutigen Vizekönig verunstalteter Ort. Seine Geldgier hat binnen vierzehn Tagen die in der Mitte der Stadt liegenden Gärten vernichtet, nur ein kärgliches, frischbewachsenes Sechstel blieb übrig, der Rest wurde als Bauland verkauft. Tagsüber ist hier alles von Baustaub erfüllt, und höchstens abends kann man sich in eines der einfachen und schäbigen Cafés chantants setzen oder sich vor ihnen an eine hohe, sich träumerisch entfaltende Palme lehnen, die Lebensgeschichte einer durch die Welt reisenden Kellnerin, zufällig vielleicht einer Pragerin von der Kleinseite, anhören, sich gegen die Zudringlichkeit eines Jungen wehren, der tagsüber bei einem Konditor Fliegen verjagt hat und am Abend stiehlt, und nach dem Nachhausekommen dann Rock- und Hemdkragen gut absuchen … – »denn man wandelt nicht ungestraft unter Palmen«, ein altes, treffendes Zitat! Auch das wirklich schöne Subra, gleichfalls eine Hinterlassenschaft Mehmed Alis, war nicht verlockend. Die zu dieser Sommerresidenz führende Straße ist zwar gut und wird ständig besprengt, die Allee besteht aus lauter riesigen Maulbeerfeigen und Nilakazien, wird auf den Seiten von schönen Feldern und reichen Villen gesäumt, der Garten des Vizekönigs selbst ist ein Muster orientalischer Gärten, das in ihm stehende Gartenhaus mit weitläufigen Marmorveranden und pompösen Kabinetten ist berükkend, auch der Weg hierher nachmittags ein Tummelplatz der gesamten Kairoer eleganten Welt, man sieht dann goldene Equipagen und sündhaft teure Pferde, Reitkamele und getäfelte Sänften, schöne Damen und ihre Millionärsgatten, die irgendwann vor zwanzig Jahren als arme Vagabunden hergekommen sind – aber in diesem ganzen bunten Reigen zweier so grundverschiedener Kulturen treiben sich zu Pferd und auch zu Fuß Militärwachen herum, wehe dem armen Bauern, der sich zu dieser Zeit hierher wagte, augenblicklich hauen Säbel auf seinen Rücken, der Gehetzte flieht weinend – er würde die Europäer, die von seinen Schwielen reich wurden, mit seinen schmutzigen Lumpen und seiner Nacktheit beleidigen! Man braucht das nur einmal in seinem Leben zu sehen und hat sein Leben lang genug! Was ist jegliche Armut in Europa gegenüber dem Elend hier!

Lieber war mir schon der Ausflug nach Bulak, dem Nilhafen Kairos, wo man das Volk selbst studieren kann. Auch hierher führt eine schöne Allee, nicht weit weg davon befinden sich die Insel Roda, wo der Sage nach die Tochter des Pharaos den Korb im Schilf gefunden hat, und Ghezireh, der Palast des derzeitigen Vizekönigs Ismail Pascha. In Bulak versammeln sich zur Arbeit gezwungene Fabrikarbeiter, Nilflößer, Zwangsarbeiter beim Straßenbau, die nur in Erdlöchern hausen, sowie müde Bauern, die sich betrinken möchten. Es gibt hier für sie einen Markt, eine Kneipe und Unterhaltung, sie sitzen unter einem Zelt, trinken und beten, rufen zwischen dem Trinken Allah an und fluchen und verlangen Schnaps während des Gebets. Der Wirt brät und schmort hier auf einem Feldofen, einem einzigen großen Tonkessel, für sie Speisen, Stücke höchst dubioser Fleischsorten drehen sich an einem Rost, häßlich aussehendes Hackfleisch wird auf einem Blech geröstet. Ein türkischer Kaffeesieder kocht schweigend und mit unendlichem Ernst Kaffee, der arabische Kaffeesieder umtänzelt redselig seine Gäste. Die Araber lassen sich auf russischen Schaukeln hinauf- und hinunterschwingen; auf dem Erdboden spielen sie schrill schreiend das uns zwar aus Italien, laut thebanischen Reliefs aber auch schon den alten Ägyptern bekannte Mora; ein Grüppchen sitzt neben dem anderen und lauscht, wie ein Sänger zum Klang der Tarabuka, einer Tontrommel, eine der berühmten Romanzen Abu Seyds vorträgt. Die den Kastagnetten, Ratschen, Tellern und Harfen vorsintflutlicher Formen entlockte gräßliche Musik wird von allgemeinem, kindlichem Händeklatschen begleitet. Zum Klang einer Flöte und einer Trommel hüpft Grimassen schneidend ein volkstümlicher Komiker, ein ausgemachter Narr, herum; er verdreht die Augen, verzieht den Mund, streckt die Zunge heraus, verrenkt den Körper, setzt sich und legt sich mit obszönsten Gebärden hin. Neben ihm wirbelt zwischen Tamburinen eine kreischende Tänzerin, aber nur eine einzige, die sich aus dem nahen Sakkara hierher verirrt hat. Die Tänzerinnen sind nach Sakkara und noch weiter weg verbannt, man sieht sie nicht mehr in ganzen Gruppen in Kairo und bekommt den berühmten Bienentanz, der die Verirrung einer Biene ins Gewand der Tänzerin und die umständliche Jagd nach ihr darstellt, nur mehr privat zu sehen. Als ein Überbleibsel altägyptischer Zeiten und ähnlich den hebräischen »Frauen, die neben dem Tempel Häuschen als Haine woben«, waren sie für die heutige Zeit schon zu frivol, obwohl es in Ägypten fast unglaubliche Mengen öffentlicher Frauen gab und sie eine beträchtliche Steuer aus ihren Einnahmen entrichteten. Alles schreit und johlt, trinkt und tanzt hier, mit nur einer Spur Umsicht aber kann man sich getrost unter dieses Volk mischen, obwohl es durch die Unterdrükkung schon sehr falsch und frech geworden ist. Allerdings muß man bei einem Volk, dessen Religionskodex nicht einmal eine Strafe für Meineid kennt, auf einiges gefaßt sein und besonders auf seine Taschen achten, obwohl die Regierung in Ägypten nicht selten ein ganzes Dorf auslöscht, weil es in ihm »unverbesserliche Diebe« gäbe. Wir haben Bulak auch spät nach Mitternacht besucht, das Getümmel war stets gleich und der Eindruck durch die flackernden Feuer und vorbeifliegenden Lichter noch stärker.

Und nur einen Schritt weiter schwere Arbeit im Schweiße des Angesichts! Auf dem Nil tönt der monotone Gesang »Allah i Allah!«, den wir bereits bei unseren Barkenführern in Suez gehört hatten, und auf dem Feld schwitzt der Fellache in der heißesten Sonnenglut. Er treibt die aus einem kleinen Feldkanal Wasser ziehenden Ochsen im Kreis herum und trägt die Eimer auf dem Feld aus, um die Saat ständig feucht zu halten. Er wird eine dreifache Ernte haben, jedoch – nicht für sich, *niemals* für sich! […]

Grausamkeit gegenüber dem Volk war seit den ältesten Zeiten bis heute überhaupt das wichtigste Kennzeichen aller Regierungen in Ägypten. Als Mykerinos herrschte, der gerecht und gut zum Volk war, weissagten ihm bald die Priester, er habe nach Gottes Willen nicht mehr als sechs Jahre zu leben. »Warum soll ich, der ich fromm und gütig bin, so bald sterben, während jeder meiner gottlosen Vorgänger über ein halbes Jahrhundert lang herrschte?« – »Eben deswegen«, antworteten ihm die Priester, »die verderbten Ägypter brauchen eine grausame Regierung!« – Die alten Ägypter waren selbst ein sehr grausames Volk, Reliefe zeigen, wie sie ihre Gefangenen prügelten und an den Bärten schleppten und wie sie toten Feinden Hände und Genitalien abschnitten. Die Herrschaft der Mohammedaner war dann eigentlich eine Herrschaft von lauter Hakims – ein Hakim mußte bei einem Ausritt immer genug Diener mithaben und stieg, sooft es ihm gefiel, vom Pferd, ein Diener mußte sich auf den Boden legen, und der Kalif schlitzte ihm eigenhändig den Bauch auf. Und sie und solche Mohammedaner herrschen hier eben bis heute. [...]

V

Zu den traditionellen Ausflügen von Kairo aus gehört der Besuch des Friedhofs von Giseh. Man nennt ihn allerdings meist anders, weil hier die eine oder andere Pyramide steht (»p-uro-ma« = Königsgrab), doch sind hier außer dem König jede Menge anderer Leute begraben, deren niedrigere Grabmale längst schon die Wüste mit Sand zugeweht hat, und der Sand dringt immer weiter und höher vor, über den Sockel schon bis auf die erste Stufe der Pyramiden. Auch wir fuhren also in einem Wagen und mit Gewehren und Revolvern bewaffnet dort hinaus. Der Julihitze wegen brachen wir ungefähr eine Stunde nach Mitternacht vom Esbekijeh aus auf.

Die Fahrt ist heute sehr bequem. Eine schöne Straße führt bis zum Nil, über das Wasser eine – einst wegen eines Balls des Vizekönigs errichtete – schöne Brücke und vom linken Ufer bis zu den Pyramiden abermals eine – Napoleons Eugenie wegen angelegte – gute Straße. Den Revolvern zum Trotz waren wir alle drei (ein Stuttgarter hatte sich uns angeschlossen) in der gemütlichen Kutsche bald glücklich eingeschlafen, und es ging rasch voran durch die finstere Nacht. Mitunter weckten uns menschliche Stimmen, von Eisenbahnarbeitern, die neben ihrer Arbeit übernachteten; bald wird die Bahn direkt an den Pyramiden vorbeibrausen. Dann hörten wir, wie zweierlei Männerschritte unserem Fuhrwerk folgten, fragende Stimmen kreuzten sich mit den Antworten unseres Dragomans, und die Schritte trippelten uns weiter nach. Fellachen, die hier die ganze Nacht auf Lauerposten hocken, ob ein Ausländer vorbeikäme, um ihm gleich ihre Dienste anzubieten, liefen uns nach. Die Fahrt dauerte ungefähr zwei Stunden, der Morgen dämmerte, und im Wolkengewand standen direkt vor uns die Pyramiden.

Ein wirklich großartiger Eindruck! Nicht etwa durch die ästhetische Wirkung, die Pyramiden sind ja nur ein großer, gleichsam zu vier Kanten und einer Spitze geschliffener und manchmal waagerecht und stufenweise gerillter Felsen, sondern – welch gigantische Stupidität, welch extraordinärer Haufen Gedankenlosigkeit, welch himmelhohes, dumm in die Umgebung glotzendes Monument königlicher Willkür! Poeten wollten hier die Klage der Pyramiden vernommen haben, daß sie, da die sie umgebenden Tempel schon verschüttet wären, allein dastünden, daß sie als Denkmäler schwarzer Unterdrückung und schwarzer Schande hier stünden, wollten vernommen haben, wie sie die Wüste baten, sie mit ihrem Sand wie einen Sarkophag zu verhüllen – gute Leutchen sind das, diese Dichter!

Der Ursprung, der Zweck und die Geschichte der Pyramiden von Giseh sind schon bekannt, ihr Inneres, ihr Äußeres und auch die Umgebung. Das Volk allerdings hat und hatte immer seine eigene Sage über sie. Gan*, der Vater aller Dschinns, habe sie erbaut, erzählt der Moslem. Diese Dschinns sind böse, können aber nicht verdammt werden, weil es ihnen gelang, Teile des Korans zu vernehmen. Um mehr zu hören, klettern die Dschinns auf die Spitze der Pyramiden, werden aber von guten Engeln gesehen, die Engelaristokratie »Mala« wirft mit Sternen nach ihnen – eine Deutung von Sternschnuppen. Schon zu Herodots Zeiten kursierte im Volk eine krause Sage vom Ursprung der Pyramiden, sie wurden den Hyksos zugeschrieben, deren Herrschaft allerdings um nichts süßer war als die Herrschaft der Könige und wahren Urheber dieser Bauten.

---

* Ogan, Okeanos-Agathodaimon, auch ein wenig ein römischer »Genius«.

Ich werde hier nicht in allen Literaturen tausendmal Beschriebenes näher beschreiben. Ecke an Ecke stehen hier drei große Pyramiden hintereinander. Die erste, die sich Chufus oder Cheops als Krypta bauen ließ, ist die größte. Auch sie war einmal ganz glatt, doch ist die Verkleidung komplett abgebröckelt, und alle Stufen (aus Nummulitenkalk), jede drei bis vier Fuß hoch, liegen bloß.

Jeder Reisende muß ins Innere einer Pyramide, sonst kann er unmöglich einen Eindruck gewinnen. An der Nordseite ist ein Loch. Kerzen werden angezündet, und es geht durch einen engen Schacht bergab. Wände und Boden des Schachts sind glatt wie Seife, nirgendwo Scharten oder kleine Stufen, die Araber rutschen voraus und bremsen den Fall. Dann geht es durch einen zweiten Schacht wieder hinauf – ein entzückender Weg! Man rutscht auf einer abermals wie Glas glatten, nur manchmal behauenen und etwa einen Fuß breiten Felskante in die Höhe. Jeden Moment glaubt man, in die danebenliegende Steinrinne zu stürzen und durch sie hinunter bis ans Ende, wo zwei Araber warten, damit man sich wenigstens nicht den Hals bricht. Einige Araber kriechen mit Kerzen voraus, einer zieht einen, der zweite schiebt an – das Blut kocht, die Pulsadern hämmern, der Atem wird knapp – endlich, nach zwanzig Minuten sind wir oben, und die Araber schreien in allen Sprachen der modernen Reisenden »ausgezeichnet«. Wir befinden uns in einer 34 Fuß langen, 17 Fuß breiten und 19 Fuß hohen Kammer. Decke und Wände, mit Granit bedeckt, sind ganz eben, der Raum sieht einfach wie eine viereckige Kiste aus. Im Hintergrund steht, ohne Deckel und leer, ein Sarkophag; ein sehr kommoder Spucknapf für jeden, der sich ins Gedächtnis ruft, daß in dieser steinernen Wüstenei 400.000 Menschen Zwangsarbeit verrichten mußten!

Hier also lag etliche Jahrtausende lang Chufus' Mumie! Das Volk besaß zwar das Recht, die Leiche beim »Totengericht« aus dem Grab zu verbannen, tat es bei dieser aber nicht, ohnehin hatte jede Seele eines Königs freien Eintritt in den ägyptischen Himmel! Dieses Amenti respektive der ägyptische Himmel war nicht gerade unangenehm. Man kleidete den Auserwählten dort ins Gewand der Schönheit, seine Sandalen blitzten, man schmierte ihm das Haar mit Duftöl ein, zündete um ihn herum göttlichen Weihrauch an und fütterte ihn mit lauter göttlichem Brot, Bier, Rinder- und Gänsebraten; er pflückte sich in den Himmelsgärten Blumen und Obst, badete in himmlischen Gewässern, unterhielt sich nur mit den Herren Göttern und jubilierte. Allerdings mußte der Mumie ein Paß mitgegeben werden, den die Priester gegen eine bestimmte Taxe gerne ausstellten; eigentlich war es ein »Buch über das Leben des Entschlafenen«, so wie einige russische Popen angeblich heute noch einem Verstorbenen einen Ausweis für den hl. Petrus in den Sarg legen. In diesem Paß stand alles, sogar der Name der Mutter, nur der des Vaters nicht, sicherheitshalber. Ein altägyptisch-französischer Witz! Klar, daß der Paß eines Ärmeren auch ärmer aussah – »der Arme hat auch einen schäbigeren Gott«, sagt Lenau; in einigen ärmeren Gräbern wurden nur die Paßhüllen gefunden, das Innere hatten Priester wieder für einen anderen gestohlen! Auch ihre Hölle war schon ganz schön, fast wie die christliche, und nicht einmal der Höllen-Breughel hatte eine feurigere Phantasie und auch nicht Dante.

Die Verdammten gingen kopflos, trugen den Kopf unter dem Arm, zogen das Herz an einer Schnur hinter sich her, schmorten in großen Kesseln, und was es sonst noch für Späße gibt. Die Ägypter waren das erste Volk, welches die Unsterblichkeit der Seele proklamierte, und hatten auch schon ihren Allerseelentag. Da besuchte dann die Seele in Vogelgestalt ihre Mumie. Chufus' Seele konnte ziemlich lange zu seiner Mumie kommen, erst der Kalif Mamun ließ Anfang des neunten Jahrhunderts in der Hoffnung auf darin verborgene Schätze die Pyramide und den Sarkophag öffnen und warf die Mumie weg.

Die Chufuspyramide ist so groß, daß der Sankt-Veitsdom des Hradschins zweimal über- und viermal nebeneinander in sie hineinpassen würde. Der stärkste Mann, der von ihrer Spitze einen Stein würfe, würde ihn nicht weiter werfen als bis zu einem Drittel der Breite. Die zweite, etwas kleinere Pyramide ist die heute noch bis zur Spitze glatte Chephren-Pyramide. Die dritte, noch kleinere ist die Pyramide des schon erwähnten guten Königs Mykerinos. Als man sie öffnete, lag der in Stücke gerissene gute König neben seinem schönen Sarkophag. Die Engländer transportieren beide auf einem Schiff weg. Während der Fahrt allerdings kam ein Sturm auf, den Sarkophag kippten sie ins Meer, und ins Londoner Museum gelangte nur die Mumie, zu Allerseelen hat Mykerinos' Seele nun also einen netten Spaziergang. Ferner sind hier noch drei kleine Pyramiden, nur Kinder, wie frisch geworfene Junge neben ausgewachsenen Elefanten.

Wir gingen um diese riesige Herde herum und wateten durch tiefen Sand bis zur weltweit bekannten Sphinx. Sie ist ganz aus einem Fels gehauen, »die Götter selbst schufen ihren Körper«, und sie hat ebenfalls gigantische Ausmaße, so beträgt beispielsweise die Höhe des Gesichts 28 Fuß. Das Antlitz ist schon stark beschädigt, die Nase ganz abgeschlagen – kunstliebende Mamelucken haben sie beim Schießen als Zielscheibe verwendet –, dennoch ist der Gesamteindruck überwältigend. Welche Erhabenheit, welcher Friede und welche Ruhe in diesen Zügen! Anfangs wirkt die ägyptische Kunst (die man in dem in Bulak eingerichteten Kairoer Museum gut studieren kann) durch ihre Starre und Reglosigkeit fremd, die Körper scheinen keine Muskeln zu besitzen, Hände und Füße enden unförmig, die Ohren sind stets ein Stück zu hoch angesetzt – aber der allmählich faszinierende Ausdruck unendlicher Ruhe und eines geradezu himmlischen Friedens ist hier stets gegenwärtig und wirkt durch seine Wahrhaftigkeit.

Dann kann man hier noch einige nicht zerfallene und nicht verschüttete Gräber von Ratsherren und Beamten sehen und in diesen Gräbern Reliefs mit Personen darauf, gerupften Gänsen und Ziffern, aus denen man z. B. erfährt, der Verblichene habe 760 Esel usw. besessen. Alles übrige, was der Forscher Mariette[3] hier entdeckte und ausgrub, ist wieder zugeschüttet. Wir machten uns also wieder auf den Rückweg. Meine Gefährten hatten Lust, sich noch bis auf den Gipfel der Chufuspyramide ziehen und schieben zu lassen, mich drängte es nicht zu diesem Spaziergang. Ich setzte mich in den Wagen und ließ statt meiner um drei Franken einen jungen Araber hinaufklettern, der versprach: »Ein Araber ist in zwanzig Minuten oben und wieder zurück!« Er befand sich tatsächlich bereits auf der Hälfte des Rückwegs, als meine Gefährten dort erst von unten angelangt waren. Ich beobachtete sie durchs Fernglas, wie sie jetzt Rast machten, sich den Schweiß abwischten und mit einem Tuch Kühle zufächelten. Dann brachen sie wieder auf, jeden zogen zwei Araber an den Händen vorwärts, und einer half von hinten nach. Mitleidig holte ich mein Zigarrenetui hervor und zündete mir eine an. Augenblicklich waren ungefähr zehn Hände im Wagen, die mich um ähnliches baten. Ich gab ihnen nichts, die Araber waren auch so zufrieden und setzten sich wieder rund um den Wagen auf den Boden. Sicher hatte sich hier schon die männliche Einwohnerschaft eines ganzen Dorfes versammelt, unter ihnen sogar ihr Herr Scheich persönlich, dessen Fürstenrang ich an der Ehrfurcht der übrigen und daran erkannte, daß er am unverschämtesten die Hand nach Bakschisch ausstreckte. Einer von ihnen verrichtete neben den Pferden sein Morgengebet. Er kniete mit ausgebreiteten Armen und schlug von Zeit zu Zeit die Stirn in den Sand. Alle trugen blaue Kittel und auf dem Kopf nur ein rundes abgeflachtes Käppchen aus Kamelfell, ohne Schirm.

Plötzlich drang Jubelgeschrei herab – die Expedition war oben und winkte mit Hüten und Tüchern. Der Dragoman beeilte sich, uns schwarzen Kaffee zubereiten zu lassen. Hier, gleich neben den Pyramiden, und ich glaube, des Prinzen von Wales wegen hatte der Vizekönig ein besonderes Gebäude errichten lassen. Mit seinem rein schweizerischen Stil paßt es hervorragend zu den alten Pyramiden!!! Auch ein Wächter hält sich in ihm auf, und die Reisenden können sich hier Kaffee kochen lassen.

Gerade kommt der junge Araber zu mir, um seine wohlverdienten drei Franken zu verlangen. Ich habe nur Napoleondore, doch tritt ein anderer Araber heran, zieht einen Beutel heraus und bietet sich an, Geld zu wechseln. Allerdings hat dieser Wüstenbankier nur englische Rupien und spanische Säulenpiaster. Die Situation wäre hoffnungslos, würde nicht noch ein dritter auftauchen, der kleinere Silbermünzen und Kupfergeld anbietet. Um wieviel man mich leimte, weiß ich nicht, doch waren sie sichtlich zufrieden.

Gleichzeitig führt ein Büblein einen alten Mann, einen blinden Spitzbuben, zum Wagen. Der Greis hat die Hände voll kleiner Statuetten in altägyptischem Stil – »sie stammen aus den Gräbern«. – »Die sind ja neu und gefälscht!« – Der alte Mann zeigt keine Reaktion, dreht sich ruhig um und setzt sich zu den anderen; plötzlich braucht er den Knaben nicht mehr und sieht ganz gut. Das Grüppchen unterhält sich auf seine Art, und dazu gehört, daß die Hand jeden Augenblick an die Brust oder den Nacken fährt und ein unschuldiges Tierchen auf den Boden schleudert – auf daß es sein Glück anderswo suche! Der ehrwürdige Scheich ist schon fortschrittlich, er kennt die Nützlichkeit von Fingernägeln, und seine Aktivität ist wahrlich pyramidal!

Endlich waren die Kletterer wieder herabgestiegen, wir tranken etliche dieser winzigen Täßchen Kaffee, hatten noch ein kleines Scharmützel wegen weiterer und definitiver Bakschische, und der Mohrenkutscher hieb wieder auf die Pferde ein.

Es war ein himmlischer Morgen, über uns kreiste in schwindelnder Höhe ein Schwarm wilder Tauben, und unter ihnen ruderten kleine Falken, Lerchengeier und Adler mit majestätisch gespannten Flügeln. Mitunter ließen wir den Wagen halten, um zu schießen. Schon nahe dem Nil sehen wir unweit der Straße einen auf einem hohlen Stamm sitzenden riesigen Adler. Wir wollen stehenbleiben, doch der Dragoman wehrt ab: »Dort ist der Sommerharem des Vizekönigs, es könnte anders ausgelegt werden!«

Aus: Orientstudien

Bakschisch

Bakschisch, d. h. Trinkgeld. Allah, d. h. der Größte. Sooft ein Orientale einen Orientalen anschaut, schreit er: »Allah!«, und sooft er jemanden aus dem Abendland anschaut, sagt er: »Bakschisch!«

Trinkgeld gibt man ja auf der ganzen Welt, aber ich kenne kein Land, wo es für die Trinkgeldgeber angenehm wäre. In Wien läßt sich ein Kellner für fünf Kreuzer herunterputzen wie ein Bub. Hat in Paris ein Kellner statt zwei Sou nur einen bekommen, entfesselt er im ganzen Kaffeehaus einen Skandal und schreit: »Un sou pour le garćon!« In Italien erlebt das Trinkgeld als »Mancia«, »Buonamanu«, »Bottiglia«, »Servizio« und andere Ausgeburt menschlichen Unflats eine Blüte, und vom Neapolitaner im speziellen weiß man, daß er nicht nur prinzipiell Trinkgeld verlangt, sondern Trinkgeld auch dafür, daß er das erste Trinkgeld liebenswürdigerweise angenommen hat. Der Orient hat eine riesige Gier, einen unstillbaren Durst, eine unverwüstliche Aufdringlichkeit, für das alles aber nur einen einzigen Ausdruck – Bakschisch! Man kann sich wenden, wohin man will, wie ein Knüppel zwischen die Beine fliegt einem »Bakschisch!« ins Ohr. Man hört dieses Wort hundertmal die Stunde, und wollte man ihm jedesmal höflich Genüge tun, müßte man dem türkischen Reich die doppelte Steuer zubilligen. Von Bakschisch träumt der arme Araber, der türkische Tagedieb, der Eseltreiber, Pferdehändler, Bettler, Dieb, Junge, Greis – leidenschaftlich, rasend stürzt er sich auf dich und brüllt: »Bakschisch havaje!«[1] In Konstantinopel selbst wundert man sich nicht, es ist ja Weltstadt und besitzt daher auch die Unannehmlichkeiten der Welt. Nimmt einem ein entgegenkommendes Frauenzimmer die Zigarette aus dem Mund und sagt: »Bakschisch!« – gut! Rennt einem ein Junge eine halbe Stunde lang nach und schreit ständig das gleiche Wort – gut! Wartet auf deinen Kaik am Landeplatz ein Kerl mit einer Stange und legt dieses Stange aufs Boot, nur um den Anschein des Helfens zu erwecken – gut, ein zweites Venedig! Aber anderswo im türkischen Reich?

Das Schiff hat in Smyrna angelegt. Wir treten ans Ufer, und der türkische Kawaß nimmt uns die Pässe ab. Wir sollen zu ihm ins Amt kommen. Also kommen wir. Andere Leute stehen auf der Pawlatsche und dürfen nur durchs Fenster mit dem Beamten reden, wir werden sofort zu ihm hineingebeten. Der Beamte bietet uns einen Stuhl an, parliert französisch wie geschmiert. Dann gibt er uns den vidierten »Teskere«[2], drückt uns freundschaftlich die Hand – aber läßt sie nicht wieder los. Wir kapieren nicht – schließlich gleitet ihm ein süßes »Bakschisch!« von den Lippen und aus unseren verschwitzten Händen eine Silbermünze in seine Hand.

Wir legten in Joppe an. Die türkischen Zöllner schnappen sich unsere Koffer, schleppen sie hin und her, schauen uns streng wie Menschenfresser an – »geben sie ihnen ein paar Piaster!« flüstert der Dragoman. Schon das Wort Piaster wirkte zaubergleich, im Nu sind die Menschenfresser zahm und halten mit der süßesten Miene die Hand auf, statt unser Reisegepäck zu öffnen.

Wir sind in Jerusalem, einer Stadt, wo sich die Menschen bezüglich Nationalität und Religionsbekenntnis am buntesten mischen. Nur eine einzige erhabene Idee verbindet hier alle in gleicher Weise – Mohammedaner, Katholik, Armenier, Protestant, Kopte, Jude, jeder streckt die Hand aus und verlangt Bakschisch. Wir besichtigen die Sehenswürdigkeiten der Stadt und geben unablässig Bakschisch, in der Jeremiashöhle, beim Davidsgrab, an der Stelle, wo der Hahn dreimal gekräht hat. Wir treten in die dem Christentum heiligste Kirche, die Grabeskirche – im Inneren heißen uns ein paar türkische Flegel willkommen und kreischen: »Bakschisch!« Wir reiten auf den Ölberg, zur Himmelfahrtskapelle und weiter ins Dorf Kafr Et Tur – die gesamte Einwohnerschaft stürzt geschlossen heraus, »Hadschi – Hadschi!« (Pilger) rufen sie durcheinander, fünfzig Hände strecken sich zum Sattel empor, und fünfzig Kehlen brüllen: »Bakschisch!« Die Kerle sehen ziemlich verdächtig aus, es empfiehlt sich, mit ihnen gut auszukommen – vorne steht eine Frau mit Kind, wir beugen uns vom Pferd, streicheln die Wangen des Kleinen; die Mutter ist sichtlich erfreut, zeigt auf ihr süßes Baby und heischt: »Bakschisch!«

Wir wollen mit der Eisenbahn von Sues nach Kairo. Alles ist schon geregelt, Gepäck gewogen, Fahrkarten bezahlt, Coupé aufgesperrt – vor dem Coupé aber hat eine arabische Familie Aufstellung bezogen, Vater, Mutter und Kind. Der Vater zeigt auf die Mutter, die Mutter auf das Kind, das Kind auf beide, und alle drei möchten Bakschisch, nicht für sich, selbstlos einer für den anderen. Es ist schrecklich heiß im Waggon, man würde gerne wenigstens in den Stationen auf der schattigen Seite die Jalousien hochziehen. Gott behüte, du Verwegener, sofort hängt sich ein Haufen Menschen wie Schwalben ans Fenster, und fordernde Hände fuchteln durch den ganzen Raum.

Ein Kairoer Fiaker hat uns zur Zitadelle hinaufkutschiert. Der alte Harant z Polžic wurde, als er sich den Sultanssitz hier anschauen wollte, »vor die Tür gesetzt«, wie man sagt, und er mußte auf seinem Esel in halsbrecherischem Tempo auf und davon, nur um sein Leben zu retten. Heute ist das überhaupt nicht mehr so, die Wachen lassen einen ungehindert passieren, die Diensthabenden begrüßen einen höflich, die Türen öffnen sich zuvorkommend, man sagt nicht mehr »Sesam, öffne dich!«, sondern nur »Bakschisch!« Und als wir wieder aus dem Palast treten, stehen die Soldaten in Reih und Glied, jeder mit einer Blume in der Hand, die er uns reicht – Bakschisch die ganze Front lang. Nur der Bursche, der gerade mit dem Gewehr in der Hand neben dem ersten Ausgang steht, hat kein Blümchen; dafür salutiert er und – hält dann die Hand auf. Draußen im Hof der Zitadelle gehen Sträflinge spazieren, lauter

Mörder, wie man uns mitteilt. Kaum haben sie uns erblickt, schlurfen sie schon näher. Ihre langen schweren Ketten rasseln, die am Ende ihrer Ketten befestigte große Eisenkugel kollert hin und her – »Bakschisch!« bitten sie flehentlich. Warum sollten wir den armen Kerlen nichts geben, aber schon ist auch ihr Aufseher, ein Unteroffizier, da und bettelt gleichfalls!

Bist du nur eine Zeitlang im Orient, wirst du sogar an einem Leichenzug schnell vorübergehen, aus Angst, der Tote auf der Bahre würde sich aufrichten und »Bakschisch!« jammern. Die Anekdote von dem Reisenden, der am Freitag vor der Konstantinopler Moschee steht, um einmal persönlich den Sultan zu sehen, ist nicht so übel. »Wozu halten Sie ständig Geld in der Hand?« fragt der Nachbar. »Na, falls der Sultan Bakschisch will!«

Die Hunde von Konstantinopel

In orientalischen Städten gibt es hauptsächlich zweierlei Einwohner: Menschen und Hunde. Das heißt, es gibt auch noch andere Geschöpfe, aber sie stehen in einem Abhängigkeitsverhältnis zum Menschen. Der Hund ist sein eigener, nur sein eigener Herr. Der Mensch ist Hausherr, der Hund Herr über Ruinen und die Straße. Sie ignorieren einander sozusagen, begegnen einander als Nachbarn offensichtlich mit Geringschätzung. Dennoch gehören sie untrennbar zueinander, spricht man von einer Stadt, muß man auch von ihren Hunden sprechen, rechnet man etwa vor, daß Konstantinopel 800.000 Einwohner hat, muß man ergänzen: und 80.000 Hunde. Ohne Menschen wären Konstantinopel, Jerusalem, Kairo mit Sicherheit Wüsteneien, ohne Hunde jedoch etwas weit Schlimmeres.

Heute genießen die Hunde hier keine Achtung, es gab allerdings Zeiten, in denen der Orient und der Süden sie schätzten – allein schon als Nahrungsmittel. Bekanntlich wurden sie ja, so wie etliche asiatische, afrikanische und amerikanische Völker sie heute noch mästen und als Kleinvieh zum Markt treiben, auch von »klassischen« Völkern gegessen. Bei Hippokrates heißt es, Hundefleisch wirke stärkend, und Vergil empfiehlt, es mit Butter und Molke zuzubereiten. Auch als treue Wächter wurden die Hunde geschätzt: Kaiser Adrian hat einen außergewöhnlich treuen Hund mit großen Ehren begraben lassen, Alexander nach einem Hund eine Stadt benannt, bei den Athenern kam laut Plutarch ein gewisser Hund, der einen Tempelraub auffliegen ließ, in den Genuß eines staatlichen Ruhegehalts, und jenem Köter, der bei einem feindlichen nächtlichen Angriff auf ihre Festung als einziger von 49 Wachen am Leben geblieben war und den Wachposten geweckt hatte, errichteten die Korinther eine Ehrensäule, gaben ihm ein Halsband aus Silber, und es ging ihm gut bis an den Tod. In Rom hingegen wurde zum jährlichen Gedenken besagter Nacht, in der einst die Gänse mit ihrer Wachsamkeit die Hunde blamiert hatten, ein Hund grausam zu Tode gepeitscht. Bei den Griechen und Römern galten Hunde, deren Gebell Gespenster und böse Geister verscheuchte, als den Göttern willkommenes Opfer, wiewohl sie nicht so viele massakrierten wie die alten Schweden, die bei ihren Brandopfern neun Tage lang täglich neunundneunzig Hunde erschlugen. So wie die Ägypter einen Stier zum Gott hatten, hatten die Äthiopier einen Hund als König – und wenn er fett wurde, verspeisten sie ihn. Den Ägyptern galten Hunde als heilig. Verendete einer, ließ sich die Familie zum Zeichen der Trauer die Haare schneiden. Der berühmte Anubis hatte einen menschlichen Körper mit Hundekopf[1], als ein Sinnbild der mit Treue gepaarten Weisheit. Sirius, mit dessen Erscheinen am Himmel sich verläßlich die jährliche Nilüberschwemmung ankündigte, bekam den Beinamen »Hundsstern«. Usw., um niemanden zu ermüden.

Und im gleichen Ägypten ist »Hund« jetzt das gräßlichste Schimpfwort, für Christen nämlich, den angeblich Übelsten auf der Welt. Nur der Hindu, der glaubt, die Seele der Bösen würde in einem Hundekörper Buße tun, kann sich mit seinem Haß mit den Mohammedanern messen. Der Mohammedaner hält Hunde für »Niggis«[2] – etwas im religiösen Sinn Unreines – und hat dies vermutlich von den alten Hebräern gelernt, die Moses vom ägyptischen Götzendienst befreite und deren heilige Bücher, das Alte und Neue Testament, den Hund nur mit Verachtung erwähnen.* Seltsam, daß der einzige Figurenschmuck, den man in muslimischen Gärten sieht, ausgerechnet Ton- und Porzellanhunde sind, das Original jedoch im Freien auf der Straße schlafen und im Kot liegen muß. In die Wohnung eines Menschen gelangt ein Hund im Orient nie. Der Mensch mag ihn nicht und duldet ihn höchstens vor dem Haus oder als Wache gegen böswilligere Tiere in der Nähe eines Lagers. Regnet es, verjagt er den Hund sogar von der Straße, da ein einziger von einem sich schüttelnden Tier auf ihn fliegender Tropfen ihn für lange Zeit verunreinigen würde.** Nur Hündinnen mit Jungen gegenüber

---

* Und dabei wurde der Hund laut der Fama des Talmuds aus einem Überrest desselben Lehms geschaffen, aus dem der Mensch erschaffen worden war!

** Allerdings sind für so manchen europäischen Pascha Unterhaltung und Jagd bereits von größerer Wichtigkeit als die Religion, und in dem Fall wird dann behauptet, Windhunde und Vorstehhunde würden eine *Ausnahme* darstellen: sie wären außerhalb der Jagd angebunden und könnten sich folglich nicht verunreinigen.

verhält der Mohammedaner sich einigermaßen rücksichtsvoll, obschon er Hunden überhaupt nur selten eine Wunde zufügt; Hunde zu quälen ist sogar streng verboten.

Ein armseliger Paria ist der Hund im gesamten Orient, von der Ostküste des Adriatischen Meeres bis zum letzten Dorf in Hindustan. Dafür verhält und rächt er sich auch wie ein Paria. Er liebt niemanden außer seiner Familie, tut keinem schön, ist keinem zu Gefallen, und seine einzige Triebfeder ist der Hunger. Die Szene zwischen dem »neuen« Odysseus und seinem Argos – wie Homer sie so eingehend und bis hin zu jeder einzelnen Laus beschreibt – ist hier unmöglich. Der Hund hat keinen Herrn im Orient, und es wäre ihm willkommen, den Leichnam eines Herrn, vor dessen Haus er Abfälle sammelt, ungeniert auffressen zu können. Sehr häufig kommt es, besonders in Kairo, auch vor, daß ein Hund auf einem Friedhof eine Leiche aus dem Sand scharrt – nachdem er mitfühlend dem Leichenzug gefolgt ist, sich dann zwischen Grabhügeln versteckt und die Nacht abgewartet hat. Er bildet sich ein, Anrecht auf jede Art »Abfall« und jeden toten Körper zu haben. Und darin besteht gleichzeitig seine hiesige gesellschaftliche Bedeutung, sein wahres Verhältnis zum Menschen. Wenn er woanders »das Auge des Hirten«, »die rechte Hand des Jägers«, »das Bein des Bettlers«, »der Freund des Verlassenen«, »der Führer des Verirrten«, wenn er, je nach Ort, Gegend und Menschen, schlechterdings immer das ist, was er sein soll, das nützlichste Tier, so ist er das auch hier: hier im Orient ein Polizist, ein Gesundheitsbeamter. Ohne Hunde wären Pest und Cholera in größeren Städten gar nicht zum Erliegen gekommen. In den heißen Zonen der westlichen Hälfte unserer Erdkugel dient der Geier, in der östlichen der Hund ein und demselben Zweck. Somit ist der Hund des Orients »gut«, nur aus Hunger jedoch. Der Hund ist orientalischer als der Orientale selbst: von diesem erzählt man, er äße und verdaue, religiös unreine Dinge ausgenommen, alles, den Hund tangiert keinerlei Schmutz.

Der derzeitige Khedive[3] Ismail Pascha hat – auf daß die Straßen Kairos jenen Europas glichen – die Kairoer Hunde mit Arsen zu vergiften begonnen, davon aber bereits wieder weise Abstand genommen. Trotzdem bricht woanders und von Zeit zu Zeit für Hunde wieder das große Sterben an. In Jerusalem wurden, des Besuchs des Kaisers wegen, fast alle vergiftet (wovon sie sich schon wieder erholt haben), und in Konstantinopel vergiften die christlichen Einwohner des Pera-Viertels sie immer wieder von neuem, sobald sie sich in ihren Gassen ein wenig vermehren. Krankheiten hat ein Hund im Orient kaum, Staupe niemals.

Weiß Gott, wann und wie der orientalische Hund verwilderte und aus welcher Rasse er hervorging. Selbst die Herkunft unseres Haushundes reicht zurück in prähistorische Zeiten – wie der Hundehistoriker Walther argumentiert –, wie also sollten wir an einem verwilderten Hund seine Abstammung erkennen können! Man glaubt nur, der »Buansu« aus Nepal wäre der Urvater gewesen. Der Konstantinopler Hund weist, der Nähe der europäischen Brüder wegen, verschiedene Formen und somit eine unterschiedliche Herkunft auf. Er ist von völlig ungleicher Größe, besitzt mannigfaltiges Haar, von hellgrau und gelblich bis glänzend schwarz; manche ähneln unseren Schäfer-, andere hingegen unseren Fleischerhunden, wieder andere Füchsen etc. Syrische, palästinensische und ägyptische Hunde sind äußerlich einheitlicher und gleichzeitig wilder. Ihre Höhe erreicht durchschnittlich zwei Fuß, ihr Fell ist rauh, die Farbe gelbgrau wie die Wüste, der Kopf dreikantig fast wie der Kopf eines Wolfes. Sie laufen in die Wüste hinaus, und die wilden Tiere der Wüste, Schakale und Hyänen, dringen wiederum nachts in die Städte ein, und es spielen sich stürmische Paarungen ab. In Sues kann man während der Nacht in den Straßen fortwährendes Schakalgeheul hören. Aber selbst der Sues-Hund bellt noch und ist folglich kein ganz wildes Raubtier.

Armselig, jämmerlich und häßlich ist der orientalische Hund überall gleich. Nur daß zum Beispiel der Kairoer Hund noch armseliger als der Konstantinopler ist, ein richtiges Skelett, abgemagert, ausgehungert zum bloßen Schatten eines Tiers. Der Konstantinopler, der in einem Stadtviertel oder in einer Straße, die er gegen Besuche benachbarter Hunde streng bewacht, ist immerhin etwas besser gefüttert, vor allem dort, wo sich europäische Gasthöfe befinden. Vor dem Gasthof, wo ich untergebracht war, hatten fünfundzwanzig Hunde ihre Station, da bleibt für den einzelnen dann natürlich wieder wenig übrig. Auch ihre Kraft ist dann nur bescheiden, und ich beobachtete, wie eine einzige Bulldogge eines reisenden Engländers eine ganze Hundekolonie vor sich herjagte – nicht einmal entwischen konnten sie ihr. Sie sind so an ihre Straße gebunden, daß sie im Falle einer Zerstörung durch einen Brand noch monatelang auf der Brandstätte hausen und verschmorte Reste ausbuddeln. Die Menschen sind aus den Straßen weggezogen, die Hunde geblieben – was kümmern die Menschen sie, sie haben nur einen Ortssinn, wie Katzen.

Sie schleichen dahin mit gesenktem Kopf, mit gefletschten Zähnen oder faul aus dem Maul hängender Zunge und mit stets eingezogenem Schwanz. Ihr Fell ist verklebt von Schmutz und Räude, die Räude frißt überall an ihnen, sie haben offene Stellen am Körper, man kann sogar die weiß schimmernden Knochen sehen. Ihr ganzer Ausdruck ist von unendlicher Traurigkeit, man erblickt nicht einmal Welpen, die spielen würden. Immer befindet sich ihre Station mitten auf der Straße, sie weichen niemandem aus, nicht einmal Pferden, die so achtsam wie möglich über sie hinwegsteigen.

Am traurigsten aber sind jene, die vor den Festungsmauern hausen, am felsigen Abhang Stambuls zum Weißen Meer.[4] Man lädt hier den Müll aus dem Serail ab und leert hier die Asche aus. Sobald ein Buttenträger den Hang betritt, tobt das ganze Rudel dieser armseligen Kreaturen um ihn herum. Der ausgeschüttete Inhalt ist im Nu auseinandergescharrt, wie sonst nur bei gesteigertem Hunger winseln die Hunde auf und zerstreuen sich mit geduckten Köpfen. So mancher stellt sich direkt ans Meer und heult auf die asiatische Seite hinüber. Dann stürzt er sich wie in selbstmörderischer Absicht in die Wellen, schwimmt aber immer weiter, bis er nach langer Arbeit das andere Ufer des Bosporus erreicht – herauskriecht, sich schüttelt und wieder aus Asien nach Europa heult. Augenblicklich stürmen die Hunde von Skutari auf ihn los, er muß neuerlich ins Meer – schwimmt noch eine Weile, geht dann unter und hat ausgehungert.

Neapel

Ich hatte zwar etwas länger schlafen wollen, schließlich waren wir im ersten Morgengrauen auf dem Seeweg nach Neapel gekommen, aber lieber rasch hinaus! Dort draußen muß etwas passiert sein, vielleicht ein politischer Skandal, weiß Gott was! Ein höchst sonderbarer Lärm! Einmal, als würde ein Rudel Kinder ein Katzenkonzert veranstalten, dann wieder, als würde ein Mann mit seiner Frau streiten, schon haben sich Parteien gebildet, ein Männerchor geifert auf einen Frauenchor los, und jetzt setzt sich ein einzelner Ton durch, ein nachgerade herzergreifender Schmerz, das lange Klagen eines Mannes, neuerlich allgemeines Geschrei …

Wir stürzen hinaus auf die Straße, aber draußen – nichts, gar nichts, ganz normales neapolitanisches Leben!

Wir sind im Viertel Santa Lucia, hinter dem Porto, wo Matrosen und Facchini, Dienstleute, wohnen, im belebtesten Viertel der Stadt. Die Straße voller Menschen, sind zwei zusammen unterwegs, reden beide auf einmal, geht einer allein, singt er aus vollem Hals. Links über der Badeanstalt befindet sich der Fisch- und Molluskenmarkt, rechts vor uns, hinter uns, überall ein wandelnder Markt mit Salat,

Bohnen, Austern usw. Jeder Verkäufer trägt seine Ware in einer großen Strohschüssel auf dem Kopf und ruft sie aus, gesegnete Lungen! Es hört sich aber nicht an wie das unentwirrbare Rauschen eines Wasserfalls, so wie in einem großen Börsengebäude, man kann in dem Krawall ringsherum ganz gut einzelne Töne unterscheiden; erklingt ein jubilierendes Rezitativ – kündigt es Bohnen an, schlägt das monotone Gebell rasch nacheinander vorgetragener Silben durch – werden Artischocken angepriesen, kreischt eine ganze Reihe Wörter – sind es gebratene Sardinen! Am dritten Tag braucht man die Ware gar nicht mehr zu sehen und erkennt alles am Geschrei.

Kaum waren wir vor die Tür getreten, setzte in der ganzen auf der gegenüberliegenden Straßenseite stehenden Reihe der Droschkenkutscher ein Peitschenknallen ein; die Kutscher machen auf sich aufmerksam. Im gleichen Augenblick spüre ich, wie mir jemand an den Hut tippt. Der neben mir stehende Fiaker bietet vom Kutschbock aus in rein neapolitanischer Art mittels der Peitsche seine Dienste an. Der Kerl sieht aus wie ein Halunke, hat aber einen schönen Wagen, die Hufe der Pferde, bei uns manchmal schwarz gefärbt, sind mit weißem Firnis überzogen und glänzen wie eine frisch gestrichene Mauer. Merkt er, daß man keine Lust auf eine Fahrt hat, wendet er sich gleichgültig einer Reihe sich langsam bewegender Gemüsefuhrwerke zu und schreit auf die Fuhrleute los. Das stattliche Roß des ersten Wagens, aus dem ellenlange dünne Gurken wie Schlangen züngeln und schwingen, hat ein hohes turmförmiges Kummet; die Räder des Wagens sind ungewöhnlich hoch. Das Zugtier des folgenden Wagens wiederum hat ein Kummet in Form eines Siegestors. In diesem stecken überall lange Ruten, an deren Enden als Firmenschild rohe Kartoffeln schaukeln. Der dritte, vierte, fünfte Wagen lauter Möhren, nach ihnen mehrere Packpferde, die ganze Berge von Spargel tragen. Jeden Augenblick hält der Konvoi, und jeder der Fuhrmänner brüllt seinen Sermon. Die Balkontüren gehen auf, halbnackte Frauen mit zerzaustem Haar treten heraus und lassen an Stricken Körbe herunter. Der Verkäufer nimmt aus dem Korb das Geld, legt die Ware hinein, und der Korb schlenkert wieder hinauf. Auf diesem Weg gelangt alles in die Haushalte, auch Holz, zum nicht geringen Profit der Stuckateure.

Wenn die Wägen der Garküchen eingetroffen sind, lädt der Rest ab. Die Garküchen, bei denen alles unter freiem Himmel gekocht und gebraten wird, gibt es überall, wo Massen von Werktätigen zusammenkommen. Auch hier im so eleganten Viertel Santa Lucia. Sie sind nicht gerade arm an unterschiedlichen Gerichten, allerdings führt jede dieser Küchen nur drei oder vier Speisen, weil sie sozusagen spezialisiert sind. In großen Töpfen werden Kartoffeln oder Fisolen gekocht, Fischstücke, Muscheln, Sardinen und Hühner mit grünen Erbsen in großen Pfannen gebraten und gebacken, in großen Körben Salate der mannigfaltigsten Sorten gewaschen, auf Brettern sind kranzförmige Brote, auf kleinen Tischen die schon zu Ciceros Zeiten berühmten, vorzüglichen Austern aus Baja ausgelegt, auf breiten Blechen werden ganze Maiskolben geröstet, Berge von Artischocken, Erdbeeren, Finocchio (Fenchel) und schönen Orangen sind hier aufgetürmt. Am meisten kocht man hier freilich lange Makkaroni, die allesamt aus der neapolitanischen Vorstadt Portici geliefert werden. Fährt man durch diese Vorstadt – die legendäre »Stumme«[1] sah ich dort zwar nicht, dafür aber zwei blinde, sich vorerst als Harfenspielerinnen versuchende Frauen –, meint man, durch eine Stadt von lauter Seifensiedern zu fahren. Wie Kerzchen hängen vor jedem Haus Tausende Ellen weißer, von Hunderttausenden von schwarzen Fliegen bedeckter Makkaroni auf Stangen. Neben den Köchen stehen die Selcher mit ihren vielfältigen Produkten, einige davon in zitronengelb gefärbten Blasen, zur Form von Stehaufmännchen gebunden. Dann eine Unmenge von Limonadenhändlern. Aus jedem Ende ihrer bunten Pulte ragt eine bunte Stange empor, und zwischen den beiden schaukelt in der Mitte einer beweglichen Achse ein Limonadenfaß. Wenn ein Käufer an den Stand tritt, dreht der Limonadenhändler, um den Inhalt ordentlich zu mischen, das Faß, erst dann öffnet er den kleinen Hahn. Und alles ist ganz billig in diesen Garküchen, ein anständiges Kotelett inklusive Schmutz um zwanzig Centesimi zu haben.

Auch ein Straßenzauberer arbeitet hier gleich vom Morgen an. Alle Augenblicke »gelingt« ihm etwas, und das Publikum bricht in donnernden Jubel aus. Sogar die Drehorgel muß verstummen, wie auch Gitarre, Mandoline und der Gesang, dem der Fischer und der Facchino ebenfalls gerne lauschen! Welch bunt gemischtes Publikum, welcher Ausdruck in diesen vertrockneten, verbrannten Gesichtern und welch wildes Leben in diesen feurigen Augen! Die bunten, auf der Bühne obligaten Umhänge trifft man hier allerdings wenig an, überhaupt ist die Tracht fast allzusehr à la Masaniello. Auf dem Kopf eine Strumpfmütze, auf der Brust nichts als ein Amulett, auf dem Körper nur eine Badehose und ansonsten nichts mehr, abgesehen von einem kleinen Fellstück um die Fußsohlen und viel Spagat. Man glaubt diesen Gestalten sowohl das ganze Brigantentum als auch sämtliche Revolutionen, deren berühmteste ja eben die unter der Anführerschaft des heldenhaften Fischers aus Amalfi, dem »Ort der Erfindung des Kompasses und der Geburtsstätte von Thomas Aniello« oder Masaniello, war. Aber keines dieser südländisch markanten Gesichter ähnelt dem naturgetreu gemalten Porträt des verwegenen Revolutionärs. Sein – erstaunlicherweise blödes und freches – Antlitz schaut uns von der Wand eines neapolitanischen Museums an.

Allein, jetzt erwacht schon ganz Neapel, machen wir einen kleinen Spaziergang durch die so schön mit lauter Lava gepflasterten Gassen. Sie werden soeben von numerierten Straßenkehrern gefegt – in keiner Stadt der Welt gibt es so viele numerierte Menschen wie hier: Soldaten, Nationalgardisten, Polizisten, Lakaien, Laternenanzünder, Straßenkehrer, Feuerwehrmänner, jeder vierte Mensch.

Die Balkone der Häuser sind jetzt schon ständig voll, überhaupt stellt in Neapel der Balkon den wichtigsten Teil des Hauses dar, manchmal ist das Haus selbst dieser Balkon. Ein Gebäude, dünn wie eine Nadel, in jedem Stockwerk nur ein einziges Fenster, eigentlich nur ein Balkon, und dieser zählt bereits zum inneren Teil der Wohnung, weil sich auf ihm nämlich fast alles, was anderswo nur im Inneren geschieht, abspielt. Schmutzige Kinder, in der Wäsche der Vorwoche, wälzen sich hier in Staubwolken. Die Mamas oder älteren Schwesterchen tragen die Laken von den Betten her und schütteln Massen von Flöhen einfach auf die Straße hinunter, in Kürze ist man von ihnen übersät wie von Hühnerläusen. Ein palästinensischer Spruch lautet: »Der König der Flöhe hat seinen Hof in Tiberias«, seine Armee aber hat er erst hier in Neapel! Der Italiener ist von schlichtem Gemüt, die Italienerin von noch schlichterem, wenn sie nicht auf die Straße muß, wird ihr nicht im Traum einfallen, anders als nur im Negligé daheim zu sein – und wie gesagt, ist die Neapolitanerin auch noch draußen auf dem Balkon daheim. Und die Balkone haben nur Gitter! Wären die Neapolitanerinnen so schön wie die Römerinnen, etwa die berühmten Schönheiten aus Trastevere, würde ein gutherziger Mensch vieles verzeihen. Hie und da sieht man schon wirklich schöne Frauen, besonders am Abend in den Equipagen des Korsos, im großen und ganzen gilt hier aber wieder die südländische Regel, daß das männliche Geschlecht eigentlich das schöne ist – »Neapel ist der Himmel für die Frau, die Vorhölle für den Mann und eine Hölle für die Tiere«. Der hervorstechende Zug des weiblichen Äußeren besteht hier in einer gewissen »Auffälligkeit«. Ja – um es schon hinter mich zu bringen – es gibt auch in Neapel ein paar »heilige« Frauen, Nachfahrinnen des heiligen Januario oder Gennaro[2], dessen in Form von Schweiß wundersam hervortretendes Blut in der ganzen Welt rühmlich bekannt ist; gerade jetzt gibt es unter diesen Heiligen aber angeblich keine einzige Junge, vielleicht sterben sie aus. – Wer im Erdgeschoß wohnt, macht den Gehsteig zum Balkon; hier sitzen und gehen schlampige Frauenzimmer mit aufgelöstem Haar herum, und die Nachbarinnen kämmen und entlausen sich gegenseitig. Zu diesem Frisieren kommt es erst gegen Abend, wenn die Leute am meisten zu Spaziergängen aufbrechen.

Auch Omnibusse verkehren nun schon in den Straßen, in jedem zwei Drittel feister, schnaufender Priester. Wie armselig nimmt sich ihnen gegenüber dieses zu Fuß gehende Kapuzinermönchlein aus, rot wie ein Fuchs, oder die zarte Kapuzinerin, die einen umwickelten Spinnrocken vor sich her trägt und auf der Straße spinnt! Mitunter begegnen wir Reihen von Militärzöglingen; Knaben in Uniformen, hinter ihnen abermals ein Pater. Oder wir stoßen auf das Begräbnis irgendeiner Bruderschaft, deren mit bunten Dominos bekleidete Mitglieder, die Köpfe vollständig von Kapuzen verhüllt, einen Mitbruder begleiten. Der Leichenwagen ist ganz golden und verglast, in seiner Mitte, auf einem roten Sockel, steht der offene Sarg mit dem Leichnam, um ihn herum sitzen schwatzende und lachende Priester mit brennenden Kerzen. Eine Schar Blumenverkäuferinnen schaut sich den Leichenzug an, frische, lebhafte Landmädchen. Die »Brüder« vergessen die Trauer und rufen ihnen zu: »Venite con noi, parente!« Plötzlich schießt ein Äffchen aus einem Haus und möchte die Straße überqueren – die Brüder stürzen samt den brennenden Kerzen ihm nach.

Wenig fesselnd sind die Geschäfte. Vielleicht noch ein Galanterieladen mit kleinen Gegenständen aus Lava und Korallen oder die große Zahl von Kollekturen mit der Aufschrift Banco del lotto oder ein Friseursalon, in dem der Padrone in der Unterhose herumwieselt. In kleineren Straßen zieht gerade noch ein Töpferladen die Blicke an. Es gibt hier kleine bunte Fliesen für Wohnungen, meist weiß und blau, Krüge pompejanischer Formen, bauchige Weinflaschen statt Fässern, große, rotgebrannte Tonbüsten, einen item gebrannten irdenen Herrn in Lebensgröße und mit ganz modernem Anzug, als einen Ersatz für Marmorstatuen, einen item in Lebensgröße gefertigten Mohren – schwarzes Gesicht, weißes Hemd, rote Hose, blaues Wams – naturgetreu. Bleibt man irgendwo stehen, wird man ununterbrochen angesprochen. Nicht nötig, diese Herrschaften zu beachten, es sind Kuppler und Kupplerinnen. Sie offerieren Adressen »einer vierzehnjährigen Blondine«, »einer gewissen hochgeschätzten Dame« usw.

In der Via Toledo, der reichsten, jedoch nicht besonders originellen neapolitanischen Straße, befinden sich die Buchhändler. Sie haben etwas Spezielles in der Auslage: ein Räubergruppenbild und photographische Räubervisitenkarten. Es ist bekannt, wie hier das Brigantentum prosperiert, manchmal finden Räuberrazzien direkt in den Straßen Neapels statt. Ihre durchtriebenen, schönen Gesichter, jedes anders, ziehen stets eine Menschenmenge an. Die Leute kennen hier jede Koryphäe, nennen sie beim Namen – »Ecco maestro Pilone!« Vermutlich stecken in der Menge auch etliche »Dilettanti« – hinter dem Glas die Briganten, vor ihm die »Brigataccia«, ein hübsches Studium! Da spürt man plötzlich einen leichten Ruck am Rock. Schnell greift man hin – das Taschentuch ist weg! Ein paar Schritte von einem entfernt hüpft und dreht sich ein kleiner Dieb. Lauf ihm nach, wenn du Lust hast; erwischst du ihn, scharen sich alle um dich, und einer versetzt dir einen Messerstich. Der elegante Polizist mit Dreispitz, vom Scheitel bis zur Sohle eine Kopie aus einem Pariser Modejournal, wird dir nicht helfen. Bemerkt er die Verfolgungsjagd, kehrt er sich ab, als hätte er nichts gesehen. Später dreht er wieder faul den Kopf, aus Neugier, wie die Geschichte wohl ausgehen mag.

Steckst du daheim das Tüchlein in die Tasche, horch ein wenig, es stimmt dort sofort ein »De profundis« an. Ich leistete mir einmal mit so einem kleinen Gauner einen Spaß. Durch die Via Toledo spazierend, beobachtete ich, wie er sich anschlich und auf meine Tasche schielte. Ich holte absichtlich das Tuch hervor und entfaltete es, damit der Interessent sähe, es wäre aus Seide, groß und verlockend rot. Der Junge mit klassischer Ausdauer durch die lange Straße mir nach, sechsmal hin und zurück; wenn er zu nahe kam, griff ich jedesmal wie zufällig in die Tasche nach dem Tuch, zweimal schlug ich ihm auch auf das schon ausgestreckte Händchen. Schließlich pflanzte er sich vor mir auf und schimpfte. Er war beleidigt.

II

Die Mittagsstunde naht, mit ihr kommt die Siesta. Jeder erledigt noch rasch soviel wie möglich oder hebt es lieber schon für den Nachmittag auf. Die öffentlichen Schreiber spähen ein letztes Mal in die Runde, ob keiner der Passanten wissenschaftlicher Hilfe bedürfe. Die Armen! Wie stolz das Operntheater San Carlo, der berühmte Musensitz, hier aussieht und wie traurig in seinen Arkaden draußen diese öffentlichen Schreiberlinge wirken, von allen Musen verlassen, hungrig und schäbig! Säßen sie nicht im Schatten des Loggiengangs, wäre zu erkennen, daß sie gar keinen Schatten besitzen! Die Sonne des Elends steht unablässig über ihrem Scheitel.

Nehmen wir gleich den ganz am Rand, einer sieht wie der andere aus, nur daß manch einer noch magerer ist. Ein wahres, ans Holz eines wackligen Tischchens geschlagenes »Ecce Homo«! Sein Gewand die reinste falsche Scham; es tut so, als gehörte es tatsächlich noch nicht zu den Lumpen. Die Gestalt schlapp vom Hunger. Auf dem Tisch hat der Schreiber statt eines Briefbeschwerers ein Stück grauer Lava liegen, zum Zeichen, daß sein ganzes Feuer längst erloschen wäre, ferner ein Stück Brot und einen Krug mit Wasser, dies wieder als ein Zeichen, welch dürftigen Lebensunterhalt die Wissenschaft gewährt. O Henoch, den der Erzengel Gabriel persönlich den Gebrauch von Tintenfässern und Rohrfedern lehrte, welch miserabler Patron du bist! O Kunst der Schrift, erhabenste, die der Mensch erfunden hat, wie elend du deine Propheten ernährst!

Nicht daß gerade wenig Leute kämen, die Dienste eines öffentlichen Schreibers in Anspruch zu nehmen. Es gibt sehr viele Menschen in Italien, die nicht schreiben können, lesen natürlich auch nicht. Das feste, langsame Schreiben ist nur für uns kühle Nordländer geeignet, deren saure Gedanken Zeit brauchen, um zu reifen; im Süden sprühen schnelle Funken durch das Gehirn, und zur Schrift fehlt die Lust, wenn doch nicht einmal der Wasserfall der flinkesten Rede den Gedanken gewachsen ist! Massenweise treten hier Menschen an den Tisch eines Schreibers, ein Soldat, der seinem Mütterlein in ihrem Gebirgsdorf einen Gruß schicken möchte, eine Frau, die ihrem Mann Nachricht von der Familie gibt, ein Mädchen, das Hunderte von überflüssigen Antworten auf Hunderte von überflüssigen Fragen ihres Liebsten hat – aber jeder zahlt nur ein paar Centesimi, kaum daß das grobe Papier damit beglichen ist! Einige der Schreiber haben auf ihrem Tischchen einen Viertelbogen Papier mit der Aufschrift »On ici écrit italien et français« liegen, doch auch das bringt nur selten ein Silberstück ein.

Also Tischchen, Stein, Krug, Brot, zwei hölzerne Stühle, der eine für den Schreiber, der andere für den Auftraggeber, dann ein Tintenfaß, das nach jedem Eintauchen wieder vorsichtig zugestöpselt wird, zwei Gänsekiele, die bis zur Federfahne geschnitten werden, Augengläser – gleichviel, ob auf der Nase oder bloß auf dem Tisch, aber eine Brille muß sein –, ein Siegelstock und dann nur mehr, was Goldoni im Lustspiel vorschreibt: »ceralacca, un quinterno di carta da lettere, una dozzina di coperte« (Siegelwachs, eine Lage Briefpapier, ein Dutzend Kuverts). Es sei denn, der Schreiber hätte da auf einer grünen Lederunterlage noch einige Bögen gewöhnlichen Schreibpapiers, von denen der oberste schon sorgfältig der Länge nach gefaltet ist, für eine der schriftlichen Bitten, die ebensoleicht abgelehnt wie schriftliche Befehle leicht gegeben werden. Und so sitzen die Schreiber neben den Säulen, immer zwei einander gegenüber, und warten. [...]

Allerdings nähert sich niemand mehr den Arkaden. Es hat zwölf geschlagen.

Die Haustüren sind zu, die Jalousien an den Fenstern geschlossen, die Sonnenblenden der Läden herabgelassen. Die weite Piazza del Plebiscito ist leer und stumm, keine Menschenseele schreitet am königlichen Garten vorüber. Die Wagen sind in den Schatten der engen Gäßchen gefahren, die Menschen haben sich ins Innere der Häuser verkrochen.

Vibrierende Helle erfüllt die Luft, auf dem grauen Pflaster scheinen die Sonnenstrahlen zu hüpfen und abzuprallen. Auch das Meer und die Landschaft sind von einer Art goldenem Nebel bedeckt, der steil aufragende Vesuv sieht aus, als würde er dösen, und die ewige Säule des jetzt weißen Rauches steigt schnurgerade zum klaren blauen Himmel empor.

Der Schreiber hat die Beine unter dem Tisch ausgestreckt, die Hände in die Taschen gesteckt, und der Kopf ist ihm hinuntergesunken. Der Zylinder ist schon auf den Boden gekollert, der Mund steht offen, und das Kinn hängt auf die gemessen und glücklich atmende Brust. Vielleicht kommt ihm im Traum ein Einfall!

III

Wir machten eine Spazierfahrt zur Zitadelle St. Elmo, einem ehemaligen Karthäuserkloster – und erst jetzt verstehen wir Neapel!

Zu Füßen der stillen, steilen, mit eleganten grünen Terrassen bekränzten Erhebung liegt die tosende Stadt mit ihrer halben Million Einwohnern. An der Stadt selbst ist freilich nicht viel dran, wer Rom, Venedig, Konstantinopel, Florenz, Prag gesehen hat, staunt ob der nüchternen Einförmigkeit Neapels, das sich höchstens durch blaue und gelbe Kuppeln, bunte Türme und oft fast schon orientalisch flache Dächer auszeichnet, »mauresk« wie die Bevölkerung selbst. Allerdings kann man einen Italiener nicht von der unmittelbaren natürlichen Umgebung trennen, und zu einer italienischen Stadt gehört ihre ganze Umgebung. Und die von Neapel ist die schönste auf der Welt! Läßt man seine Augen über sie schweifen, wundert man sich nicht über die Sage, sie sei ein Teil des Himmels und Jesus habe, die Welt durchwandernd, hier gerührt von soviel Schönheit, geweint. Die Lacrimae Christi sind seither zwar sauer geworden, aber die Landschaft, zaubrisch schön, besteht immer noch, und man kann sich der Ergriffenheit nicht erwehren.

Von einem tief gelegenen Ort, unten vom Meer aus, bietet sich dem Ankömmling kein so umfassender, hinreißender Eindruck wie z. B. beim Blick auf Konstantinopel; zu groß ist der Bogen, in dem sich der Golf von Neapel erstreckt. Von einer Anhöhe aus umschließt der Blick allerdings diesen Kreis. Oben die schönsten Farben und genauso blau wie dieser Himmel das Meer unten, bedeckt von Inseln, Schiffen, Barken mit elegantem lateinischen Segel. Gleich links hinter der Stadt breitet sich die zauberhafte Campagna aus, Garten neben Garten und Villa neben Villa. Längs der Küste fängt gleich neben Neapel abermals Neapel an, lückenlos aneinandergereiht ziehen sich die Gebäude von Portici hin, gleich hinter Portici wiederum die Gebäude Resinas, errichtet auf der das einstige Herculaneum[3] bedeckenden Lava, eine Stadt der Angst über einer Stadt der Toten. Dahinter eine Gegend von Weingärten und über ihnen der Vesuv im braunen Talar und mit einer Feuerkrone. Neben dem Vesuv der blaue Monte Somma, am Fuß des Vesuvs das stille, tote und dennoch prachtvolle Pompeji und am Ufer das liebliche, gleichsam auf dem Meer schaukelnde Castellamare. Dann die grünen Hänge vielfältig geformter Berge, übersät mit lauter Orangen-, Zitronen-, Feigen-, Lorbeer- und Olivenbäumen und inmitten dieser Landschaft der paradiesische Duft des berückenden Sorrents, Tassos Geburtsorts. Ach, wie glücklich war ich dort bei Tag und bei Nacht und abermals am Tag, wenn mich der Duft der Zitronenbäume berauschte und nachts das Meer sang! Von wo hätte der schwärmerische Tasso aufbrechen sollen, wenn nicht von dort! Und wie traurig er nach Jahren zu seiner Schwester hierher zurückkam –

Kinder liefen da neben mir her und ihr Blick ruhte gebannt
auf dem Fremden mit dem seltsamen Haarschopf
und dem so traurigen Blick!

Wie ein vom Land weggeschossener Ball liegt Capri, wo Tiberius mordete, im Meer. Rasch wandert der Blick weiter über die Wogen. Die Insel Ischia, von wo der berühmte Wein, Procida, von wo die Korallenfischer kommen, Nisida, wo Brutus und Cicero einander nach der Ermordung Cäsars trafen, um die neue Republik zu festigen, die vierte, fünfte, sechste Insel, jede von anderer Gestalt. Unter uns rechts der grüne Hügel Posilipo, in dessen zahlreichen Grotten Menschen wohnen wie Troglodyten, bei dem sich Virgils Grab befindet und durch den ein tausend Schritte langer altrömischer Tunnel nach Pozzuoli führt. Vor dem Posilipo ziehen sich am Meer entlang die schönen Parkanlagen der Villa Nazionale (früher Reale), dann folgen der Korso und in einer endlosen krummen Linie abermals Garten an Garten und Villa neben Villa. Und daraufhin wieder ein ganz anderes, noch schöneres Bild! Kegelförmige Berge unterschiedlichster Farben, dazwischen saftige Täler, glänzende Seen. Das Ufer des zweiten Meerbusens, des wie von Wachposten von Inseln eingeschlossenen Golfs von Baja, schlängelt sich malerisch mit zahlreichen kleinen Fjorden; Erde und Meer wie ein Diadem aus mannigfaltigsten Edelsteinen. Hier Baja, das Ovid besang, dahinter Pozzuoli, wo Cicero wohnte. Überall vulkanische Kräfte, die Berge hier sind an einem einzigen Tag aufgetaucht; schreitet man über das Ufer, riecht man jeden Augenblick einen Gestank wie von verdorbenen Eiern, schwefelhaltige Quellen; das dort ist die Solfatara von Pozzuoli, wo aus dem Loch eines angeblich schon erloschenen Kraters (laut Strabon[4] war auch der Vesuv erloschen) immer noch Dämpfe entweichen und sich Schwefel absetzt; dort drüben der Weg führt zum Averner See, dem Aornos, über den kein Vogel fliegt, um von den Dämpfen nicht für immer gelähmt zu werden. Hier stieg laut Vergil auch Äneas mit der Sibylle in den Orkus hinab, wohingegen eine christliche Legende den Hölleneingang in den Krater des Vesuv verlegt, wo sich auch ein zorniger Teufel hinabstürzte, als er bemerkte, ein gestohlenes Stück Himmels sei für das Loch zu groß. Den Eingang zur Hölle kennt jede Religion, das Tor zum Himmel ist hinter Nebeln verborgen.

Wie viele Teufel, wieviel Unglück es hier in diesem neapolitanischen Paradies schon gab! Gleich ganze Städte und Hunderttausende ihrer Bewohner hat der Vesuv ermordet. Dort von der Felswand auf Capri ließ Tiberius seine Opfer siebenhundert Fuß tief ins Meer werfen. Die römischen Kaiser haben menschliche Leben hier genauso vernichtet wie die spanischen Vizekönige und die Bourbonen, hier links würgte Karl von Anjou seine Opfer, hier unter uns standen die Galgen der Bourbonen, hier rechts am Meer hatte Johanna II. ihre Residenz, hatte hier jede Nacht einen anderen Liebhaber, und von ihrem Lager zum Meer war es nicht weit und Henker stets genug zur Hand! Auch diese Gegend hat ihren Erlöser gefunden, Garibaldi[5] kam ihr zu Hilfe! »Il nostro secondo Gesu Christo!« nennt ihn der Neapolitaner. […]

IV

Nach dem abendlichen Besuch der Villa Nazionale, wo täglich unentgeltlich eine Militärkapelle aufspielt, setzten wir uns noch vor ein Kaffeehaus auf der Piazza del Plebiscito. Ein ausgedehnter Platz, auf der einen Seite eine jämmerliche Kopie des Vatikanplatzes, auf der anderen das jämmerliche Palazzo Reale, aber ausreichend Gasbeleuchtung und reges Leben. Überhaupt geht es überall lebhaft zu. Auf dem Toledo wälzen sich Menschenmassen, daß er fast schwarz ist, elegante Männer, Frauen in Seide und ohne Hut, Buben mit an Stäben befestigten Laternen, die nach weggeworfenen Zigaretten und Papierfetzen suchen. Die Kirchentüren sind überall sperrangelweit offen, wir hören, wie fröhliche Walzer und Opernarien aus ihnen bis zum Kaffeehaus klingen.

Die Tischchen vor dem Café sind alle dicht besetzt, und um sie herum wimmelt das Volk zudringlicher Verkäufer. Allerweile bleibt hier ein kleiner Wagen mit einer Drehorgel stehen und verbreitet das Gejammer von einer ganzen Hundertschaft unglücklicher Liebhaber. Viermal pro Viertelstunde tritt ein Wanderbuchhändler an den Tisch, ächzt unter der Last der aufgeladenen Romane und bietet immer wieder das gleiche an. Unmittelbar nach ihm nähert sich jedesmal ein Verkäufer von Spazierstöcken, anschließend ein Zeitungsverkäufer. Daraufhin taucht ein eleganter Herr auf, verbeugt sich weltmännisch und – bettelt. Alte Blumenfrauen bieten Blumen und Kuppeldienste an, auch eine junge Blumenverkäuferin, schön und lockenköpfig, zeigt sich; sofort laden sie die jungen Herren am Nebentisch ein, zwischen ihnen Platz zu nehmen. Ein frecher Junge, wie ein Türke geschoren, hält einem Streichhölzer unter die Nase. Stößt man ihn etwas barscher weg, holt er gleich noch ein paar Buben, und sie machen einem ganz umsonst eine Katzenmusik. Die Kellner flitzen, und der Kaffeehausbesitzer geht zwischen den Gästen und dem Gesindel umher und paßt auf, daß nichts gestohlen wird. Neapolitanisches Genre.

Wir eilten heim, nicht etwa aus Müdigkeit und auch nicht, um uns irgendwelchen unangenehmen Eindrücken zu entziehen. Mir ging es darum, möglichst früh ins Bett zu kommen, um mir in nächtlicher Ruhe und Dunkelheit, ungestört, von niemandem herausgerissen, bei geschlossenen Augen noch einmal das Bild zu vergegenwärtigen, das meine Blicke heute berauscht und sich in mein Herz gesenkt hatte. Mein Lebtag wird mich dieses Bild nicht mehr verlassen.

Wir waren am späten Nachmittag auf den Korso gefahren. Neapel ist reich, schöne Pferde und Equipagen gibt es in Hülle und Fülle, in den Equipagen sitzen stolze Damen. Man amüsiert sich. An die hundert Kutschen rollten um uns herum und vor uns, wir reihten uns ein unter sie bis zu der Stelle, wo alle wieder wenden. Wir jedoch kehrten nicht um. Wir fuhren, zwischen Villen und Gärten, auf dem einsamer werdenden Weg weiter. Auf den Gartenmauern grünten Aloen und blühten Rosensträucher, Feigen und Wein streckten ihre Arme weit auf den Weg, hoch oben schwankten die malerischen Kronen der Pinien und die Federbüschel der Palmen. Hier möchte man sein halbes Leben lang umherfahren! Plötzlich gelangten wir auf eine Anhöhe, und der Wagen stoppte. Wir standen über dem Golf von Baja, soeben ging die Sonne unter im Mittelmeer!

In der Tiefe des üppiggrünen Tals hatte sich schon der Abend niedergelassen. Dunkles Blau, von Grün bedeckt. An den Berglehnen aber noch fröhliches Smaragdgrün und auf den Kämmen ein klares Immergrün, Tag und weißes Licht. Der Meereskessel kochendes Gold, am fernen Horizont ein weites Feuermeer. Jede der in dieser Flammenflut verstreuten Inseln war anders. Eine steil wie ein Kegel, eine andere nur ein schmaler gedehnter Streifen wie eine einzelne schmale, langgezogene Wolke am Abendhimmel. Eine blau wie ein Saphir, die andere feurig wie ein Rubin, die dritte blank schimmernd wie braun-roter Pyrop, die vierte wie mit karmesinrotem Samt bedeckt!

Ich liege glücklich und selig auf dem Bett. Es ist mir gelungen, das Bild mit all seinen glühenden Farben vor meinem inneren Auge erstehen zu lassen. Ich schwelge in Wonne. Und als wollten auch die übrigen Sinne zu dem Wohlgefühl beitragen, wird das Bild von einer geheimen Musik begleitet – unendlich fern, zart und süß. Die feinen Töne fliegen näher – plötzlich schnappt der ganze Körper zu wie ein Federmesser, ein schrecklicher Stich, die Hand fährt ans Bein, ein zweiter noch schrecklicherer Stich, die Hand fährt ins Gesicht …

Hier sind Moskitos! Süß wie ein Verleumder summt es um den Kopf – neuerlich – und noch ein Stich – die Hand weiß nicht mehr wohin – ich springe mit einem gräßlichen Fluch aus dem Bett. Schnell Streichhölzer her, eine Kerze! Das Licht fliegt durch die Kammer, ich sehe, daß meine Hände blutig sind, aus den Beinen rinnt Blut – sehe aber auch, wie die winzigen durchsichtigen Mücken schon ums Licht kreisen.

Und auf dem Nebenbett schläft seelenruhig mein Freund, atmet ganz regelmäßig! Vielleicht war ich ihnen gerade recht, vielleicht schmeckt er ihnen nicht so!

Ich lasse die Kerze brennen, diese Tiere sind genauso dumm wie der Mensch, Hals über Kopf ins Licht! Die Wunden brennen – kaltes Wasser her! – schön werde ich morgen aussehen!

Auf daß ihr trotz eurer unzähligen Augen zu Hunderten in jedem sich schließenden Buch steckenbleibt, auf daß ihr in jedem Tintenfaß, jeder Sauce und jedem Suppenteller ersauft, auf daß die Häuser ganz Neapels mit klebrigem Leim bestrichen wären, auf daß Spinnennetze die ganze Stadt bedecken, auf daß euch der Wind ins Meer fegt und eine Wolke euch in die Wüste fortträgt, auf daß ihr unfruchtbar bleibt und alle, alle bis auf den letzteren jämmerlich krepiert! –

P.S. »Zanzara« nennt der Neapolitaner das liebe Tierchen, »Zanzara« oder auch »Davana«. [...]

1872

Aus: Unsere nordwestlichen Bäder

Nur eine kleine Einleitung

Wenn es einen Menschen schon verdrießt, die »Neue Freie Presse« zu lesen, die in Galizien Deutsch als »Landessprache« fordert, weil es dort eine halbe Million ungekämmter Juden gibt, oder wenn sie keine blasse Ahnung von dem großen Hochwasser hat, so gewaltig, daß es einfach alles ratzekahl wegschwemmte, ja, laut »Bohemia«[1] sogar die Militärschwimmschule neben dem Invalidenhaus, *»obzwar der Herr Obristlieutnant persönlich am Ufer erschien«*, und wenn oben genannter Mensch gerade ein klein bißchen Zeit und ein klein bißchen Geld hat, packt er zehn Hemden ein und geht auf Reisen. Auf eine weite, wenn er viel, auf eine kleine, wenn er wenig Zeit hat. Zum Beispiel nur von der Elbe bis zum Schladabach. Aus der Not wird eine Tugend gemacht, er fährt spazieren und studiert plötzlich liebevoll die lieblichen heimatlichen Gegenden, die er früher immer nur durchquerte, um die Fremde zu studieren. Man wird aber auch daheim ergötzt, bald durch die Landschaft, bald durchs Volk, bald durch Einsamkeit und Monolog – »der Weise findet immer etwas, was ihn noch weiser macht, und auch dem Dummkopf schadet das Reisen nicht: er wird überall Brüder finden.«

Das Erzgebirge ist wirklich eine Reise wert. So wild-romantisch sind seine Gipfel und seine Täler, so interessant ist der segensreiche Landstrich zu seinen Füßen, mit seiner heilenden Wirkung ein wahres Wunder. Tausende und Abertausende von Ausländern, aus allen Ecken und Enden der Welt, strömen in die Kurorte am Rand des Erzgebirges, Hunderte und Aberhunderte von Einheimischen wiederum fahren zur Grenze, um sich an den Schönheiten der Sächsischen und auch der noch viel schöneren Böhmischen Schweiz zu erfreuen. Es wundert mich allerdings nicht, daß gerade der schönere Teil nicht so viel besucht ist wie der weniger schöne, sächsische. Erstens ist dieser weitaus besser auf Besucher eingestellt, und zweitens besitzt er für sich und für uns den Reiz der Fremde. Der Herrgott weiß – ich weiß es übrigens auch –, warum man hier jeden cisleithanischen Bürger gleich auf den ersten Blick erkennt! Er spricht lauter als andere, bewegt sich mit einer auffälligen merkwürdigen Ungezwungenheit, sein Gesicht strahlt Frische aus, sein Auge glänzt, ja manchmal bricht er sogar in lautes Lachen aus – er benimmt sich wie ein soeben entflogener Vogel, man sieht sich unwillkürlich nach einem Käfig mit offenem Türchen um. Schon dieser Fußbreit Ausland ist der Jean-Paulsche »Redoutensaal«: »keine politischen, nur menschliche Verhältnisse, und plötzlich fühlt man sich als Mensch.«

Nachgerade spielend verbringt man hier eine Woche. Wenn man will, bleibt man auch an der tosenden, mächtigen Elbe einsam und allein. Oder man entschwindet in die Berge, die Romantik der Felsen überrascht einen auf Schritt und Tritt, immergrüne Wälder, voller Rauschen und geheimnisvollem Brausen, wogen neben steilen, stummen Nadelholzhängen, von allen Seiten brechen murmelnde Bächlein hervor, zutrauliche Vögel hüpfen daneben über Moos und Steine, zwitschern und singen, und ein Stück weiter äsen Rehe, man ist es ihnen kaum wert, gefürchtet zu werden. Vielleicht wissen sie, daß man hier ein gutes Herz haben muß.

Man bummelt immer weiter, von Schönheit zu Schönheit, und plötzlich steht ein Zaun da und vor dem Zaun ein Mensch. Und der Mensch öffnet den Mund und sagt: »Hinter diesem Zaun ist die Natur am schönsten.« Eintritt müsse man nicht bezahlen, es genüge, was man »aus Herzensgüte« gäbe. Dein gutes Herz holt ein österreichisches Zweikreuzerstück aus der Börse, und schon steht die Tür in die »schönste Natur« sperrangelweit offen.

Abermals ist man allein.

Oder man findet ein kleines Wirtshaus. Auf dem Schild ist beispielsweise der Besuch der Heiligen Drei Könige in Bethlehem dargestellt; der aufmerksame Beobachter bemerkt aber nur zwei Dreikönige, der dritte Dreikönig ist vielleicht auf der Rückseite des Blechs. Man setzt sich in die stille Laube, und alles gefällt einem hier. Vor allem die Laube selbst, aus ungeschälten Bäumchen verfertigt, mit großen Rindenplatten tapeziert und naiven Bildern in Moosrahmen geschmückt. Dann die Einheimischen mit dieser kugelrunden Gutmütigkeit im Gesicht und ihrem weichen Dialekt, einem Dialekt, der immer noch wie das Deutsch eines Slawen klingt, der es immer noch nicht beherrscht. Schließlich auch dieser Kellner, der einem so kollegial auf die Schulter klopft und ohne jedwede schonende Vorbereitung verkündet, man habe hier echt sächsische Küche. Aber sie naht schon! Zuerst die Suppe. Sie gibt sich ein wenig Mühe, wie böhmisch zu sein – aber man merkt die Absicht und … Und dann … Aber nein, wozu den böhmischen Köchinnen eine zu große Freude machen!

Das instinktive Talent des Hungers führt einen schließlich wieder zurück über die böhmische Grenze. Man besteigt den höchsten Berg, gleichsam die Schneekoppe[2] des Erzgebirges. Weit, weit in die Ferne schweift dein Blick, Hügel an Hügel, eine riesige Welle neben Wellen. Und welch erhabene, majestätische Ruhe sich unten erstreckt! Die ausgedehntesten Wälder sehen wie bläulicher Schimmel aus, das Land ist braun wie ein nacktes Grab, manchmal ein kleiner weißer Punkt, eine Stadt – keine Spur von diesen Infusorien, Menschen genannt. Die Natur scheint sich gar nicht um die Politik zu kümmern und nicht im geringsten leidenschaftlich zu sein … Soll sie sie ruhig ignorieren, aber dort ist der Donnersberg im Nebeltalar, rechts und links Wellen, und hier vor ihnen die schöne, reiche Heimstatt eines entfremdeten Volks und dahinter ein weitaus ärmerer Landstrich, ewige Walstatt eines unglückseligen Volkes – die Schollen sind naß von Schweiß und Blut. Sehen wir uns die glücklichere Gegend näher an, fahren wir durch die fruchtbaren Täler, wo im ärmsten Winkel sündhaft teure Villen stehen, wo es schwerreiche Städte gibt, wo die wunderwirkende Heilkraft der Natur die gesamte Welt des Auslands herbeiruft und Milliarden von ihr kassiert. Und dann wieder heim, wie der von Sehnsucht erfüllte Schotte zu seinem Haferbrot, und wieder auf die Walstatt und an seinen Platz!

Aber eilen wir doch hinab. Rasch zu einer Bahnstation, um uns mit gleichgültigen Leuten in einen dieser Eisenbahnpfuhle verfrachten zu lassen. Komische Züglein sind das hier!

Eine halbwüchsige Lokomotive und vier kleine Waggons, die reinsten Kätzchen. Ich fürchtete mich zu fragen, wo die andern wären; vielleicht sind sie eingegangen, als sie noch blind waren.

Aber sie fahren mit beträchtlicher Geschwindigkeit, fast wie ein Prager Droschkenkutscher. Man kann sich im Wagen hübsch die Füße vertreten, bequem auf den Knien schreiben, und will man sich eine Zigarette anzünden, holt der Schaffner Feuer von der Lok.

Teplitz

[...] Teplitz ist unter den böhmischen Bädern zwar am wenigstens »Kurort«, da auch reichlich Industrie betrieben wird, sofern es aber einer ist, ist der Teplitzer ein echter Bader und lebt sehr gern und mit rührender Gefälligkeit von den Krankheiten seiner Mitmenschen. »Soeben hätte er den letzten Kreuzer ausgegeben, als der erste Gast eintraf«, und nun beginnt die Jagd. In Form von Fallen mit der Aufschrift »Logis zu vermieten« wie auch auf direktere Art durch Auflauern am Bahnhof. Der schönste Teil von Teplitz ist das Dorf Krásnodol/Schönau, die Kuranlagen liegen höchst bequem direkt hübschen Wohnungen gegenüber, die Gelegenheit zu schönen Spaziergängen besteht usw. Der Teplitzer ist auf den Schönauer eifersüchtig. Früher war er es noch viel mehr und verschreckte den furchtsamen Fremden mit Schauergeschichten. Ja, ein Teplitzer Stammgast – es gibt Leute, die schon dreißig Jahre herkommen und in jeder Wanne wie zu Hause sind – erzählte einmal, ein Teplitzer habe ihm von einem Wolf berichtet, der plötzlich in Schönau aufgetaucht sei. Und tatsächlich, die Chronik bestätigt es, 1480 hat es dort wirklich einen Wolf gegeben!

Wenn der Teplitzer ihn hat, den kranken Fremden, ist der Fremde glücklich, denn der Teplitzer ist so »bieder«, daß sich das ins Tschechische nicht einmal übersetzen läßt. Augenblicklich fühlt sich der Fremde wie zu Hause, wie in der eigenen Familie. Man schließt für ihn alle Schränke auf und zeigt ihm alles, was man hat. Diesen teuren Muff hat die Dame des Hauses vom Fürsten A. bekommen, der hier ausgesprochen glücklich war. »Die Heilbäder wirken ja Wunder«, hat er gesagt, »ein wahres Gottesgeschenk, doch wenn Ihre Aufwartung nicht wäre …« Kaum war er daheim, schickte er den Muff, und als er im nächsten Jahr wiederkam, brachte er dem Fräulein Tochter der Quartiergeber … »Töchterchen, zeig die Goldkette, nicht die vom Fürsten B. – die vom A., ja?« Fürst B. war vielleicht sogar noch netter, er bedachte sie sogar im Testament, und Trinkgeld hat er immer gegeben – und ob!

Dabei sind die Teplitzer keine Spur neugierig, sie erkundigen sich gar nicht, was ihr Gast ist. So wie die Historie von Teplitz nur berichtet, wann welcher Potentat hier war, setzen sie voraus, daß jeder Gast auf seinem Siegelring zumindest einen Fürstenmantel hat, und benehmen sich dementsprechend! Binnem kurzem ist der Gast überzeugt, daß er die ihm hier bemessene Zeit sorgenfrei verleben wird, daß er sich nicht im geringsten darum kümmern muß, wie er sein Geld los wird. Ja sogar jemand, dessen Kassa nur für kleine Portionen dimensioniert ist, wie man sagt, sei hier heiteren, fröhlichen Muts – große Portionen wird er nirgends bekommen. Das gehört zum Kurregime.

Aber was hilft's, Gesundheit ist Gesundheit, und letztendlich ist Teplitz von allen unseren nordwestlichen Bädern ja das billigste. Allenfalls daß man in den Straßen noch verstörende Aufschriften liest wie »Hier werden Schröpfköpfe und Blutegel gesetzt, hier wird zur Ader gelassen!«.

»Während des Sommers treffen sich hier die Repräsentanten der ganzen Welt, nur daß die Repräsentanten hinken«, schrieb einst der Humorist Reinhardt über Teplitz. Die Teplitzer können ihn nicht riechen und haben bereits mehrere Auflagen seines Elaborats aufgekauft. Die Kranken, glaube ich, können einen lockeren Witz eher verkraften, Kranke sind meist empfänglich für selbstmörderische Witze, ist dies doch die eleganteste Abart des Galgenhumors.

In der Tat, kommt man in den Kur- oder Schloßpark, in die Gegend des städtischen Bads oder nach Schönau, so bewegt sich alles um einen herum mit einem auffälligen mephistophelischen Gang, es ist eine ganz besondere Welt, in die einer, der nicht hinkt, nicht gehört! Stock und Krücke sind ein fast unerläßliches Attribut, sie haben die unterschiedlichsten Formen, sind aus mannigfaltigstem Material, schlichtem Hartriegel und auch teurem Holz mit Perlmutt, sie sind wie ein neues Glied, eine Ergänzung des menschlichen Körpers. Bei dem einen ist nur ein Bein leblos und pendelt ohnmächtig hin und her, beim zweiten sind beide Beine von Gicht verkrümmt, der dritte, ein Soldat, ist von Wunden bedeckt, der vierte hat das Zipperlein im ganzen Körper und kann sich nicht bewegen – ein Rollstuhl ist seine ganze Welt, von allen Seiten hört man Räder rattern und Rollstühle im Sand knirschen. Arme Menschen sind das, ihre bleichen, durchsichtigen Gesichter sehen wie das traurige Gitter eines Gefängnisses aus, die Seele blickt aus dem tiefen Auge und möchte hinaus, endlich hinaus!

Hier entspringt in der Brust plötzlich ein warmer Quell, das Mitgefühl. Hier versteht selbst der Gesunde, was es heißt, krank zu sein, und lauscht den Kranken, wie sie einander von ihren Genesungsfortschritten berichten.

Aber es winkt ihnen doch schon Gesundheit, die überwiegende Mehrheit wird völlig genesen, die anderen wenigstens Linderung erfahren! Teplitz zählt zu den sogenannten indifferenten Thermalbädern und ist unter diesen führend. Wiesbaden, Baden-Baden, Gastein usw. rangieren erst hinter Teplitz. Daher nimmt die Zahl der Gäste ständig zu, derzeit sind es schon rund 10.000 im Jahr.

Das ist Teplitz aber auch anzusehen. Die Stadt besitzt zwar eine beachtliche Industrie, auch der Handel ist vertreten – von den böhmischen Kurstädten hat einzig Teplitz eine »Judenstraße« –, trotzdem prosperiert es hauptsächlich dank seinen Thermalquellen. Daher sind auch sämtliche Kurgebäude so reich und so elegant wie nur vorstellbar, Neubauten sprießen in großem Tempo hervor, und während die kleine Altstadt den soliden Charakter alter Zeiten hat, prunkt der Kurbezirk wie die von Luxusvillen übersäte Umgebung einer Stadt wie Florenz. An jedem Haus prangt ein Schild mit dem Namen: »Ölbaum«, »Rebe«, »Jordan«, »Panther« (»Böhmerwaldbär« wäre mir lieber), »Hofer«, »Wilhelm Tell« (aber kein Prokop, kein Žižka[3]), »Wartburg«, »Deutsches Haus« – von der böhmischen Krone kein Wort! Die Geschichte des romantischen Umlands reicht in romantische Zeiten zurück, aber in tschechische, die den Germanisierern nicht schmecken, und mancher Ort, wo früher einmal der Lärm eines tschechischen Turniers hallte, heißt heute »Friedrich-Wilhelms-

Höhe«. Wir sind in einem böhmischen Preußen, wo man sich wahrlich nicht wohl fühlt – um so weniger, als ein großer Teil der Schuld bei uns selbst liegt. Aber davon später!

Vorerst schreibe ich über die Stadt und gestehe, daß sie einige Besonderheiten aufweist. Keine bedeutenden zwar, aber dennoch beachtenswerte. Zum Beispiel die Kästen an den Häusern, nach Art unserer Briefkästen; ihre Aufschriften belehren, daß man mittels eines eingeworfenen Zettels ganz bequem eine Lieferung Braunkohle bestellen kann, die hier, weil reichlich vorhanden, extrem billig ist. Das könnte man auch anderswo und auch für anderes einführen! Ferner die praktischen Gaslaternen – in anderen Bädern wird immer noch Petroleum verwendet. Praktisch aber deswegen, weil sie so niedrig sind, daß sie wirklich den Boden beleuchten und nicht wie die bei uns in Prag den Himmel. Oder die zahlenmäßig wirklich schon ausreichenden Bänke in den Parks wie in der ganzen Umgebung, die für den Beingeschädigten so notwendig sind.

Die Umgebung ist wunderschön, abwechslungsreich, Berg und Tal, Feld und Wald, ein schöner Wald und richtige Bäume. Die Laubbäume werden eifrig gepflegt, sogar frische Rinde an den Stamm genäht, wenn sich die alte abgelöst hat, diese Perücken wirken ziemlich komisch. Doch die Schönheit der nassen Natur, wenn das Wetter nicht ganz schön ist, hat für die meisten Kranken nicht den geringsten Nutzen. Im Gegenteil, Nässe und Kälte können hier sehr gefährlich sein, besonders nach dem Bad, ein feuchter Sommer ist ein halb verdorbener Sommer.

In Teplitz herrscht reges Leben. Vor allem dort, wo die Kurkapelle aufspielt, im Schloß- oder Kurpark, kreist eine zahlreiche, bunte Gesellschaft. Der Marode unterhält sich mit dem Gesunden, von beiden gibt es genug. Ein Schwerkranker kommt ohnehin selten allein nach Teplitz, er hat zumindest einen Bediensteten mit. Daß eine Frau ihren Gatten nicht hierher begleiten würde, kommt nicht vor. Sie tut es entweder aus Liebe oder aus Neugierde, und außerdem – im nahen Dux ist schließlich Casanova gestorben, der berühmte Verfasser galanter Memoiren, wer weiß, ob sein vom Leben so strapazierter Geist nicht auch noch eine Kur macht, und wer weiß, was er einem kurierten, wieder in Schwung gebrachten Ehemann einflüstern würde! Mit Sicherheit aber weiß man, daß hier immer noch Vela spukt, eine tschechische Amazone aus den Zeiten unseres »Mädchenkrieges«. Ein Ritter liebte sie, verließ sie aber, woraufhin sie sich mit dem Teufel verbündete. Sie rächte sich an dem Treulosen, dann holte sie der Teufel, aber alle hundert Jahre darf Vela wieder hinaus, in die Teplitzer Umgebung, verführt dort einen Ehemann zur Untreue, und der wandert anschließend mit ihr in die Hölle. Nun, kann man denn mit Sicherheit wissen, wann das Jahrhundert abläuft und welche von all diesen Schönheiten der heurigen Saison Vela ist?

Wenn einen treulosen Ehemann der Teufel holt, ist das nur gut, aber – lohnt es sich, deswegen soviel Geld zu verschwenden? Oder sind vielleicht alle Ängste überflüssig? – »Einen treuen Ehemann zu verführen ist leicht, ihn zu finden jedoch schwer«, meinte jemand.

Karlsbad

1

[…] Karlsbad ist schon sehr alt. Bereits Karls Vater[1] verlieh der Gemeinde »Warmbad« Privilegien. Zum Ausbau der Stadt und zu allem Eleganteren hat man sich trotzdem erst in jüngster Zeit aufgeschwungen. Noch vor fünfzig Jahren waren sämtliche Häuschen nur aus Lehm und Holz, mit schrecklicher Innenausstattung. Jetzt ragen schon vierstöckige Hotels auf, die architektonische Ansehnlichkeit steigt. Allerdings ist alles ausschließlich auf Profit aus der Bewirtung berechnet. Wie schon erwähnt, sind sämtliche Handwerkssparten verschwunden, einen gestandenen Arbeiter bekommt man hier fast nirgends zu sehen, die einzige Erwerbsquelle stellt für die Karlsbader die heiße Quelle dar, und sie hat ihnen schon etliche Milliarden auf die Erdoberfläche hinausgeschleudert. Der Welt gaben sie davon fast nichts zurück. Gebaut wird hier nur im Winter und (der Quellen wegen) ohne tiefe Fundamente, und zu der Zeit fallen auch Wohltätigkeit und Schönheitsgefühl, von denen sie während der sommerlichen Gewinne wenigstens träumten, dem Frost anheim. Die öffentlichen Bauten um die Brunnen herum, Kolonnaden etc. sind, mit einem Wort, wertlos. Der Betrieb des Krankenhauses für die Fremden wird aus Zuschüssen finanziert – die einzig von den Fremden kommen, item das Krankenhaus für das Dienstpersonal und die Arbeiter. In den Wäldern auf den Hängen um Karlsbad hat man rund sechs Meilen Promenaden angelegt, fast alles aus Spenden der Fremden. Dafür darf ein Fremder hier gratis Erdbeeren suchen; daß er keine findet, ist zwar richtig, doch hat sie vor ihm eine Karlsbaderin gefunden, die sie ihm, fünfzehn für einen Sechser, bereitwillig verkauft.

Die »Alte Wiese« und die »Neue Wiese« sind schon verbaut, dennoch gibt es für den Andrang der Gäste noch immer zu wenig Gebäude, und oft passiert es frisch Angekommenen, daß sie zumindest die erste Nacht im Omnibus schlafen müssen. Die Häuser haben durch ihre grünen Jalousien, die Straßen durch ihre massive Pflasterung etwas Uniformiertes an sich; das Pflaster gemahnt an den Lavabelag italienischer Städte. Auch die ganze Beengtheit der Stadt hat etwas Italienisches an sich: Der Himmel fällt auf die umliegenden steilen Berge, die Berge fallen auf die Häuser, die Häuser in die Gassen. Das Erdgeschoß der Häuser wird für Geschäfte genutzt, die »Alte Wiese« ist gleichsam ein einziger Basar. Ein ziemlich eleganter hinsichtlich der Verkaufslokale als auch der Käufer, und dieser wachsenden Eleganz wegen ist schon so mancher ehrwürdige alte Brauch verkommen, wie etwa das Abbrühen der Schweine neben einer mitten in der Tepl hervorsprudelnden heißen Quelle. In den Geschäften arbeiten nur fremde Verkäufer, sich zu strapazieren, hat ein Karlsbader gottlob nicht nötig. Was man damit hier Ärger hat! Der Karlsbader Sprudelstein ist weltbekannt. Schon der Odendichter Bohuslaus von Lobkowitz[2] hat vom Sprudel gesungen: »Aspice, quam varie lapides et marmora pingit«, und es ist wirklich ein schöner, buntfarbiger Stein, bald gelbbrauner Marmor, bald wie Malachit. Er würde sich bestens für kunstvolle Geschmeide eignen, wie sich wiederum der gelbe Sinter des Sprudels für die Herstellung komischer Pfötchen anböte. Aber bei keinem der ausgestellten Artikel auch nur ein Einfall, und das höchste Ideal ist – eine Tabakdose.

2

Und dennoch – dieser Mangel an mancherlei Luxus, wie auch andere Fehler, die ich Karlsbad ankreidete, haben ihren ganz natürlichen Grund. Karlsbad ist das »Krankenhaus der ganzen zivilisierten Welt«, wie jemand treffend behauptete; »die Natur hat es den Kranken zur Heilung, nicht den Gesunden zum Vergnügen geschenkt«. Lange Zeit reiste man nur zum Vergnügen her, derzeit sind die Besucherzahlen schon ungemein gestiegen, aber zum Vergnügen hält sich hier fast keiner auf, Bälle und Reunions gibt es seit langem nicht mehr, die fremden Equipagen sind verschwunden, die Kleidung der Damen ist einfacher geworden. Stille herrscht hier wie in einem Krankenhaus, und was gesprochen wird, ist wirklich nur leichte geistige Kost. Daß alles teuer ist, erklärt man durch die Nachfrage, die dringende Notwendigkeit, die große Bereitwilligkeit des Kranken selbst, dem die Gesundheit ja »das teuerste« ist.

Eine ganze Reihe von Leiden wird hier mit glänzendem Erfolg kuriert. Schauen wir doch zu einem der Brunnen, wenn sich dort die Kranken versammeln! Gewöhnlich verschreibt der Arzt gleichzeitig verschiedene Quellen, beginnend bei den leichtesten bis zum weltbekannten »Sprudel« oder »Springer«, und die Kranken pilgern von Ort zu Ort, vom »Schloßbad« zum »Mühlbrunn«, vom »Marktbrunnen« zur »Felsenquelle«, bis zur Hauptquelle hin. Doch heißt es früh aufzustehen, die Kur beginnt regelmäßig ab sechs Uhr früh und dauert nur bis acht, wonach für den ganzen Rest des Tages die Firma »Mattoni & Knoll« für den Handel bestimmte Flaschen abfüllt und der Zutritt zu den Quellen schon schwierig ist. Wenn aber um sechs Uhr die Haupttruppe eintrifft, verlassen schon zahlreiche Vorposten den Platz, die aus eigenem Fleiß bereits zwei Stunden früher gekommen waren.

Wie vor der Kassa irgendeines Pariser Theaters stehen hier die Kranken in einer langen Reihe unter der Kolonnade oder unter freiem Himmel und bilden eine Schlange. Jeder von ihnen hat in der Welt draußen irgendwie gesündigt, Gott sie an Galle und Magen, Niere und Herz gestraft, und hier stehen sie, Erlösung erwartend, im schlichten morgendlichen Büßergewand. Die Dame hinter einem Herrn, der Herr hinter einem Diener, der Herzog hinter einem einfachen Soldaten, der Graf hinter dem Lakai. Der eine ist schwarz gebeizt von der Gallensucht, der zweite von einem Magenkatarrh zu einem Span ausgezehrt, der dritte unnatürlich, fast unschön fett, der vierte – täuscht euch nicht, es fehlt ihm etwas trotz seiner rosigen Wangen, es gibt ja keinen einzigen vollkommen gesunden Menschen auf der Welt! Vielleicht ist er der unglücklichste von allen hier, vielleicht geißeln ihn sämtliche Schrecken der schwarzen Melancholie, und sein Körper wird unablässig von den allerängstlichsten Vorstellungen durchströmt. Oder er zählt zu den traurigen Gestalten, die jede zu seufzen scheint: »Schöne Zeiten waren das, als man nichts von unseren Nerven wußte, die erst durch den Engländer White in Mode kamen« – es ist ein Hypochonder, der gleich tausend Krankheiten und jeden Tag eine andere hat, der sein Leben bewacht wie ein Geizkragen seine Kasse und eben deswegen täglich den Tod erleidet. Er fühlt sich in der Karlsbader Talenge freier als in einer Gegend mit weitester Fernsicht, sein hypochondrisches Auge beruhigt sich am leichtesten durch den Blick aufs kleinste Detail. Vielleicht wird er ganz gesunden und mit feurigem Auge nach Hause zurückkehren, doch zwei Monate später vielleicht unglücklich sein wie zuvor.

Langsam rückt die Reihe voran. Von weitem schauen mit Stöcken bewehrte Polizisten zu, auf daß den Gästen beim Sprudel nichts Unliebsames zustoße, und die Reihe entlang gehen Beamte, die ein Abzeichen an der Mütze haben, achten auf strenge Ordnung und ermahnen vor allem jeden rauchenden Neuling, hier sei von 6 bis 8 Uhr das Rauchen verboten. Ungeduld herrscht unter den Wartenden nicht. Allzu korpulente Personen – es gibt hier bis zu vierzentnerschwere Monstren –, die nicht einmal dreißig Schritte ohne Beistand zurücklegen können und denen ständig ein Stuhl durch die Stadt nachgetragen wird, stellen für sich eine Nummer in die Schlange, einen Dienstmann oder ihren pausbäckigen Kutscher

– Kutscher haben das Recht, gesund zu sein. Jeder hält einen Porzellan- oder Glasbecher in der Hand oder trägt ihn an einem Riemchen über der Schulter. Neben der Quelle stehen mehrere höchstens sechzehnjährige Mädchen. Vor Jahren sollen hier alte Frauen den Dienst versehen haben, nun tun es arme Bürgerstöchter; alle sind einheitlich mit Karmoisinjacken bekleidet. Die erste nimmt die Becher entgegen, die zweite, die dritte füllt sie, die vierte folgt sie wieder aus.

Nun stellt sich der Kranke hin und kostet, Damen nehmen meist ein Glasröhrchen zu Hilfe, die Männer prosten einander ganz gewöhnlich zu – es ist die einzige Art, einander Gesundheit zuzutrinken, bei der man nicht um die Gesundheit kommt. Und dann beginnt man zu promenieren. Weil ihm absolute seelische Ruhe auferlegt wurde, beginnt der Kranke eine Melodie vor sich hin zu pfeifen, die ein Stück weiter weg die Labický-Kapelle[3] spielt. Weil ihm auferlegt wurde, nicht an daheim, an seine alten Sorgen zu denken, hetzt er einer jungen dicken Tirolerin nach, die Programme verteilt mit der Ankündigung, in dieser oder jener Restauration würde heute nachmittags von einem Tiroler Verein ein »Jiskra-Marsch für Holz- und Strohinstrumente« gespielt. Weil ihm verboten ist, an die eigene Krankheit zu denken, verwickelt er jemand anderen in ein Gespräch, damit dieser ihm von seiner Krankheit erzähle, und beginnt gewöhnlich mit der historischen Bemerkung: »Was ist das heutzutage schon – heute trinken wir nur acht Becher in zwei Stunden, aber es gab eine Behandlungsmethode, bei der man dem Kranken zum Beispiel fünfzig verordnete!« Weil man sich letztendlich nicht einmal anständig satt essen darf –

> der Tisch sei unerträglich
> so mager als wie möglich –,*

beginnt er zu argumentieren, wie verderblich auf einen anständigen Menschen Gurkensalat, Butterbrot, Gänsebraten, Schweinebraten und Semmeln wirken und welch köstliche Gottesgabe am Abend ein Wassersüppchen wäre. Oder wenn er jung und verliebt genug ist, hält er Ausschau nach Blumenständen, kauft ein kissenförmiges Bukett von der Größe eines Mühlrads und schenkt es einer ihm schon bekannten jungen Dame. Verlier nur nicht zuviel Worte, du Verwegener – du bist zur Kur, hast heute schon drei Becher getrunken – unversehens zieht sich vor Verlegenheit dein Gesicht in die Länge … Häßlich an Karlsbad war früher die für Karlsbad nachgerade barbarische Art, sogar für die Schlüssel jener Örtchen, die mit der Aufschrift »Hier« versehen sind, eine Gebühr zu erheben! Heute gibt es unmittelbar neben den Quellen geräumige Örtchen und auf sämtlichen Spazierwegen, in Parks und Wäldern, an den poetischsten Punkten – aber was kümmert es uns, welches architektonische Emblem sich die Karlsbader Umgebung auf ihr Siegel geben könnte!

Ja, was ich eigentlich noch erwähnen wollte, ich weiß schon: daß die hier verkauften Buketts von woanders ungesehener Größe und von schlechtweg un-

---

* Die Karlsbader Hymne.

geahnten Formen sind. Und wenn die Verkäuferin ein hübsches Mädchen ist wie jene dort in dem blauen Seidenkleid, so ist auch der Preis des Buketts ungeahnt. Zwanzig – vierzig – achtzig Gulden, das springt nur so in die Höhe!

3

In diesem Gemisch von Völkern und ungesund entwickelten Individualitäten ist es trotz allem Therapeutischem dennoch interessant. Sei es, daß sich alles nach acht Uhr früh im schönen Café Pupp tummelt oder nachmittags ebendort zur Musik oder gegenüber dem Wasser weiter zum Posthof und zum Freundschaftssaal[4], immer dreht sich das ganze Kaleidoskop.

Soweit wie möglich begleitet eine ganze Reihe kleiner Geschäftchen die Menge. Photographien, Stöcke, Nippes aus Karlsbader Stein werden den Fremden angeboten, Schießbuden laden zum Wettkampf ein, kleine Dezimalwaagen locken die Dicken, sich täglich zu überzeugen, wie ihr Körper abnimmt. Der Waageninhaber hat eigens ein Buch, in dem er den Namen und den willkommenen Abnahmefortschritt vermerkt. Zwar ist auch dem Gast die Entwicklung ganz gut erinnerlich, er mag es aber, wenn sich die ganze Welt mit seiner Krankheit befaßt. »Hab ich gestern viel gewogen? Und heute – na sieh einer an!« Und der Betreiber der Waage nickt mit dem Kopf und staunt, dergleichen angeblich nie und nimmer gesehen zu haben. Kleine Buben, mit blauen Jockeymützen auf dem Kopf, stehen am Weg entlang, und ihre neugierigen Augen fragen, wer einen Reitesel oder eine kleine Kalesche mit Eselgespann mieten wolle – seit 1828 eine Karlsbader Spezialität. Am meisten melden sich Kinder und schwache Damen. Die Geschäfte sind ziemlich gut besucht, doch wird noch nicht viel verkauft. Vorerst befinden sich nur viele Preußen hier, sie treten ein, fragen und – erklären, es daheim billiger zu haben. Der Verkäufer tröstet sich: »Wenn erst der Juli da ist, dann kommen die Russen!« […]

Franzensbad

1

Der beherrschende Eindruck von Franzensbad ist ein elegischer, trotzdem gefiel es mir. Ein höchst merkwürdiges Städtchen! Dem Sumpf entsprossen, steht es auf Moorgrund, stampft man mit dem Fuß auf, schwingt der elastische Boden, geht man nach dem letzten Gebäude weiter, kommt man in eine tote, unschöne Landschaft, dennoch ist das Ganze schön. Georg Habermann, der eine ganz gescheite Beschreibung von Franzensbad[I] veröffentlichte, schrieb: In Eger sehen die Straßen aus, als wären sie erst aus einer Masse Häuser herausgebrochen worden, in Franzensbad fand man schon fertige Straßen und Plätze vor, man brauchte ringsherum nur Häuser hinzustellen. Ein komischer Ausspruch, der an das bekannte Rezept für das Kanonengießen erinnert, doch hat er etwas Wahres. Die hiesigen Heilquellen sind schon seit dem siebzehnten Jahrhundert bekannt, auf Komfort für die Gäste, die Verschönerung der Stadt ist man aber erst seit kurzem bedacht, und so hat man zu bauen begonnen. Platz gibt es genug, und er wird gut genutzt. Die Straßen sind schnurgerade, die Trottoirs breit, von schattenspendenden Kastanienbäumen gesäumt. Die neuesten Häuser, die mit ihrem weiten Kreis gewissermaßen schon für etliche Jahrhunderte die Stadtgrenzen abstecken, sind sehr elegant. Vor jedem befinden sich ein kleiner Garten, eine Laube usw. Schillers Distichon von dem »seltsamen Land«, wo »die Flüsse Geschmack« haben und die Bewohner jeglichen Geschmacks (Schönheitssinns) bar seien[2], beziehe sich, erzählt man, auf das Egerland – auf alle Fälle haben sie sich seit dieser Zeit gewaltig verändert.

Das für jeden aus Karlsbad Kommenden Angenehme ist, daß die hiesigen Einwohner (unter denen es nur etwa 150 Steuerzahler gibt) das Geld nicht nur in die Tasche stecken, sondern wieder etwas damit tun. Schule und Kirche sind schöne Bauwerke, das etwas liliputanerhafte Theater entzückend, in eine einzige Kolonnade bei den Quellen würden sämtliche Karlsbader Kolonnaden hineinpassen, und beim Sauerbrunn gibt es eine Kolonnade, fast so groß wie eine Kirche. Die einheimischen Privatleute opfern sehr viel. Das nordwestliche Territorium von Franzensbad ist eine einzige riesige Gartenanlage – »Loimanns Park«, nach dem einstigen vortrefflichen Bürgermeister Loimann genannt. Es gab hier nichts als das klaftertiefe eisenhaltige Moor, immer noch bewegt sich unter einem bei jedem Schritt der elastische Boden, die Oberfläche ist aber schon von üppigem Gras bedeckt, und hohe Birken und Eichen haben sich tief und fest verwurzelt. Zwischen den Bäumen schlängelt sich der Schladabach, und stellenweise sind Ausblicke nachgerade wie in Fontainebleau entstanden.

Der ganze Kurort sieht wie das eleganteste französische Städtchen aus. Doch verbinden sich hier mit den Vorteilen des Stadtlebens gleichzeitig die Annehmlichkeiten des Landes. Gleich hinter dem Park tummelt sich ein Egerer Bäuerlein auf dem Feld, in den kurzen Hosen lauter Ziehharmonikafalten, und mit dem runden Hut, auf dem oben breite Seidenbänder angenäht sind, nimmt er sich wie eine Fledermaus mit ausgebreiteten Flügeln aus. Es ist ein richtiger Patron, förmlich ein englischer Lord, auch so grob. Wie dieser überläßt er dem ältesten Sohn den ganzen Hof, dadurch sind alle diese Gehöfte wie Fideikommißgüter.

Um sechs Uhr früh beginnt das Kurleben beim Sauerbrunnen. Kapellmeister Tomášek – kennen Sie noch den Musikanten Tomášek aus Prag?, er ist jetzt hier Kapellmeister, Erneuerer jeglicher Kurmusik in Böhmen und eigentliches Zentrum Franzensbads – also unser Tomášek beginnt mit einem Choral. Nach einer Stunde wechselt er mit seinem ganzen Ensemble zur Franzensquelle. Neuerlich ertönt Musik, die Gäste, größtenteils Damen in ungezwungen erlesener Morgentoilette, wirbeln herum, trinken schluckweise, promenieren. Nur wenn die ersten Takte einer beliebten Gavotte[3] erklingen, drängen sie sich um die Musiker, wackeln mit dem Kopf, wiegen ihre Körper. Es schlägt acht Uhr, alles ist vorüber. Die Musiker zerstreuen sich, das Publikum mit ihnen.

Etwa nach einem Stündchen beleben sich die Straßen neuerlich. Die Damen eilen in Loimanns Moorbad – neben den Gärten sind dort geräumige schöne Bäder, über ihnen hohe, schlanke Schornsteine, »wie Minarette über kranken Moscheen«. Sogar der ärgste Platzregen kann die Damen nicht zu Hause halten, sie wüßten nicht, was sie mit der Zeit anfangen sollten. Manchmal bewegen sich schwarze, geschlossene Sänften durch die Straße, mit einer schwerkranken oder sehr bequemen Dame. Wir sitzen auf einem grünen Sofa unter den Kastanienbäumen vor dem Haus und schauen der Wallfahrt zu. Plötzlich beginnt nicht weit weg eine Musik zu spielen – ein Ständchen. Wem gilt es? Wer ist gekommen? Wer läßt ihm aufspielen? Manchmal wird Tag für Tag vor dem gleichen Haus ein Ständchen gespielt, das Haus beherbergt mehrere Schönheiten, vielleicht erfährt außer der richtigen gar niemand, für wen und von wem es ist!

Nach einer Stunde ist das Bad vorbei. Manche Damen mieten sich kleine Kutschen mit Ponys – eine hiesige Spezialität – und lenken bei ihrer morgendlichen Spazierfahrt selbst. Die überwiegende Mehrheit bleibt daheim. Sie setzen sich mit einer Stickarbeit auf den Balkon oder lassen sich an einem Tisch neben dem Fenster nieder und schreiben – nirgendwo in der Welt sieht man so viele schreibende Damen wie hier, da hat die Post was zu tun. Aus jedem zweiten Haus erklingt ein Piano. Dann verstummt auch das, Stille herrscht in der Stadt, wie in einer Totenstadt. Das Schlagen der kleinen Uhr von der Kolonnade der Franzensquelle hallt weit, weit. Nirgendwo eine Menschenseele, nicht in den Straßen, nicht in den Parkanlagen – nur im Park neben dem kleinen Theater ist es etwas lebendig, drinnen findet eine Probe statt, die gerade nicht Beschäftigten sitzen im Freien und schnattern wie Spatzen.

2

Überall wird Franzensbad der Beiname »Damenbad« zuteil. Das ist auch vom nichtärztlichen Standpunkt aus verständlich. Franzensbad ist noch jung – und Damen klammern sich krampfhaft an die Jugend, ja, dieses Bad ist vorerst nur ein Kind – und Damen spielen so gerne mit Kindern! Angeblich hat sich die Einwohnerschaft der hiesigen Gegend seit jeher durch einen auffälligen Überschuß an weiblichem, sich dabei noch sehr resolut benehmendem Geschlecht ausgezeichnet; für den 18. August 1791 vermerkt die Geschichte eine ganze siegreiche Revolution, die hier die Egerer Weiber veranstalteten, weil die Quellen nicht mehr für jeden zugänglich sein und die Sauerwasserverkäuferinnen um ihren wohlfeilen Verdienst kommen sollten. Heutzutage sind hier, während der Sommerzeit, insgesamt ungefähr vier Fünftel Frauen, und nur der Rest zählt zum häßlichen Geschlecht!

Wie schön Franzensbad aussieht, wenn seine vorübergehende Population sich geschlossen im Park versammelt, zur Nachmittagsmusik! Wieviel Sanftmut, ja Engelhaftigkeit sich dann ballt auf ziemlich kleinem Raum! Kotzebue sagt ja, daß »eine Frau, wenn sie gut ist, zwischen Mann und Engel, wenn sie böse ist, zwischen Mann und Hölle steht«, aber gibt's denn in der Welt tatsächlich auch nur eine einzige Frau, die böse wäre? Sagt nicht ein anderer, weit anerkannterer Weiser: »Jede Frau ist gut, ist sie doch Frau!«

Es ist wahrlich kein Wunder, daß, wenn man das weite sandige Parkareal durchschreitet, die Musik hört, rechts und links unter den Bäumen die Engel Kaffee trinken und Strümpfe stricken sieht, einem so ist, als schritte man, von Glückseligkeit bestrickt, in den Himmel.

In der vordersten Reihe, an den Tischen am Rand, sitzen die Damen mit den elegantesten Toiletten, die erlesensten Schönheiten. Zarte Damen von wahrlich berückender Schönheit, echte Perlen – man kann sich über ihre üblicherweise Ehemänner genannten Krusten nicht genug wundern, daß sie es fertigbrachten, sich, sei's auch nur für kurze Zeit, von ihnen zu trennen. Soviel steht fest, was unerbittlich unser ist, schätzen wir nie gebührend! Des weiteren gilt die Regel, daß Ehegatten glauben, die einzige böse Frau auf der Welt, nämlich ihre, bekommen zu haben, und um sie wenigstens eine Zeitlang loszuwerden, scheuen sie nicht einmal die Ausgaben für einen sündhaft teuren Kurort. Wie zärtlich aber ist dieses »einzige« Teufelsweib hier, außerhalb des Hauses! Ist sie auch geistreich? Wer würde so dumm, so unnötig fragen bei einer schönen Dame! Resolut ist sie, wie jede Dame hier, wo sie auf sich selbst angewiesen ist und sich gleichzeitig den Männern gegenüber in der Übermacht sieht. Beobachtet sie nur in Gasthöfen, in Kaffeehäusern – nicht mal in Wien muß ein Kellner den Männern so sklavisch gehorchen wie hier den Frauen.

Je weiter weg von der äußersten Tischreihe, desto schlichter, bürgerlicher sind die Toiletten. Die einfach gewandeten Damen sind wirklich nur ihrer Gesundheit wegen gekommen. Die eine, mit bleichen Wangen, möchte kräftigeres Blut bekommen, die zweite, von imposantem Körper, würde gerne ätherischere Formen haben, einer dritten, mit traurigem, stumm klagenden Blick, fehlt nichts und dennoch alles, sie ist gesund, ihr Mann liebt sie, doch – was nützt es, das ganze zufriedene Heim mit weiblichem Geist zu umhüllen, dem ganzen Haus den Stempel ihres zärtlichen fürsorglichen Wesens aufzudrücken, wenn es in dem Haus doch so öde ist, kein glockenhelles Kinderlachen, keine Zukunft, nur die fade Gegenwart! So ein bißchen »Madonna« zu sein, mit einem Kindlein auf dem Schoß ist so schön – wünschen wir ihr ein »freudiges Ereignis«, und gehen wir weiter. Was soll man auch hier bei diesen blassen, traurigen und hysterischen Gestalten! Wahr ist, sie verleihen dem hiesigen Kurort seinen sozusagen psychischen Charakter. So wie man an jedem einzelnen Haus im allgemeinen erkennt, ob eine Frau in ihm wohnt, erkennt man am lieblichen Aussehen des ganzen hiesigen Badeorts, daß hier viele, aber stille, elegisch-stille Frauen wohnen. Eine Frau, und fast gar nicht zu reden!

Da geht es ganz anders zu bei jenen Damen, die nur des Vergnügens, nur der Mode wegen hier weilen! Mit welcher Liebe die eine die andere auseinandernimmt! Gestern hatte sie einen Spitzenhut, heute spielt sie mit einem japanischen Sonnenschirm, für den morgigen Tag überlegt sie, ob sie ein Shawl-Kleid anziehen soll – eine studiert die andere, und keine versteckt das Geheimnis ihrer »Jagdkunst«. Sie sind in dieser Hinsicht wie der Engländer Collins, der denen, die ihn verreißen wollten, mit Rat und Büchern behilflich war. Sie sind allerdings »lediglich

Kammerfrauen ihrer Körper«, aber der Herrgott wollte sie genauso haben, und wir – wir müssen sagen, daß entweder alle Frauen schwach oder alle nachgerade liebenswürdig sind.

Die »Jagdkunst« bezieht sich nicht auf männliches Wild. Es gibt hier ohnehin so wenig davon wie Hasen rund um Prag. Einen sich kurierenden, einen andere kurierenden Teil. Unter letzteren, den Doktoren, befinden sich allerdings genug junge; aber sie meiden Konzerte, Promenaden etc. Hier wird jeder Arzt, der Zeit fürs Vergnügen hat, verspottet, man beginnt ihn erst dann zu respektieren, wenn er einen Wagen und ein Pferd besitzt, also stets in Eile ist. Ein Doktor setzt sich in eine Kneipe und schimpft auf die Herren Kollegen. Offiziere aus Eger sowie eine Handvoll junger, reicher Leute, die winters wie sommers nichts zu arbeiten haben, sind hier die einzigen relevanteren Repräsentanten des starken Geschlechts. Sie prosperieren, wenn sie nur halbwegs geistreich sind, im übrigen – »eine Frau kann alles zusammenflechten, sogar einen Korb«, und mit einem Urteil über einen Mann ist eine Frau unglaublich rasch fertig.

Alles lädt hier zur Liebe ein.[4] Eine derartige Auswahl an schönen Damen! Die ultragermanische Buchhandlung Kobrtsch & Gschihay stellt in ihrem Schaufenster *Die Liebesnächte*, *Die weiblichen Reize* und die illuminierten Bildchen *Bains des marais* aus. Die Wiesen sind voller Blumen und die Parks voller Vögel. Die Birken haben eine so weiche Rinde, und es lassen sich so hübsch Buchstaben und Herzen in sie hineinschneiden. Freilich, die Birke wächst, die

Rinde zerreißt, die Buchstaben geraten immer weiter auseinander, aber was tut es, die Erinnerung ist trotzdem schön und – sie kannten sich zu kurze Zeit, als daß sie hätten einander überdrüssig werden können!

Marienbad

Das jüngste der bisher beschriebenen Bäder ist Marienbad, das jüngste und schönste. Es ist kurzum die glückliche Prinzessin aus dem Märchen, es besitzt alles: Jugend, Schönheit, großen Reichtum, die Heilkunst, die Zuneigung aller Menschen und dabei eine Reihe glänzender Tugenden – auch die Tugend der Verschwiegenheit! So still liegt es im Schoß der Berge, so versteckt, so bescheiden! Aber ein einziger Blick, und man ist bezaubert. Stellen Sie sich einen runden Talkessel vor, fast kreisförmig. Auf seinem Grund ruhen ausgedehnte schöne Parks mit hübschen Wegen, sattgrünen Wiesen, dunklem Buschwerk, ausladenden Bäumen, einem wild dahinbrausenden Gebirgsbach. Rund um die Parks, ein wenig höher, zeichnet sich, wie ein Silberreif, ein Kreis weißer, eleganter Gebäude ab. Und über ihnen, in einer abwechslungsreichen Wellenlinie eine anmutige Bergsilhouette, Gipfel, als wären sie direkt aus den Dächern der Häuser hervorgewachsen, immer höher und höher, und bis zum Scheitel in einen Talar aus dunklen, blauen Wäldern gehüllt. Auf den Hängen das Rauschen von Gebirgsbächen, der Gesang unzähliger Vögel, doch die schwarzen dunstigen Wälder selbst sind still, drängen sich stumm bis an die menschlichen Behausungen heran, und stumm blikken ihre Äste in die Fenster siecher Schläfer. Erwacht der Schläfer jedoch und tritt über die Schwelle seiner Unterkunft in den Wald, erschauern die Bäume ganz leicht und spritzen ihm ihren kühlen Tau in die müden Augen. Und spritzen ihm den Tau so lange in die matten Augen, bis die Augen wieder von neuer Gesundheit und freudiger Frische zu glänzen beginnen.

Marienbad ist noch eleganter als Franzensbad. Die Hotels, deren ausgezeichnete Speisesäle, als gäbe es in ihnen alles umsonst, stets überfüllt sind, können sich mit Europas führenden Hotels messen. Die Kaffeehäuser, in denen es – mit Ausnahme tschechischer – eine Menge Zeitungen gibt, sind schlichtweg prachtvoll. Die öffentlichen Gebäude, wie die Kuppeln über den Heilquellen, die Arkaden bei diesen Quellen, die Badehäuser, das einzige, aber schöne, blendendweiße (Marien-)Kirchlein zeugt von echtem Schönheitssinn. Die privaten Gebäude erwecken denselben Eindruck – das Halbmeyer-Haus z. B., halb herrliche Villa, halb herrliches Palais, ist nachgerade ein Vorbild in den böhmischen Kurorten. »Schont eure Schönheiten, euren Wald!« möchte man aber den Undankbaren zurufen. Bäume werden gefällt, um Häusern Platz zu machen, die auch woanders stehen könnten. Die schon im Wald befindliche Kurdruckerei, zur Hälfte aus Ziegeln und zur Hälfte aus frisch behauenen Balken, sieht wie eine Farm in den amerikanischen Wäldern aus – ein Wurm zum Ruin dieses Waldes. Natürlich steigert sich der Andrang der Gäste immer mehr, ein Haus ist noch nicht fertiggebaut, und schon wohnt man in ihm und setzt sich auf den Balkon, der noch nicht einmal von einem Geländer umgeben ist! Wen wundert es dann, daß es hier teuer, schrecklich teuer ist. Marienbad ist sicher der teuerste böhmische Kurort, vielleicht der teuerste Europas, angeblich gleicht ihm nur St. Moritz in der Schweiz in punkto Kostspieligkeit.

Schönheit und Heilkraft, das sind zwei verlokkende Zauber. Die Heilkraft der Quellen und Moorbäder ist berühmt – an einem Seitenaltar der erwähnten Marienkirche gibt es eine ganze Sammlung mannigfaltiger, mit Blumen umkränzter Krücken, die geheilte Lahme als eine so gottgefällige wie billige Opfergabe hierher brachten. Was alles die hiesigen Quellen bewirken, weiß ich eigentlich gar nicht, glaube aber gerne, daß sie meinetwegen für alles gut sind. Würde mir eine Kugel den Kopf abreißen und ein Marienbader Doktor es verschreiben, werde ich ganz willig morgens vier Becher Kreuzbrunnen-Wasser mit Molke trinken und nach dem Mittagessen drei Becher Waldquelle. Das einfache Volk der Einheimischen hat einen Witz und sagt: »Wem Marienbad nicht hilft, der soll nach Wien fahren und sich zur Ader lassen!« – Im großen und ganzen ist es ein »kaltes Karlsbad«, also auch ein Bad, wo der Mensch sein Gewicht verringern und eine Abmagerungskur machen kann. Die hier am Morgen wie Graue Schwestern einhergehenden und der Bäder wegen unter dem Hut noch eine Haube tragenden Damen sind fast alle nicht der Kur gemäß – verordnet wird Abmagerung, sie aber sind pausbäckig, rundlich, und bewegt sich eine Schlanke zwischen ihnen, wirkt sie – wie jemand treffend formulierte – wie eine »Probiermamsell«: Die anderen sehen an ihr, zu welchen Formen sie gerne selber abmagern würden. Wie in

Karlsbad findet man daher auch hier überall Waagen. Aber elegantere, sogar mit Ölbildern geschmückte. Auf einem ist ein dicker Kerl, der Säckchen mit der Aufschrift »4000 G.« in der Hand hält, auf einem anderen ein magerer, nur eine angezündete Zigarre haltender Bursche. Ist das vielleicht keine Satire auf die unchristliche Marienbader Kostspieligkeit!?

Sie fragen mich, welche Besonderheiten Marienbad hat? Es ist reich an ihnen – wobei ich jene wie in Karlsbad überall in Parks und Wäldern verstreuten gewissen Häuschen, die hier manchmal eine chinesische Form haben, gar nicht einmal dazuzähle. Vor allem gibt es hier Unmengen Preußen, überall hört man ihre monotone Sprache, überall sitzt man neben ihnen. Wenn sie zahlen, halten sie die Speisekarte in der Hand, um die Preise zu überprüfen, und Trinkgeld geben sie nie, nicht einmal einen Kreuzer. Dann eine noch größere Menge Regenschirme. Ohne Regenschirm macht niemand auch nur einen Schritt vors Haus, man sagt hier nicht, es gäbe heuer in Marienbad soundsoviel Kurgäste, sondern: »Es sind unser jetzt schon über 5300 Parapluies hier.« Wie in Prag bekappte Expreßboten laufen den ganzen Tag wie verrückt umher und suchen ununterbrochen Wohnungen, im Mund haben sie die ewige Pfeife und in der Hand den ewigen Regenschirm. Mit Schirm geht man zu den Heilquellen, in die Bäder, die Parks, den Wald, überallhin. Im Wald ist der Weg voller herausgekrochener Regenwürmer, an jedem zwanzigsten Baum ist ein schlichtes Marienbild angenagelt, und – ach, ist das hübsch! – an zwei Bäumen neben dem Weg hängt eine geflochtene Hängematte, und darin liegt ein Mensch und schnarcht! Und dort – wirklich, eine zweite Hängematte und ein zweiter Mensch – und dort ebenfalls – und dort auch …

1869

Pester Blätter

I

»Amerikanisch!« denkt man angesichts der Eisenbahnpassagiere mit Revolvern und Messern im Gürtel; »amerikanisch!« entfährt es dem Fremden, wenn er von den turbulenten ungarischen Wahlen hört; »amerikanisch!«, ergeht sich der Ungar in Wohlgefallen eingedenk des schnellen Anwachsens von Pest[1], das zur »Weltstadt mit ungarischem Anstrich« werden muß, wie sie erzählen. Möglich, sehr leicht möglich, Mittel, das Wachstum zu fördern, gibt es genug. Pest nutzt sie und weitet sich von den Hügeln Budas, den letzten nördlichen Höhenrücken so schnell nach Osten und Süden aus, als wolle es sich über diese ganze Prärie, will sagen, die ungarischen Ebenen, die irgendwo am Balkan enden, ergießen. Es sind kaum hundert Jahre vergangen, seit Pest der Rede wert ist, und es ist schon beinahe so groß wie Prag. Noch keine zwei Jahre verflossen seit der Krönung[2], und in dieser Zeit kamen hier dreißigtausend Einwohner hinzu – göttliche Autonomie! Der Preis der Geschäfte im Stadtzentrum schnellt um zigtausend in die Höhe, ein einfacher Bettgeher – im Prager Armenviertel Na Františku »Sechskreuzer« genannt –

zahlt in den entlegensten Gassen des Theresien- oder Josephviertels 10 bis 12 Gulden monatlich, die Wohnungen sind überteuert, für die Arbeiterschaft werden überstürzt »Arbeiterwohnungen« gebaut, die Massen kleinerer Beamter wohnen in Holzhäuschen in den ausgedehnten Weingärten Budas.

Das ist amerikanisch. Damit aber auch anderes amerikanischer Art wäre – geh nachts nicht alleine herum, suche nicht die Nähe verfallener Gebäude, und es wird immer gut für dein Portemonnaie sein, wenn neben ihm ein Revolver steckt. Ein vom Wein für einen überraschenden Angriff ausreichend gestärkter notorischer Tagedieb, der den Galgen als eine Art Hausgerät ansieht, springt hervor, wirft dich in den Dreck, tritt dir auf den Hals – am nächsten Tag schleifen sie dich in einen Schacht, du bist »unbekannten Orts« und amtlich »unbekannt wie« umgekommen. Die Schreie werden sicher niemanden aus den Häusern locken, und ein Pandur[3] – was ist ein Pandur!? Irgendein schon so lebenserfahrener Veteran, daß ihm das Nachtleben der Pester Straßen nicht mehr dafürsteht, es sich anzusehen; die Straßen sind so kotig, der Wein im Wirtshaus ist so gut, wenn die Kerle von den Gassen einkehren, wird es lustig zugehen, draußen ist es unfreundlich. Hast du Interesse, ausgerechnet einen Panduren kennenzulernen, geh dorthin, wo es für ihn interessant ist sich aufzuhalten, tagsüber etwa bei der belebten Kettenbrücke, nachts einen zu finden hingegen ist schwierig! Ich fand einst, aber nur durch einen glücklichen Zufall, gleich ein ganzes Pärchen, das heißt zwei Pandurenmännchen. Es war auf der Straße nach Neupest, einem nördlich der Stadt an der Donau gelegenen, durch seinen Winterhafen für Dampfschiffe interessanten Dörfchen. Es verläuft dort neben einer schlechten »Landstraße« eine Pferdeeisenbahn, und in die Böschung dieser Straße hatten sich die Panduren wie Ziesel hineingewühlt, sich einen Pferdestall ausgebuddelt und ihn mit Brettern verschlagen. Hier passen sie auf, was die Straße entlangfährt, und tatsächlich hatten sie gleich entdeckt, daß hier ein braves slowakisches Bäuerlein dahinkutschierte, sie hielten den Mann an, kletterten auf seinen Wagen und requirierten sein ganzes Heu für ihre Pferde. Sie hatten ihm nur mit Ohrfeigen gedroht, gegeben haben sie ihm keine, denn der Slowake schlug mit der Peitsche auf seine mageren Mähren ein und fuhr tränenbenetzten Auges weiter. Also such dann Hilfe bei einem Panduren!

Es gibt nirgendwo so viele und derartige catilinarische Existenzen wie hier. In Venedig ist sogar die größte Armut noch verhältnismäßig reinlich, in Paris und Wien erlaubt die Polizei jenen, die statt Kleidern, wie man sagt, einen »Knopf auf der Brust«, einen Spagat am Fuß, eine Hose mit nur einem halben Hosenbein und ein Hemd ohne Ärmeln, ohne Vorder-, Rückenteil und Kragen haben, nicht einmal durch die schmutzige Rue Mouffetard zu gehen oder eine zu Ziegeleien führende Straße zu benutzen, in Prag sieht man etwas Ähnliches nur, wenn es von einem Polizisten zur Abreibung in die »Fišpank«, das Gemeindegefängnis, geführt wird, in Pest wuchert es nackt wie Hauswurz auf einer Mauer. Neben ausgeklügeltestem Auf-sich-Bedachtsein zynische Vernachlässigung des sündigen Äußeren, dem sogar mancher begüterte und gebildete Mensch (das alles gänzlich ohne Unterschied der Volkszugehörigkeit) erlaubt, nach Belieben unappetitlich auszusehen. Erlesene Eleganz herrscht hier, ihr gleichberechtigt gehen aber Nacktheit oder Schäbigkeit auf der reichen Váci-Straße neben ihr her. Ein slowakischer Verladearbeiter verdient beispielsweise täglich zehn Gulden – es mangelt hier an Arbeitskräften, und fleißige einheimische gibt es überhaupt nicht –, eine neue Jacke kauft er sich nicht, sucht hingegen eine teure Weinschenke auf. Das Kartenspiel floriert, es stellt hier, wo mancher eine lazaronische Unlust zu arbeiten hat, für nicht wenige den Lebensunterhalt dar. Wie gesagt, ein Nebeneinander von Gegensätzen auf kleinstem Raum, Reichtum und Armut, Eleganz und Lazaronenhaftigkeit. Als würde man eine New Yorker Beschreibung des Broadways und seiner armen Umgebung lesen!

Wer unternehmerisch, dabei umsichtig und fleißig ist, wird sich in diesem wildwuchernden Pester Leben leicht zu helfen wissen. Ein tschechischer Geselle ist sehr gefragt und wird gut bezahlt, ein tschechischer Meister hat im Stadtzentrum eine florierende, einträgliche Firma, ein tschechischer Wirt überall, sogar im beliebten Stadtwäldchen, lukrative Restaurants. In einem von derartiger Vielfalt strotzenden Leben gelangt so mancher auf höchst kuriosem Wege zu Wohlstand. Ein gewisser Wirt, ein Herr Šváb, wurde beinahe Millionär, weil er die Gäste barfuß bediente. Als er schon einiges besaß, kam ihm der Einfall, sich Schuhe zu kaufen – doch die Gäste blieben weg, und der Schlaumeier zog die Schuhe flugs wieder aus. Sein Nachbar hat die Firmentafel »Zum Nachbarn des barfüßigen Wirts« aufgehängt, und auch er reüssiert. Ein anderer Bursche, ein Halter von Eseln, mit deren Hilfe er in der Stadt Wasser ausführte, hat es damit zu einem beträchtlichen Vermögen gebracht und dieses, weil er alleinstehend war, dem Bau einer Krypta und eines Grabmals gewidmet; dieses stolze Grabdenkmal mit dem getreuen Konterfei des seligen Wasserlieferanten und aller seiner verblichenen Fässer und Esel ragt auf dem neuen Pester Friedhof auf. Einmal wird dort auch das Grabmal jenes Improvisators hinzukommen, der in abgetragenem Rock in den elegantesten Gasthöfen die Tische abklappert, überall Akrosticha verbricht und sich ein hübsches Sümmchen zusammenakrostichiert haben soll. Es ist ein Landsmann von uns, ein ehemaliger Setzer aus der Druckerei Haase; er hat uns in dem Jahr verlassen, als der Canalsche Garten[4] begründet wurde, und ließ verlauten, sein Grabmonument werde die Poesie sein. Ein anderer unserer Landsleute, um den es aber schade ist, daß er nicht daheim ist, ein bekannter Karikaturist des Wiener »Floh« und des Pester »Borsszem Janko«[5], auf dessen Bildern die tschechische Unterschrift »Klíč«[6] offenbar propagandistisch wirken will, hat sich in Pest ebenfalls mit Improvisieren über Wasser gehalten. Er ist im Theater aufgetreten, hat mit der rechten und linken Hand, richtig und auch verkehrt herum gezeichnet, ist kreuzfidel, und es geht ihm gut bei diesem amerikanischen Lebensstil. Auch seinen Humanisten Peabody[7] hatte Pest schon; er hat ein städtisches Krankenhaus gestiftet, eine Gedenktafel tut seinen Namen kund – Josef Hirsch aus Ouval in Böhmen.

II

Seltsam ging es zu auf der linken und der rechten Seite des Donauknies! Slowakische Ansiedlungen, türkische Ansiedlungen, ungarische und deutsche Siedlungen – kein Wunder, daß sich hier eine besondere Menschenmischung, ein europäischer Yankee entwickelte, hochaufgeschossen, knochig, mit dünnem Hals, aber starkem Bart.

Die Sammlungen sind voll von römischen Altertümern, die da und dort auf den weiten Ebenen des alten Pannoniens ausgegraben wurden, direkt in Buda befinden sich zahlreiche, ebendort gibt es Überreste von alten Bädern, und unweit davon zeigen sie einem die Stellen, wo das römische Aquincum, der Vorläufer von Buda-Pest, stand. Pest selbst wurde von bulgarischen Ziegelbrennern gegründet, Pest bedeutet ja nichts anderes als »pec«, bulgarisch »pešč«, was die Deutschen Budas auf der anderen Seite als »Ofen« übersetzten. Dadurch schufen sie »Ofen und Pest«, einen schönen Nonsens, beinahe so schön wie »Faröer-Inseln« oder am perfektesten dann »Marmara-Meer«.

Um Pest herum haben sich vermutlich sämtliche europäischen Völker samt den asiatischen, die es jemals nach Europa gelüstete, Scharmützel geliefert. Sie richteten Pest übel zu und schlugen es oft fast kaputt; manchmal rettete die Donau wenigstens Buda, manchmal war sie gefroren und bildete eine Brücke.

Kam kein Krieg, kam ein Brand oder ein gewaltiges Hochwasser, das Dreiviertel der Stadt zerstörte, oder eine noch gewaltigere Hungersnot, während der laut Legende Vögel die Einwohner mit »schwäbischen Semmeln« fütterten, was auf dem Eisengitter der Seminarkirche zu sehen ist. Hochmächtige Herren kamen im Bösen wie im Guten zu Besuch: der griechische Kaiser Komnenos, der serbische Georg, »unser geliebter Despot«, wie ihn das Volk nannte, mehrmals ein türkischer Sultan, ein absolut unangenehmer Besuch, vor dem alles, was Beine hatte, das Weite suchte. Man suchte so sehr das Weite, daß Suleiman, als er am 12. September 1526 eintraf, nur ein paar Lahme und Kranke in der Stadt vorfand – um an alle Geld zu verteilen, reichten 10 Dukaten. Was Corvinus[8] für die Stadt getan hatte, wurde durch diesen Besuch vernichtet. Bis heute pilgern Derwische aus der Türkei, aus Kleinasien, ja sogar aus Indien hierher zum Grab des heiligen Gül Baba (des »Rosenvaters«), um die ruhmreichen Tage zu feiern. Kurzum, seltsam ging es und geht es hier zu, das Resultat ist – ein europäischer Yankee.

Pest ist jetzt zu schnell gewachsen, hat sich hierhin und dorthin geworfen, es sieht wie ein junger Riese aus: ein Klotz noch nicht ausgereiften Fleisches ohne bestimmten persönlichen Charakter. Vorläufig kann man sagen, daß Pest noch keine schönen Bauten hat. Das Nationalmuseum in griechischem, die Akademie in Renaissancestil, und bei diesem Paar müssen wir es auch schon belassen. Nicht einmal das berühmte Redouten-Gebäude kann man besonders hervorheben, es ist plump in der Linie, zu schwer in den

Massen. Die Kirchen, mit Ausnahme einer Synagoge in maurischem Stil, aber leider mit einer unregelmäßig gebrochenen Fassade, haben architektonisch überhaupt nichts Spezifisches an sich; die neue Sparkasse, die man gerade fertigstellt, wird, wie »Sparkassen« überall, nur sehr kostspielig sein, zur Verschönerung trägt sie nicht viel bei. Ob man hier orientalisch oder westlich sein möchte, hat man sich noch nicht gut überlegt. Man begegnet dem einen wie dem anderen. Einen Pariser Theater-Balkon kann man z. B. auch im ungarischen Nationaltheater finden, das aber ein ganz unpariserisches Parterre ohne Sitzplätze hat.

Auf dem neuen Pester Friedhof (der alte, auf dem auch unser gefeierter Violinist Slavík[9] lag, ist verwuchert, schattig und malerisch) entdeckt man ebenfalls Spuren von Ansichten, die auf dem Père-Lachaise, dem Friedhof von Montmartre, usw. gewonnen wurden. Dichtgedrängte Massen von Grabmälern, von denen sich nur die hübschen serbischen Krypten und die Kinderabteilung mit Wiegen, Spielzeug usw., wie man das alles in Paris sehen kann, abheben. Ansonsten jedoch, wie schon bemerkt, fehlt jeglicher Stil. Vorerst geht es darum, daß die sich schnell mehrende Einwohnerschaft überhaupt irgendwo zu wohnen habe, daher wird rasch gebaut, hohe Häuser in europäischer Zinskasernenmanier in der Innenstadt, außerhalb ausgedehnte Viertel mit lauter kleinen, ebenerdigen Häuschen für eine, zwei, höchstens drei Familien, diese geschmacklosen Häuser sind schon Legion. Die Pflasterung sieht aus wie eine zu kurze Hose auf dem Körper eines jungen Riesen. Doch verleiht die Nacktheit der Hauptstadt wenigstens einen gewissen Hauch von Gemeinsamkeit mit den übrigen ungarischen Städten. Wer hätte nicht vom berüchtigten ungarischen Schlamm gehört, gegen den sich der Kutscher mit einem breiten Holzschwert wappnet – alle paar hundert Schritte steigt er ab und kratzt mit dem Schwert die Speichen des Rades ab, das verklebt wie ein Mühlstein aussieht. Der Boden ist weich, schwarz, der Regen sickert tief ein, und Landstraßen werden auf die simpelste Art geschaffen: Ein Wagen fährt über ein Feld, ihm nach fährt, wenn er will, ein zweiter, in den gleichen Gleisen dann immer die übrigen – wie sie diesen Weg ausfahren, so ist er, die Achse reißt den Schlamm mit, kleine Pferdchen versinken bis zur Brust, dann spannt man vier Ochsen vor und zieht zuerst die Pferde und nach ihnen den Wagen heraus. Auf einem Stadtplatz ist es aber nicht besser als auf diesem Feldweg; wenn die Kinder in die Schule gehen sollen, setzt sie der Vater in einen Trog, spannt eine Stute vor, schwingt sich auf sie und schleppt die Kinder durch den Schlamm. Ein schönes Schauspiel, wie aus allen Richtungen Tröge zur Schule geschleppt werden! Kaum aber verjagen lebhafte Winde den Regen, trocknen sie den Boden, und überall liegt zum Ersticken schöner Staub in der Luft.

Pest macht Eindruck bald im Schlamm, bald in erstickendem Staub, doch macht es stets einen ungarischen Eindruck. Wenn jedoch nichts Unvorhergesehenes passiert, wird Pest ins Unendliche wachsen. Es hat alles, was es dazu braucht. Die Regierung des gesegneten reichen Landes tut für die Hauptstadt alles, die Autonomie wird ihre Früchte tragen. Die

Eisenbahnen laufen bei Pest zusammen, die mächtige majestätische Donau kann als Stütze des Handels gar nicht genug geschätzt werden. Außerdem ist Pest phantastisch gelegen, eine einzige Ebene am linken Ufer der Donau. Rundherum fruchtbarer Boden, am rechten Ufer reiche und zugleich malerische Weingärten, fast in der Stadt selbst Thermalquellen, Mineralquellen usw. usw. – ein bißchen davon könnten wir auch gebrauchen!

III

Pest ist nach Triest in Österreich die bedeutendste Handelsstadt. Seine Spezialmärkte für Wolle, Flachs usw. füllen die zahlreichen Gaststätten bis über den Rand mit fremden Kaufleuten. Ja, man kann getrost sagen, Pest ist die zweite österreichische Hafenstadt, der das verlassene Rijeka, obwohl es das Meer und einen wunderschönen – leeren – Hafen hat, und sogar Venedig, die einstige, nunmehr im Ruhestand befindliche Königin am Meer, vieles zu neiden haben. Pest hat kein Meer, nur einen Fluß, die Donau, die noch dazu bei etwas strengerer Kälte bis zur linken Hälfte zufriert.

Ein Spaziergang auf dem linken, dem Pester Kai, dem eigentlichen Hafenplatz, ist fast so interessant wie auf den Triestiner Molen, schade, daß es hier die salzige Luft nicht gibt, das Wasser nicht zu schäumender Höhe emporwogt! Der Kai ist sehr hübsch, stellenweise sogar elegant gestaltet, voll von provisorischen Zwischenlagern für Eisenbahngleise, von Anmeldekanzleien, Kontrolleurshäuschen usw. Mindestens hundert große Schiffe, Dampfer und auch Segelschiffe, liegen hier immer. Einige den weiten Dienst zwischen Wien und Galatz[10] versehende Dampfschiffe sind so groß, daß sie ohne weiteres auf den Ozean hinausfahren könnten; obwohl sich die Budapester Kettenbrücke hoch über den Strom spannt, muß der Schornstein der Dampfer bei der Durchfahrt umgeklappt werden. Zwischen Schiffen und Kais herrscht ständiges Treiben, ein wahres Gewimmel halbnackter Schauerleute beim Be- oder Entladen – Slawen genauso wie in Triest.

Am interessantesten sind die Segelschiffe, es sind meist auf eine bestimmte Ware spezialisierte Handelsschiffe. Dort drüben steht ein gewaltiges Schiff, dessen Deck man komplett entfernt hat – nun glänzt auf ihm, so lang und breit, so tief und hoch das Schiff ist, ein Berg gelber und roter Äpfel im vollen Sonnenschein. Würde man die danebenliegenden Schiffe abdecken, bekäme man Berge goldenen Weizens zu sehen; er wird im Inneren in Säcke gefüllt, und aus den Luken der Schiffe wälzen sich unablässig Wolken von Weizenstaub. Es folgen mehrere Schiffe, die mit lauter Fässern eingemachten Sauerkrauts beladen sind, so daß einem bei ihrem Anblick die Spucke im Mund zusammenläuft. Dann wieder einige ganz platte Schiffe; an manchen Stellen haben sie eine Öffnung, die von Fischern umringt wird, unter großer Anstrengung ziehen sie ein Netz heraus, das mit Zentnern der schönsten Fische gefüllt ist; ein einziges Schiff transportiert Tausende von diesen Gefangenen. Und dann wieder etliche Fischkutter, die das, was sie nicht verkauft haben, trocknen; Strick an Strick ist über das

Deck gespannt und auf ihnen ein Fisch neben dem anderen aufgehängt, so daß das Schiff wie mit lauter Indianerskalps behängt aussieht. Dann wieder ein Schiff, auf dem Essen jeder Art zu finden ist; ein ganzes Dorf auf dem Land hat es gemeinsam für den Pester Markt ausgerüstet.

Von der Kettenbrücke, also der Mitte der Stadt, bis ans äußerste Ende der Franzensvorstadt, immer am Wasser entlang, befindet sich der ständige, den ganzen Tag, das ganze Jahr währende Pester Markt. Wenn Jahrmärkte, besonders jene berühmten Vierteljahresmärkte, stattfinden, ergießen sich Läden und Krambuden und Haufen einfach auf dem Boden liegender Ware über ein Viertel der ganzen Stadt. Aber auch jeden Freitag und Dienstag, an jenen Tagen, an denen die größeren und kleineren Pester Hausfrauen vorwiegend einkaufen, quillt der Markt über und stößt von der Donau bis in die innere Stadt vor, durch alle dazwischenliegenden Straßen und Plätze bis auf den Platz vor dem berühmten Magistrat. Hier lassen sich in der vordersten Reihe die Blumenhändlerinnen nieder, hinter ihnen die Verkäuferinnen von Butter, die zu flachen Ziegeln gepreßt ist, dann die Milchweiber, eigentlich Milchrahmhändlerinnen, deren Ware so dickflüssig ist, daß man sie schneiden kann und mit kleinen Holzschaufeln weiterreichen muß, dann folgen die Verkäuferinnen von delikatem Brimsen, dann, um die Ecke, ein mit lauter duftendem Brot, mit Laiben so groß wie Mühlsteine bedeckter Platz, anschließend Gassen voller Schuster mit Stiefeln, Stiefeletten und Schuhen aller Formen, dann ein Markt voller Fischstände, auf denen sogar der gewaltige Hausen, groß wie der Thunfisch des Kvarner Meeres, vertreten ist. Daraufhin wieder eine Metzger-, hauptsächlich Selchergasse, erfüllt vom Duft einer Unmenge von Selchfleisch, Schinken, riesigen, schon paprizierten Speckstücken, gefüllten Schweinsmägen – Preßwurst –, schmackhaften Debreziner Würstchen usw. Einmal pro Woche bringen die Landfrauen selber Geselchtes in die Stadt, viele, viele Fuhren, mit denen sie draußen in der Josephstadt lagern. Der Bedarf an geräuchertem Schweinefleisch ist in Ungarn riesig – die vortrefflichen »drei liegenden Schweine« des Engländers Morland[II] sollten aus der Esterházyschen Gemäldegalerie hinausgelassen und als Vignetten verbreitet werden.

Erst wenn wir uns durch diese Gassen bis an den Donaukai hinauswinden, erblicken wir das allerbunteste Bild. Haufen von Waren liegen da auf dem Erdboden, um sie herum ein lebhaftes Getümmel. Ein Kanevashaufen neben Haufen von Zierbändern, ein Haufen Eisen- oder Holzgeschirr neben Portemonnaiehaufen, dann wieder ein Haufen Galanteriewaren und ein Haufen von Spielzeug gegenüber einem Berg von Schubkarren, einem Berg von kleinen Zwiebeln und einem anderen Berg von so großem Zwiebel, daß eine einzige Knolle für ein ganzes jüdisches Abendessen reichen würde. Dann wieder eine Reihe offener Säcke mit gemahlenem roten Paprika – erhöbe sich das leichteste Lüftchen, würden die Hühner daneben schon bei lebendigem Leib papriziert sein! Geflügel gibt es hier tausend und abertausend Stück, doch verbreiten sie keinen Lärm, sie sind schon zu Tode erschöpft. Sie werden auf dem Land im Mist ausgebrütet und entweder mit Schiffen oder Fuhrwerken zum Verkauf in die Stadt gebracht. Ein solcher, unbeschreiblich klappriger kleiner Wagen sieht wie ein großer Hühnerkäfig aus und hat ungefähr acht Etagen, aber so flache, daß sogar ein Huhn ständig auf dem Bauch liegen muß. Dann werden sie entweder direkt aus dem Wagen verkauft oder herausgeholt und zu Stößen geschichtet, wobei immer ungefähr zehn an den Beinchen zu einem »Strauß« zusammengebunden werden. Die Hökerinnen kommen, kaufen diese »Sträuße« und befestigen sie wie irgendeinen Aufputz außen am Rand ihres Tragkorbs; die armen Tiere hängen tot mit dem Kopf nach unten, schlenkern und schlagen bei jedem Schritt ihre neue Peinigerin, nur manchmal flattert eines machtlos oder wimmert ganz leise. Auch Eier werden zu Tausenden auf solch klapprigen Wägelchen herangekarrt; wenig Stroh, viele Eier, ein schadhafter Wagen und immer die schnelle Fahrt des ungarischen Fuhrmanns – es tropft nicht, nein, es fließt aus den Wagen!

Am frühen Sonntagmorgen bedeckt sich das ganze Areal an der Donau aber nur mit einer einzigen Ware, den riesigen Brotlaiben. Der slowakische Arbeiter aus Pest und Umgebung kommt, um auf seinem Rücken für sich und die Familie die kümmerliche Nahrung für eine ganze Woche von hier wegzuschleppen. Bis neun Uhr ist alles vorüber, die ärmliche weiße Jacke verschwindet, und das Seidengewand promenierender Damen fängt zu rauschen an.

IV

»Magyar!«, sprich dieses Wort weich aus, auf daß die Rose, der Nachtigallengesang und die sehnsuchtsvolle Liebe eines Petöfi[12] in ihm erschauern – sprich es gleichzeitig kräftig aus, auf daß die Kraft eines siegreichen Helden donnernd aus ihm erschalle und die tödliche Entschlossenheit des »Szózat«[13] erdröhne – sprich es vor allem so aus, daß es eine Viertelstunde Anstandszeit dauert, während deren du dich in Gedanken blitzartig all dessen entsinnen kannst, was in der Welt der Rede wert ist, und dann hast du »Magyar« fast so stolz wie der Ungar selbst artikuliert, aber noch nicht ganz so. Der Ungar spürt zwar, daß er noch nicht Herr der Welt ist, bezweifelt aber nicht im geringsten, es bald zu sein. Er rechnet nicht nach, »wie viele sind wir?«, er müßte erstarren; vielmehr schaut er sich um und sagt: »Sie alle werden unser sein!« So wie er sich auch aus dem poetischen slowakischen »Tátošík«[14], diesem lebendigen Pegasus der slowakischen Volkslieder, ein magyarisches Zauberpferd, den »Táltos«, gemacht hat, der ihn auf seinem Rücken und mit seinen Fittichen durch das Reich der kühnsten Hoffnungen trägt, so glaubt er auch schon, den Slowaken selber zum Ungarn »umgesattelt« zu haben und dies nach ihm auch mit anderen Völkern zu tun. Würde der Herrgott uns doch ähnlichen Stolz und Zuversicht schenken!

Damit es diesen menschlichen Würmchen nicht gar so weh täte, hat der Ungar mit der Magyarisierung beim Herrgott selbst begonnen. »Isten«[15] ist bekanntlich ein rein magyarischer Gott, der sich um niemand anderen zu sorgen hat als um die Ungarn. Gottvater wird zwar wie bei uns mit Vollbart gemalt, doch ist dieser Vollbart – ein ungarischer Bart, so wie die mit Schnüren versehene slawische Volkstracht die ungarische Nationaltracht ist. Gottes Sohn hingegen muß sich von Holzschnitzern schon gefallen lassen, daß man ihm auf den Kruzifixen aus religiöser Inbrunst einen schönen Schnurrbart verpaßt. An einem Haus sah ich ein Steinrelief und war im ersten Moment überzeugt, es stelle drei zu einer Exekution reitende Husaren dar; dabei waren es die biblischen Drei Könige, und sie ritten nach Bethlehem. Möchte der heilige Martin in Ungarn Wohltaten verrichten, muß er statt eines Mantels einen Dolman[16] zerteilen – siehe Donners[17] reich geschnürten hl. Martin in Preßburg. Möchte Gambrinus[18] von einer Wirtshauswand auf ein Bierglas herablächeln, muß er dies in einer Tschamara und in enganliegenden Hosen tun – doch ist Gambrinus kein Heiliger, und ihr übrigen seid nicht einmal Gambrinuskönige – seid still, rein mit euch in den Schnurrock! – Einem Fremden mag daran einiges komisch vorkommen – aber gäbe Gott uns Tschechen doch etwas mehr solcher Komik!

Der Ungar ist in all diesen Dingen konsequent. Ein Bauernhäuschen in einem Dorf ist ganz von Arabesken eingeschnürt und sieht aus, als wäre es gerade vom Pferd gestiegen. Kutscher und Lakaien in der Stadt tragen die Nationaltracht, ein vor einem Palast stehender Portier hat einen Kalpak[19] auf dem Kopf, der Eisenbahnschaffner eine Schnur am Rock und Ungarisch im Mund. Wohin man auch blickt in Pest, überall prunkt das Landeswappen und wehen die

Landesfarben. Die schwarz-gelbe Fahne flattert bekanntlich nur in Buda, und dies einzig, wenn der König in der Burg weilt. Die Aufschrift »k.k.« findet sich außer auf Tabakläden bereits nirgends mehr. Ihre Geschichte und die Hochachtung vor ihren großen Männern bringen sie einem auf sämtlichen Plätzen und in allen Straßen bei. Schlendere kurz die Donau entlang und lies die Namen der hier einmündenden Straßen, du liest: Báthory, Gejza, Attila, Árpád, Széchényi, Béla, Zrinyi usw. Überquere die Kettenbrükke, und gleich nach ihr siehst du ein »Volkstheater«, in dem man für die dortige schwäbische Bevölkerung spielt – auf ungarisch, in einer Sprache, in welcher der Ungar sehr höflich sein kann, »nur daß er es nicht weiß«, wie mir ein Ungar die seiner Sprache eigentümliche nationale Ausdrucksweise erklärte. Zwar steht in Pest bis heute ein deutsches Theater, doch soll es, »zum Vorteil des Platzes«, so bald wie möglich abgerissen werden – sucht dann anderen Baugrund! Es wird dann nur mehr das ungarische Theater geben, dessen Oper zwar nicht so gut wie die tschechische ist, die aber jedem die Klangfülle der ungarischen Sprache demonstrieren kann, die nicht so viele hervorgehobene »e« und »i« wie andere europäische Sprachen besitzt und sich durch die zahlreichen breiten Laute gut zum Gesang eignet. – Such die ungarische Abteilung einer Gemäldegalerie auf, du wirst die slowakischen Namen »brevi manu« unter die ungarischen eingereiht finden. Aber auch hier staunst du wie überall, wie rasch sich die Ungarn zu einem Kulturvolk zu veredeln, wie rasch, mit welch schier beispielloser Opferbereitschaft sie sich ihre »Neuzeit«

herzustellen wußten! Graf Franz Széchényi, der Vater des großen Stephan Széchényi[20], gedenkt eine prächtige Bibliothek zu sammeln und sie dem Volk zu schenken. Die Fürsten Grassalkovič, Graf Szapáry steuern dazu bei, der Erzbischof von Eger, der Dichter Pyrker, spendet eine reiche Bildersammlung, der Adel gibt Geld, Graf Anton Batthyány den Baugrund – und das Volk hat ein prachtvolles Nationalmuseum. Der große Stephan Széchényi widmet seine jährliche Pension von 60.000 Gulden für eine Akademie, Graf József Teleki seine prächtige Bibliothek, Fürst Eszterházy tritt seine schönen Bildersammlungen ab, reiche und arme Leute spenden Geld für das Gebäude – und das Volk hat eine schöne Nationalakademie. Der Adel gibt Geld – und das Volk hat ein großes Nationaltheater. Ganz wie bei uns!

Die übrigen Völker hier … Auf der Kettenbrücke sind vier riesige steinerne Löwen, der Bildhauer Maršalkó[21] hat sie dort errichtet. Die Löwen haben ein großmächtig aufgerissenes Maul, aber die Mäuler sind leer, der Bildhauer hat vergessen, ihnen eine Zunge zu geben. Verstehen wir? Das slowakische Volk geht zugrunde in Pest, sucht man nach Lebensspuren, sieht man, wie eine Unmenge hier noch die Augen senkt, man hört fast nur den Arbeiter in den Straßen in seiner Sprache reden, elegantere Personen ganz selten. Angeblich magyarisieren die Slowakinnen hier ihre Familien nicht, sie germanisieren jedoch – draußen, auf dem slowakischen Land, ist es angeblich »besser«, und »unter der slowakischen Fahne werden sie hübsch mehr«. Vor dem Serben haben die Ungarn schon größeren Respekt, er ist ein guter

Kaufmann, hat viel Geld, seine Handelsfirma konkurriert auch sprachlich mit einer ungarischen Firma. Der Rumäne ist ein eingefleischter Gegner des Ungarn, immer und überall betont er stolz seine Nationalität – ergo genießt er auch Respekt. Und der Deutsche? Sogar der freche Wiener wird hier zahm, und singt eine Wiener Coupletgesellschaft vom »Schneidergesellen und dem ungarischen Räuber Juhász«, ist dieser dümmliche Geselle ein – Deutscher, und der Räuber Juhász verkündet am Schluß selber die Moral, daß der »Ungar, wär' er auch ein Räuber, immer noch ein braverer Mensch sei als sämtliche Nichtungarn zusammen«. Der heimische Deutsche hingegen ist butterweich. Ich nahm in Pest an einer Wählerversammlung teil. Unter den Anwesenden befanden sich rund neunzig Prozent Deutsche aus dem Bezirk. Redner um Redner trat auf, und alle sprachen ungarisch. Schließlich ging's ihnen darum, daß die geduldigen Zuhörer doch auch zur Kenntnis nähmen und verstünden, wohin sie um Instruktionen gehen dürften. Und auch ein letzter Redner trat noch auf und begann sich auf deutsch zu entschuldigen, daß er auch ein paar Worte auf deutsch vorbringen wolle. Die anwesende Handvoll Magyaren – sofern es welche waren – machte ein Heidenspektakel, schließlich schrie einer von ihnen dennoch »Halljuk!«[22], und die Deutschen ließen verlauten: »Jojo! Worum sollt' m'r nicht gerecht sein, m'r erlaub'n's ihm, daß er auch a paar Worte deutsch redt! Sprech'n's nur!«[23] – Die Ungarn bissen sich nicht einmal auf die Lippen.

Die in Pest zahlreich wohnenden Tschechen sind selbstbewußt. Wenn tschechische Musiker an einem öffentlichen Ort unsere Volkslieder spielen, erklingt plötzlich ein »Výborně!«[24] von allen Seiten. Der Fabrikarbeiter singt überall sein »Hej, Slované!«[25], der tschechische Wähler – von dem es hier genug gibt – schmettert stolz sein »Ať žije!«[26] zwischen das tosende »Éljen!«[27], gebildete Tschechen haben in vielen Kaffee- und Gasthäusern ihre heimischen Zeitungen aufliegen und versammeln sich zweimal die Woche zu einer herzlichen Unterhaltung. Das ist unsere neue Generation, die sich nicht mehr verleugnet.

Zu Hause jedoch müssen wir schon für eine noch neuere Generation arbeiten. Es gibt noch genug zu tun, in vielem kommen wir ja doch nur langsam voran. Als ich vor zwanzig Jahren zum ersten Mal in der Eisenbahn fuhr, hörte ich, wie der Schaffner rief: »Bodeprat – ajne Minutn!«[28] und dachte damals, es müsse so sein; jetzt hörte ich abermals : »Bodeprat – ajne minutn!« – und denke mir … Ja, um nicht zu vergessen – wenn wir einmal irgendwo nationale Fresken malen! Im Pester Redoutensaal sah ich ein Freskobild, wie König Matthias bei einem Turnier den tschechischen Ritter Holubár besiegte[29]. Es wird doch nicht an einer gemalten tschechischen Antwort mangeln – wo unsere Vorfahren doch so viele von ihnen durchbleuten!

1873

Im Jahre 1873 im Wurstelprater

Wie stolz die Wiener immer auf ihren Prater[1] waren! Napoleon I. hat gesagt: »Könnte ich meinen Parisern diesen Wald herbeischaffen, ich gäbe die Tuilerien dafür« – und wüßte der Wiener von Geschichte sonst gar nichts, diesen Ausspruch Napoleons kennt er. Aber mit der Herrlichkeit ist es jetzt vorbei. Wo früher jahrhundertealte Eichen rauschten, knirschen Kiesstraßen, wo Hirsch und Reh durchs Dickicht spürten, ragen angekohlte Pfähle auf, wo weite Wiesen strotzten, erstrecken sich wahre Steinwüsten – und eine gepflasterte Wiese sagt nicht einmal dem Wiener zu! Der »Welt« wegen ist das Volk um sein Vergnügen gekommen.

Der »Wurstelprater« jedoch – ein kleiner Teil des großen Praters – erfreut sich an Feiertagen immer noch zahlreicher Besucher. Noch den ganzen Montag stinkt dieses von Buden bedeckte Stück Erde wie ein nicht ausgemisteter Pferdestall. Aber die Besucherzahlen werden von Woche zu Woche empfindlich geringer, der Wiener fühlt sich hier nicht mehr wohl. Er hockt sich zwar allein zu einem Bier und rührt sich nicht, aber seiner Frau behagt es wirklich nicht neben dieser nobel befahrenen Straße, das Fräulein Tochter findet nichts, wo es mit seinem Schatz spazierengehen könnte, und für das Söhnchen ist hier kein einziges Bäumchen zugänglich, von dem es sich den Hals brechen könnte. Ja, sogar der alte Feuerwerker Stuwer darf seine Höllenkunst hier nicht mehr ausüben. Es ist nun genau hundert Jahre her, daß Urvater Stuwer im Prater sein erstes großes Feuerwerk abbrannte, und Urenkel Stuwer[2] hat seine Raketen jetzt schon endgültig einpacken und den Platz der Weltausstellung[3] überlassen müssen. Er tat es mit Anstand. Auch sein historisch gewordenes Malheur, daß es jedesmal regnete, wenn er gerade ein bißchen Geld hätte einnehmen können, hat er der Ausstellung überlassen. »Bravo, Stuwer!«

Für uns Fremde besitzt der »Wurstelprater« dennoch genug Attraktionen. Es ist ein systematisierter Jahrmarkt. Und was eine hölzerne Jahrmarktsbude an Unterhaltung und »seelischem« Genuß bieten kann, wird hier erschöpfend angeboten. Fünfzig Wirtshäuser, neu erbaut, prunken mit alten Namen, »Zum stillen Zecher«, »Zum Jäger«, »Zum goldenen Kegel«, nur daß die heimelig schmutzigen Tische vom ungemütlichen Weiß von Tischtüchern und der Buntheit von Teppichen, auf die man sich nicht einmal die Pfeife auszuklopfen traut, abgelöst wurden. – Der zarten Jugend stehen, sofern es sie z. B. nach einem »Hutschpferd« oder einer Schaukel gelüstet, gleich dreißig »Ringelspiele« zur Auswahl. In dem einen kreisen lauter Schimmelchen, im zweiten kleine Omnibusse, Kutschen und Kaleschen, im dritten Giraffen, Elefanten, Löwen und Tiger, im vierten nur Lokomotivchen, im fünften Rößlein, die sich wie bei einem Turnier wider einander aufbäumen, usw. Die Schaukeln haben die Form venezianischer Gondeln, angeschirrter Pegasusse, von Engeln mit Rückenkörben, Wiegen, Ballons und noch anderen Wesen. Die mündige Jugend hingegen amüsiert sich in Schießbuden. In manchen gibt es über hundert Zielscheiben, der mannigfaltigsten Art, wie sich versteht. Steckt man dem Lauser, der hinter der Bühne amtiert, drei Sechser zu, hat man bei zwanzig Schüssen zwanzig Treffer und unterhält sich unschuldig wie ein Kind. Man zielt auf einen Hasen, und der Hase macht einen Purzelbaum und bleibt liegen, auf einen Trommler, und die Trommel schlägt einen Wirbel, auf eine Scheibe mit Vorhang – der Vorhang fliegt hoch, und sechs mechanische Pärchen tanzen zu den Tönen einer Drehorgel mit Flötenwerk, auf einen Barbier, und sein Kopf fliegt davon, auf einen Drahtbinder und – dem danebenstehenden Jesuiten fährt ein ganzer Schwarm von Teufeln aus dem Hut – der Herr Lausbub hinten hat sich geirrt! Tölpel! – man macht sich lustig über uns, gehen wir weiter!

Für Kratky-Baschik[4], den böhmischen Zauberkünstler, wäre jetzt gerade die richtige Zeit für uns, »die Geister sind heute um fünf«, steht nämlich auf dem Plakat. Aber bilden wir uns lieber! Wollen Sie ins »Museum der Mißgeburten« oder ins »Zoologische Institut Karwowski & Ceranke«? Sie würden das sechsköpfige Kind in dem Museum ohnehin nicht für echt halten, ja vielleicht nicht einmal das Mädchen »mit Engelsflügeln«, suchen wir also lieber das Institut auf, wo wir uns wenigstens unter freiem Himmel bewegen.

Ein schönes, ein reiches Institut, ich lüge wirklich nicht, wenn ich behaupte, daß sie hier vermutlich mehr als fünfzig Hühner und sicher fast dreißig Kaninchen, heimischer Sorte natürlich, haben! Auch zwei Wölfe haben sie – man würde jedem von ihnen am liebsten einen Kreuzer schenken – und drei Füchse, klein, schleißig, schäbig – gerührt mustern wir in Gedanken unsere Garderobe, ob wir nichts Altes daheim haben.

Weiter! – »*Das Leben und Treiben der Lappländer-Polarmenschen im k. k. Prater*«.[5] Zahlen wir den mörderischen Preis, und treten wir ein! Ein paar Buben bekommen eine Ohrfeige, müssen aufstehen, und wir dürfen uns setzen.

Ein senkrechtes Auditorium gegenüber einer kleinen Bühne; im ganzen Raum delikater Gestank ungegerbter Pelze. Auf der Bühne produzieren sich soeben zwei in Fellen steckende Rangen; sie haben lange, schmale Kufen an den Füßen und trommeln damit auf den Brettern herum, daß einem fast die Ohren weh tun. Angeblich kurven sie so daheim durch den Schnee. Angeblich sind es auch keine Rangen, sondern Herr Klemme und Herr Dowet, beide »bekannte Rentierjäger in ihrer Heimat«. Um uns davon zu überzeugen, nimmt der Conférencier, ein eleganter schwarzbefrackter Herr, ein Rentiergeweih in die Hand, geht bis in den Hintergrund des Auditoriums, Herr Dowet wirft einen Strick nach ihm, den der Conférencier auffängt – Herr Dowet zieht daran, und der Conférencier läuft mit dem Geweih an der Stirn bis auf die Bühne und röhrt dabei – aber genau wie ein Rentier. Es folgt Frau Karim mit fertigen Fäden aus Rentiersehnen in der Hand, die sie »gerade jetzt vor uns spinnt«, und der Conférencier nimmt einen bunten Gürtel von der Wand, den Frau Karim »gerade jetzt vor uns angefertigt hat«. Anschließend kommen Kaisa und Stinna – möglicherweise weiblichen Geschlechts, wer weiß das schon, – und »demonstrieren« Volkslieder und -tänze. »Sollte von den werten Herrschaften«, fängt wieder der Conférencier an, »jemand Lappländisch können, habe er die Gnade, sie anzusprechen, sie werden außer sich vor Freude Purzelbäume schlagen.« Wir fangen vor Scham über unsere Unwissenheit gerade an rot zu werden, als hinten jemand »njau-njau-rau-lau« zu sagen beginnt, was angeblich Lappländisch ist, und tatsächlich purzeln die erfreuten Polarpatrioten auf schon vorbereiteten Teppichen herum. Und nun trat die anmutige, »in ihrer Heimat ›unsere Venus‹ genannte« Johna auf, hob die Hände über den Kopf und sagte ein an den Lappländerherrgott gerichtetes lappländisches Gebet auf, der »so gütig war und uns alle nach Wien kommen ließ, wo es so viele brave Menschen gibt«. Weil der Conférencier jedoch den diskretionären Teller[6] in die Hand nimmt, nützen wir den weihevollen Moment und gehen.

»Hierher, meine Herrschaften, hierher! Seitdem die Welt steht, gab es dergleichen nicht unter der Sonne – unter der Sonne, sage ich! Jesus mit den Aposteln, Kaiser Maximilian, Königin Isabella beim Papst – das hat die Welt noch nicht geseh'n! Napoleon I., Garibaldi, zur Zeit in ärztlicher Behandlung – und das Seltsamste daran, diese Federn, diese Rädchen, jeder staunt und kommt aus dem Staunen nicht heraus! Und dann – Sedan, diese Stätte des Unglücks, diese Stätte des Ruhms! Napoleon der Dritte, Kaiser

Wilhelm, Fürst Bismarck, das Schlachtfeld bedeckt mit Verwundeten, Toten, mir kommen bei diesem Anblick immer die Tränen! Geschätztes Publikum, zwei Sechser für den ersten Platz, wer nicht soviel hat, gibt nur einen für den zweiten Platz – ich werde auch mit ihm – ja auch mit ihm weinen!« – Ein edler Mensch – und nachher – drei Haare von Bismarck[7] auf Rädchen zu sehen! – Verlogener Kerl! In der ganzen Bude kein einziges Rädchen oder Federchen, nur lauter tote Wachsfiguren! –

»Seitdem die Welt steht, sein Lebtag lang hat niemand so eine Schönheit gesehen!«, tönt es plötzlich von vier Seiten. Wir haben die Wahl: vier Buden, und in jeder von ihnen »das schönste Frauenzimmer auf der Welt« – wir gehen zu allen, nicht wahr? Zu Emilie, *»der schönen Sächsin«*, zu Katinka, *»der schönen Polin«*, zu »la belle Lyonnaise« und auch zur drei Zentner schweren Berlinerin Margarethe, die hier »eine schöne Tscherkessin *vom Kaukasus bei Rußland*« ist. Jede der Damen ist schrecklich dick. Wir nennen Damen zwar das »schwächere Geschlecht« –

(doch) ist der Ausdruck allemal
wohl doch nicht ganz so recht –

singt die schöne Emilie und fügt hinzu:

daß Gott in seiner Allmacht Kraft
zuweilen starke Damen schafft –

und sie muß es wissen, denn Gottes Allmacht hat sie viereinhalb Zentner schwer geschaffen. – Emilie, »la belle Lyonnaise« und Margarethe können sich, allerdings mühsam, aus dem Sessel erheben und eine Wade zeigen, Katinka wiederum läßt auf ihrem Busen auch einen halben Zentner Eisen tanzen. Aber nur kurz – »abends bin ich schon müde, zur Frühstückszeit bin ich besser«. –

Jetzt gehen wir auf alle Fälle ins Fürst-Theater[8], denn wir sind in Wien, wir wollen hören, wie die Tschechen verhöhnt werden, und da müssen wir vor allem die »Schule des Volks«, irgendein Theater, besuchen. Unterwegs bleiben wir aber bei den Velozipeden stehen – oder »Velotschipeden«, wie man hier sagt.

Eine stattliche Bude in Kreisform. Eben verklingt fröhliche Musik, es ist Pause. Unterschiedlichste Personen steigen von den Velozipeden ab und wieder auf. Die Fahrzeuge sind so fixiert, daß ihr Rad in einem vertieften Geleise läuft. Den auf ihnen Sitzenden werden von Lenkern und Pedalen unwillkürlich Hände und Füße hinauf und hinunter bewegt, und es scheint, die Maschine würde selber lenken.

Jetzt sind die Velozipede besetzt. Auf vielen sitzen Damen, alle hochrot vor Hitze, einige in eleganter Aufmachung, einige in weißen Kleidern und auch mit weißen Uniformkäppchen. Bei letzteren handelt es sich um Mietvelozipedistinnen, und sie sind ausnahmslos mollig. Bei sämtlichen Damen allerdings kann man, wie sie so auf Männerart im Sattel sitzen, den schneeweißen Strumpf bis unter das wie eine Damaszenerrose rote Strumpfband sehen.

Die Musik erklingt, der Kreis beginnt sich langsam zu drehen. Lenker und Pedale heben sich, Arme,

Beine mit ihnen. Aber noch bleibt alles im Rahmen – eine elegante Bewegung, und die Damenkleider sind gleich wieder in der früheren Ordnung.

Doch jetzt beginnt die Musik heftiger zu wirbeln, die Trommeln klingen fröhlicher – der Kreis dreht sich schneller und schneller – Arme, Beine fliegen – immer wilder, immer wilder …

Wer die Augen schließen möchte, kann es tun, es ist nicht verboten.

1875

Hamburg

Über zwei Städte führt der Strom tschechischer Emigranten nach Amerika: Bremen und Hamburg. Da wie dort ruht der Fuß des Auswanderers zum letzten Mal auf europäischem Boden, ein Schritt auf die Brücke, zehn Schritte über die Brücke zum Schiff, die Anker rasseln – adieu! Ob sich der Scheidende noch einmal umsieht? Sich den für ihn letzten europäischen Ort etwas genauer angesehen hat? Meist fehlte ihm dazu wohl die Zeit, weil er aus gebotener Sparsamkeit vermutlich erst gestern, einen Tag vor der Abfahrt, hier eingetroffen ist. Auch hat er weder Lust noch Sinn dafür. Seine Gedanken weilen schon jenseits des Ozeans, verliert er ein Wort, spricht er nur von Amerika, von Europa hat er sich bereits an der böhmischen Grenze verabschiedet, nachher war er nur mehr durch Ausland gefahren, was geht's ihn an!

Und dabei sind sowohl Bremen als auch Hamburg sehenswert! Stolze, reiche Städte, selbstbewußte, alte Republiken. Reste der einst mächtigen über ganz Nordeuropa herrschenden Hanse, aber welch herrliche Reste! [...]

Zwei Hansestädte (1875)

Hamburg

Wir fahren vom Bahnhof in die Stadt und werfen durchs Fenster einen Blick in die vorbeihuschenden Straßen. Was ist das? Links zwar Straße an Straße, alle in Richtung Südwesten führend, aber fast alle ohne Pflaster, nur Schluchten, in die plötzlich dreistöckige Häuser als gleichsam fünfstöckige eintauchen, mit Wasser gefüllte Schluchten, und auf dem Wasser überall flache Lastkähne, und aus den Lastkähnen schaukeln schwere Ballen zu Löchern in einer grauen Mauer, ja bis zum Dach empor – und dann wieder eine Brücke, neuerlich Wasser, Häuser, Wasser – unwillkürlich flüstert man: Venedig des Nordens! Zwar wird diese Bezeichnung immer Stockholm beigemessen, aber auch Hamburg hat Anrecht auf sie. Seine zahlreichen Kanäle beziehungsweise Fleete durchschneiden den alten Teil der Stadt genauso wie die Lagune in Venedig, dort wie hier ist jeder Ort sowohl zu Land als auch zu Wasser erreichbar, aber welcher Unterschied dort und hier! An der Adria die Lagune mit Salzwasser, hier das Fleet mit Süßwasser, dort lauter Paläste aus teurem Marmor, hier lauter Handelshäuser aus dem Marmor des Nordens, aus Backsteinen, dort das tote, hier ein lebendiges Venedig!

Und auch Hamburg ist auf seine Art schön. Laufen wir auf den Stintfang, einen Hügel nahe der Elbe. Welch prachtvolles, riesiges Panorama! Die Elbe ist hier eine Meile breit und bildet einen Archipel zahlloser Inseln. Dahinter in der Ferne das bläuliche Band niedriger Hügel, vor ihnen grüne Fluren, rötliche

Städte, Fabriken, schwankende Windmühlen. Direkt unter uns mehrere tausend Schiffe und Schiffchen, von mächtigsten Meeresriesen bis zu bloß wie ein flirrender Punkt großen Nußschalen, ein dem Auge undurchdringlicher Wald von Schornsteinen und Masten, ein Netz von Takelwerk und Flaggen, durch das der Himmel nur wie hauchfeines blaues Gewebe schimmert. Vor uns die roten und grauen Dächer der großen Stadt, die in seltsamen Wellen brandet; manchmal erblicken wir, als befänden wir uns im tiefsten Süden, nur ein ganz flaches Dach, manchmal, aber nur selten, streift der Blick einen hohen Kirchturm. Hinter uns die quirlige Vorstadt Sankt Pauli, dann gleich eine andere große Stadt, das stille Altona, und Ottensen, wo Klopstock begraben liegt, und weiter weg, immer noch auf holsteinschem Boden, ein Park und eine Villa, eine Villa und ein Park, bis in unabsehbare Ferne. Wir sehen einen durchs grüne Land vorstoßenden rauchenden Zug, der Blick springt weiter, und abermals läuft da ein langer Zug auf eine Stadt zu, das Auge kehrt zurück zu den Häfen und zu den Tausenden von Schiffen, Glöckchen erklingen, Dampfer kreuzen sich, man meint, Wolken von Lärm schwebten empor – ja, man spürt, daß hier alle Regionen der Welt einander die Hände reichen! Wir vertiefen uns in den grandiosen Eindruck von Leben, über uns kreist eine Windmühle, und ihre riesigen Schaufeln bewegen sich, gespenstisch stumm und still, als wäre es die über dem Leben stehende, ruhig kreisende Zeit selbst.

Hamburg wird von zwei Flüssen beherrscht. Vor allem von der Elbe, die hier so mächtig ist, daß sie auch Schiffe mit größtem Tiefgang trägt – das gibt Hamburg seine Größe; außerdem von der aus dem Norden, von Holstein, kommenden Alster – sie verleiht der Stadt die Schönheit. Die Alster ist ein frischer, sauberer Fluß und bildet hier zwei Seen, die größere Außenalster und die kleinere Binnenalster beziehungsweise das Alsterbecken. Der von Gärten und reichen Villen schön gerahmte größere See liegt außerhalb der Stadt, der nur durch einen Wall und eine Brücke von ihm abgetrennte kleinere schon in der Stadt. Bedeutet die Elbe mit ihren Häfen das starke Herz der Stadt, ist der kleinere See ihr Diadem. Selten besitzt eine Stadt etwas ähnlich Schönes, wie es dieser frische Wasserspiegel hier ist. Auf einer Seite wird er von einem grünen Streifen begrenzt, kleine Salondampfer schaukeln auf ihm, zahlreiche Jollen amüsieren sich, Rudel weißer Schwäne schwimmen herum, und über das aufgewühlte Wasser kriechen die Bilder schöner Gebäude. An den anderen drei Seiten ist das Becken von einem im Osten Alsterdamm, im Süden Jungfernstieg, im Westen Neuer Jungfernstieg genannten Kai eingefaßt. Hier gibt es überall schöne Alleen, hinter denen sich hohe, sehr elegante Hotels und eine Menge schöner Paläste erheben. Die Pracht und der Reichtum dieser Paläste tut nicht weh, es sind nicht faul ererbte, aus der Fron des mit Füßen getretenen Volkes errichtete Paläste, Denkmäler widerwärtiger Zeiten, es sind Wohnungen des fleißigen Bürgers einer Republik, der es aus eigener Kraft zu etwas gebracht hat.

Die Umgebung des Alsterbeckens ist Sitz und Promenade der eleganten Welt, die Altstadt Sitz von

Comptoirs und geistiger Arbeit, das Gebiet am Hafen der Sitz der materiellen Arbeit. Auf auserlesenere Architektur wird jedoch nur am Alsterbecken geachtet, weiter Richtung Innenstadt fielen mir kaum drei Privathäuser auf, die den Stempel der Kunst trugen. In Hamburg wird viel und ständig, aber ständig nicht schön gebaut. Der ureigenste und älteste Hamburger Stil ist das Fachwerk, der Riegelbau. Vor allem am Hafen und am Sandtorkai findet man ihn noch, anderswo ist er nach dem großen Brand von 1842 Mauerbauweisen gewichen. Im Fachwerkstil ist ein Haus sehr rasch aufzuführen. Man errichtet ein mehrere Stock hohes Gerippe aus Pfosten und Riegeln, wobei immer der obere Stock über den unteren vorkragt, und füllt die Zwischenräume mit Ziegeln, aber nur keine Verschwendung, hübsch viele Löcher für die Fenster lassen, lieber mehr Fenster als Ziegel! Und dann bittet der Baumeister vermutlich das neue Haus, so nett zu sein und stehenzubleiben. Der Neuling ist froh, auf die Welt gekommen zu sein, und läßt mit sich reden. Ein wenig verbiegt und verwirft er sich aber schon, ein Krüppel ist jeder, aber der Nachbar auch, und alle stützen sich gegenseitig. Lustig wohnt es sich in dem windschiefen Haus, je weiter oben, um so lustiger, am lustigsten ganz oben, von wo, nur eine Elle breit, ein Streifen blauen Himmels in die Gasse hinunterlugt und einander gegenüber wohnende Nachbarn sich ganz bequem durchs Fenster die Hand reichen können. Man könnte auf den Gedanken kommen, die Straßen wären deswegen so eng, damit, gesetzt den Fall, die eine Straßenseite fiele um, die andere sie auffinge, doch es hat einen anderen

Grund; im Stadtzentrum wird schrecklich mit Platz gespart. Überall befindet sich unter dem Erdgeschoß noch eine Kellerwohnung, begehbar meist über eine direkt von der Straße hinabführende kleine Stiege, und sehr oft ist darin ein Restaurant. Schlimm ist es, wenn sich die während der Ebbe statt von Wasser nur von Schlamm glänzenden Fleete (die Gezeiten sind hier, zwanzig Meilen vom Meer entfernt, noch ganz regelmäßig) bei einer Sturmflut füllen. Sechs Stunden vor den tosenden Wellen trifft aus Cuxhaven Nachricht ein, und die Bewohner müssen schleunigst ihre Kellerwohnungen räumen. Die Wohnungen füllen sich mit Schlamm und Wasser, anschließend säubert man sie und wohnt wieder dort.

Hamburg ist voller Vitalität, deswegen ändert es sich auch unentwegt. Alte, historische Sehenswürdigkeiten, denkwürdige Holzbauten würde man hier vergeblich suchen. Öffentliche Monumente sind überhaupt so rar, daß man beinahe behaupten kann, es gäbe keine. Gerade noch, daß sie mit einem armseligen Gußeisendenkmal des holsteinischen Grafen Adolfs IV., des Begründers ihrer Republik, gedachten und, als ganz Deutschland im Rausch der Schillerfeier war, in einer Art unerklärlichen Aufwallung seine Büste aus Bronze gießen und aufstellen ließen. Auch eine städtische Kunsthalle haben sie, doch enthält die ganze Kunsthalle, ausgerechnet hier, wo es Millionen von den Dächern regnet, Objekte im Wert von, sagen wir, höchstens 50.000 Gulden. Was sich nicht zählen und verkaufen, essen und trinken läßt, dafür haben die Hamburger wenig Sinn. Auch fürs Schulwesen opfern sie furchtbar wenig, wodurch das Schulgeld so hoch ist, daß nur wohlhabende Familien daran denken dürfen, ihre Kinder in ihrem Geburtsort heranbilden zu lassen. Um so weniger hält man von Kunst aller Art. Daß Klopstock hier lebte, Lessing hier seine Dramen schrieb, hat Hamburg wenig erschüttert. Klassiker wie Goethe und Schiller, Wieland und Herder usw. sind lediglich dazu da, um den herrlichen großen Schiffen der Hamburg-Amerikanischen Paketfahrt-Aktien-Gesellschaft ihren Namen zu geben; wie Bremen in Bremerhaven seinen nach den Namen der Schiffe des deutschen Lloyd benannten Vogelkai hat, könnte Hamburg am westlichen Ende seines Hafens das Klassikerufer haben. Damit ist der Dichter ein auf der Welt völlig überflüssiges Individuum und muß höchstens dann wahrgenommen werden, wenn er zufällig ein loses Maul hat – erinnern wir uns nur an das Verhältnis zwischen dem Millionär Salomon Heine und dem Dichter Heinrich Heine[1]! Wozu verderben Phantasten Papier mit Gedichten, Leinwand mit Gemälden und Stein durch Behauen! Wo sich Papier doch hundertmal besser für Kaufmannsnoten, Leinwand für Warenballen und Marmor für hübsche Stufen ins Comptoir eignet.

Der Handel, ja der Handel! Die Pariser Börse ist schöner, die Berliner prunkvoller, die Hamburger ist aber auch großartig. Ihr weitläufiges Inneres hat einen eigenen Charakter. Das Auge späht vergeblich nach den üblichen Schranken, weil der Wertpapierhandel hier nämlich nur Nebensache und auch hinter die Seitenpfeiler des Saals verdrängt ist. Hier herrscht die Ware – Kaffee, Zucker, Wein, Getreide, Farbstoffe, Leder, Spiritus, und schwarz gekennzeichnete Quadrate im Steinboden des Saals zeigen an, wo täglich von Viertel zwei bis Viertel drei mit Kaffee, wo mit Spiritus u.a. gehandelt wird. An der Galerie oben sind zwei Zifferblätter, eines zeigt die Zeit, das zweite die für das Eintreffen der Segelschiffe mit der erwarteten Ladung wichtige Windrichtung an. Pro Jahr passieren Hamburg Waren im Wert von 600 Mill. Taler (der gesamte englische Handel mit Nordeuropa spielt sich ausschließlich über Hamburg ab), ungefähr 6000 Schiffe kommen jährlich, und jedes zwölfte gehört einem Hamburger. Ein Schiff legt an, ein dampfgetriebener Kran löscht die Ladung, und sie wird entweder gleich am Hafen in Eisenbahnwaggons verladen oder in Speicher, groß wie Kirchen, gebracht. Wie naiv ist der deutsche Dichter F. Jacobs, wenn er sagt:

> *Golden war* das Geschlecht der Sterblichen, als sie den Pontos, schaudernd, wie Aïdes reich, ferner vom Ufer noch sahn!

Nur mit Hilfe des Meeres ist die Menschheit golden, und wäre F. Jacobs eine eingetragene Hamburger Firma gewesen, hätte er nicht so geschrieben.

Man kann sich denken, daß Hamburgs Straßen sehr belebt sind. Um dem Leser ein ihm vertrautes Beispiel zu geben, nehme ich Wien. Wien ist weitaus größer, nämlich dreimal so groß wie Hamburg, Hamburg aber unvergleichlich belebter als Wien. Und zwar in allen seinen Teilen fast gleich, mit Ausnahme der ausgedehnten Vorstadt Sankt Georg, wo aus den großen, mit Planken eingezäunten Arealen höchstens das Poltern eines Bretts oder aus den vollen Speichern nur das Rasseln von Kranketten zu hören ist. Am Alsterbecken rattern Kutschen, lustwandeln ungezwungen Ausländer und Hamburger Damen. Vor den Hotels am Kai stehen mit ihren Körbchen Blumenmädchen aus Vierlanden, angetan mit ihrer malerischen Volkstracht: einem kurzen bunten Rock, einem schwarzen, reich mit Silber bestickten Mieder, weißen Ärmeln und einem gelben Strohhut, der die Form einer umgedrehten Schüssel hat. Gut steht das den Backfischen, nur sind nicht alle hübsch, auch nicht jung, und nicht jeder findet Gefallen an einem sechzigjährigen Backfisch. Naht die Stunde, da man in die Comptoire geht oder sie verläßt, belebt sich der Kai plötzlich mit lauter dahineilenden Gestalten. Die Seitenstraßen, die zur Elbe hinunterführen und sich mannigfaltig queren, sind immer gleich belebt. Dienstmägde mit kleinen Körben gehen vorbei, über dem Scheitel, wie der Kamm auf einem Hühnerkopf, ein schmales weißes Spitzenhäubchen. Gemüsefrauen haben einen Hut auf dem Kopf und auf Schulter und Nacken ein Holzjoch, an dessen Enden Stricke mit Körben hängen. Ein müßiger Seemann bummelt, die Hände in den Hosentaschen, durch die Straße, sein entblößter Hals ist wie ein verkohlter Pfahl, doch auf die Schultern legt sich, weiß wie frischer Schnee, ein breiter Kragen. Ein Milchmann treibt sein Rössel an und lenkt seinen rotgestrichenen Wagen von Haus zu Haus, auf der Ladefläche schaukeln kleine rote Eimer und darin auf der schneeweißen Milch die kreisrunden Holzringe, die durch ihre konstantere Bewegung die Bewegung des Eimers stabilisieren und so das Ausspritzen der Milch verhindern. Ein Fischweib trägt in einem Korb graue irdene Nudeln – Aale, die mit Lehm eingerieben sind, um sie besser mit der Hand packen zu können. Ein öffentlicher Dienstmann eilt schnellen Schritts dahin, ist aber hier, in einer Republik, nicht dein Diener, sondern dein Helfer, ein »Hilfsmann«, wie man auf seiner Kappe liest. In der Mitte eines kleinen Platzes haben sich ungefähr acht Musikanten aufgepflanzt, sie trompeten und blasen für alle Häuser gleichzeitig. Kleine Kinder gaffen sie an und klammern sich an die Hand ihrer Kinderfrau, einer dicken Mohrin, die mit offenem Mund dasteht. Von der Straße weg und auch unter die Straße locken Restaurants – »Frühstückslokal«, »Destillation« (Schnapsbude), »Bierkeller«, »Weinkeller«, »Austernkeller«, »Krügerei«, »Apotheke für Gesunde«, in jedem zweiten Haus befindet sich eine Kneipe, Flaggen aller Nationen und Aufschriften in zwanzig Sprachen sind auf ihre Firmenschilder gemalt. Der Hamburger ißt und trinkt fünfmal am Tag, ißt und trinkt eigentlich unentwegt, und zwar enorm gut. Er läuft in ein Wirtshaus, und schon ist er wieder draußen; daher sind in den Wirtshäusern auch keine Nägel in die Wand geschlagen zum Aufhängen eines Mantels oder eines Huts, höchstens, daß ein einzelner Haken am Türstock befestigt ist. Sie essen vorzüglich, behaupte ich, so schönes Fleisch wie hier habe ich nirgendwo gesehen. Ein trockenes Brot schaut hier eine Dienstmagd nicht einmal an, sie vespert – allerdings noch zusätzlich zum regulären Frühstück, Mittag- und Abendessen – wenigstens dreimal pro Tag, und wenn sie ihr »Rundstück«, ein aufgeschnittenes kreisförmiges Brötchen, bekommt, ist es mit frischer Butter bestrichen, und auf der Butter liegt Schinken oder kaltes Rostbeef. »Nobis bene, nemini male« (Geht es uns gut, soll es keinem schlechtgehen) steht auf dem westlichen Hamburger Tor, dem sogenannten Nobistor, und der Hamburger hält sich daran, wenigstens beim Essen.

Je näher am Hafen, um so bunter wird das Leben. Die Läden nehmen ein für uns fremdartiges Aussehen an. Der Obsthändler legt spanische Melonen, portugiesische Äpfel und brasilianische Nüsse zum Verkauf aus. Neben ihm ist eine Hundehandlung. Gleich daneben ein Taubengeschäft.* Weiter weg wirbt ein »Blockverfertiger« für sich, der jene riesigen Blöcke für die Kaianlagen, an denen die eingelaufenen Schiffe mit schweren Ketten festgemacht werden, anfertigt und mit Eisen beschlägt. Ein paar Miniaturen stehen vor dem Haus, vermutlich zum beliebigen In-der Hand-Wägen. Hinter ihm gibt es einen »Ships-Chandler«, der alles mögliche hat, was ein Schiff und ein Schiffer benötigen, auch Kanonen. Dann lesen wir »Handel mit Menschenhaar« und, o Schreck, gleich gegenüber »Volksschlachterei«! Um uns herum tönen sämtliche Sprachen der Welt, und über unseren Köpfen, vor den Fenstern hängend, krächzen Papageien und die wunderlichsten exotischen Vögel.

---

* Es gibt einen regen Handel mit fremdländischen Tieren in Hamburg. Hagenbecks große »Handelsmenagerie« ist immer noch reicher als so mancher große zoologische Garten.

Am lebhaftesten ist es aber in der Vorstadt Sankt Pauli. Hier amüsieren sich der »kleinere Bürger« und der Seemann. Hier befindet sich »Damm's Tivoli«, ein Theater, vor dem, angeblich zur Belustigung, große bemalte Menschenfratzen im Garten stehen und in dem Theater gespielt und Operetten gesungen werden, während das rund um die Tische sitzende Publikum in aller Ruhe auf den Tellern herumkratzt und nach Bier ruft. Auf gewisse Umgangsformen legt man hier aber doch noch Wert – »Es ist verboten, auf Stühle und Tische zu steigen«, verkünden Plakate. Hier in Sankt Pauli sind auf der Straße, wie für einen immerwährenden Jahrmarkt, Buden mit allem möglichen aufgestellt, Theater mit Kasperl und Kaninchen, Haufen von Südfrüchten, hier singt auf der Gasse ein Straßensänger, und unter einem Leinwanddach tummelt sich ein Akrobat auf einem Pferd. Hier sind auch die Tanzlokale der Seeleute, zu denen jede Dame, Gardedamen ausgenommen, freien Zutritt hat. Hier sind die weltberühmten Hamburger Tingeltangel, auf niedriges Niveau gesunkene Cafés chantants, wo zum Beispiel zehn frivole Coupletsängerinnen, Töchter zehn verschiedener Völker, auftreten.

Das Temperament des Hamburgers ist bisweilen fast südländisch lebhaft. Das Gespräch reißt nie ab, die es begleitenden Gebärden sind flink. Seht euch die Hamburger Streichhölzer an! Sie sind plump wie die französischen, aber auch so lang. Ein Streichholz muß lange brennen, bevor sich der Hamburger beim Reden entsinnt, daß er sich eine Zigarre anzünden wollte. Auch das Würfelspiel liebt man hier. Kurz vor der Börse geht der Börsianer noch auf einen Sprung in Zinggs vortreffliche Restauration, die gleich nebenan liegt. Rasch noch das soundsovielte Frühstück, rasch noch ein paar Mal die Würfel in den Becher!

Unmöglich, einen Bericht über Hamburg zu beenden und etwas so Weltberühmtes wie die für Hamburg typische Prostitution unerwähnt zu lassen. Sie ist groß. Am größten freilich draußen in Sankt Pauli, der Matrosen wegen, doch sind ihr auch in den elegantesten Stadtteilen, unmittelbar neben den gediegensten Örtlichkeiten ganze Straßen gewidmet. In einer derartigen Straße darf abends kein Gaslicht brennen. Dafür ist das Innere der ebenerdigen Wohnungen schwach erhellt, und im Fenster, der Länge nach ausgestreckt, liegt wie eine Odaliske auf einer Ottomane eine halbnackte Schöne und lächelt. Der Betrachter wähnt sich in einem großen Aquarium, er selbst ist im Dunkeln, guckt aber durch eine Scheibe auf weiß Gott von wo überall hierher geschaffte, beleuchtete Wesen. Wie viele dieser armen Geschöpfe es hier gibt! Und wie viele Schmerzensschreie aus diesen Hamburger Gassen schon zum Himmel aufschluchzten, daß davon fast die Welt erstarrte!

Berlin

I

Eine große Stadt, das gigantische Werk menschlicher Hände, innerhalb von nur drei, vier Jahrhunderten entstanden, hervorgewachsen aus sandigem, undankbarem Boden und an der ungeeignetsten Stelle – trotzdem schaut man sie ohne Bewunderung an und verläßt sie, ohne Zuneigung gefaßt zu haben. Berlin rührt an keiner Stelle ans Herz, und der Besucher bleibt nüchtern gestimmt. Hier spricht einen nirgendwo die Vergangenheit an, sogar das älteste ist verhältnismäßig neu, vor keinem der altersgrauen Werke des Mittelalters lebt man sich in die Gedanken und Gefühle längst vergangener Generationen hinein, Berlin wuchs nicht, Berlin wurde gemacht, seine Gemachtheit ist unangenehm. Berlin wurde auf Kommando gemacht. Die eiserne Hand der Hohenzollern hat hier eine »Weltstadt« hervorgezwungen, die gleiche Hand, die mit dem Stock »ihre Untertanen die Liebe zu den Herrschern lehrte«, jagte sie auch an die Arbeit, vermehrte gewaltsam sowohl die Anzahl der Häuser als auch die Anzahl der Bewohner. Und auf Kommando stellte sich eine Reihe Häuser neben die andere, hinter sie oder ihr gegenüber, Regiment an Regiment, Karree an Karree.

Endlos sind diese Reihen, eine einzige gerade Straße ist fast eine ganze Stunde lang, und all diese Häuser sind einander fast zum Verzweifeln ähnlich wie ein Soldat dem anderen, nur manches sticht hervor durch eine reichere Epaulette, ein feineres Uniformtuch. Aus dem stummen, sandigen Umland, das sich in alle Richtungen gleich weit erstreckt, sind Gleichförmigkeit und Melancholie in die Stadt eingezogen.

Das Flachland, aus dem man Berlin hervorgestampft hat, ist wirklich traurig. Nichts als sandiger Boden, so fad, daß er Fremde zu Tausenden von treffenden Witzen inspirierte. Ein schrecklicher Räuber und Brandleger soll einst – erzählt jemand – zum Tod verurteilt worden sein. Auf dem Schafott kam es zur Begnadigung, die Strafe wurde umgewandelt, der Verbrecher solle nicht geköpft, sondern Postillion werden und täglich aus Sachsen nach Berlin fahren. Der Delinquent erschauderte – und legte den Kopf auf den Richtblock. – Für einen Berliner ist diese Landschaft allerdings wunderschön. Vielleicht hat jeder auch schon von einem »Berg« bei Berlin, Kreuzberg genannt, gehört. Ein Sandhaufen. »Um meinen lieben Verwandten in Pirna einen Eindruck zu vermitteln, wie hoch der Kreuzberg ist«, schreibt der Humorist und Reisende Graf, »ist hervorzuheben, daß kein großer Mann unten stehen darf, weil die auf dem Gipfel Befindlichen sonst keine Aussicht mehr hätten. Oder sie müßten ihm sagen: Seien Sie so nett, guter Mann, und ducken Sie sich ein wenig, damit wir hier oben was sehen können!«

Der Kreuzberg hat ungefähr ein Viertel der Höhe unseres Laurenzibergs. Dennoch kann man, weil alles übrige regelmäßigste Ebene ist, von diesem Hügelchen aus die ganze Stadt gut überblicken. Man sieht von hier, wie Berlin sich immer weiter ausbreitet. Weit entfernt von den letzten Ausläufern der Straßen, allein auf weiter Flur, steht ein einzelnes fünfstöckiges Haus und von diesem weit weg ein zweites Haus, es ist eine zukünftige neue Straße – wobei sich mir abermals ein Vergleich aus der Welt des Militärs aufdrängt, das Bild einer exerzierenden Truppe: Die zwei Häuser sind wie die Feldwebel einer Kompanie, die vorausgelaufen sind, um sich als lebende Pfähle aufzupflanzen, zwischen die die ganze Kompanie genau hineinpassen muß. Nach dieser Methode sind sämtliche neueren Viertel entstanden, alle sich rechtwinkelig kreuzenden Straßen und nicht wenige Plätze gingen nur aus einer sandigen militärischen Reitbahn hervor. Trotz der Weite der Ebene ist der Baugrund dennoch schon ziemlich teuer. Daher werden die Häuser maßlos hoch gebaut – »wir sind nicht mehr reich genug, um kleine Häuser zu bauen.« Darüber hinaus werden auch Kellerräume als Wohnungen genutzt, gut die Hälfte der Berliner Häuser besitzt auch unterirdische, somit freilich wenig angenehme Wohnungen.

Bekanntlich wurden große Teile des allerneuesten Berlin auf verfestigtem Grund erbaut. Der älteste Teil am rechten Ufer der Spree und auf der Spreeinsel steht auf Pfählen, die in den sumpfigen Untergrund gerammt sind. Eines der Fischerdörfer, die sich hier bis ins dreizehnte Jahrhundert befanden, hieß daher Cölln (Kolín), abgeleitet vom slawischen Wort für Pfahl. Zwei dieser kleinen Dörfer, Cölln und Berlin, waren der Ursprung der heutigen deutschen Weltstadt, und beide waren wendische Siedlungen. Fährt man auf Berlin zu, begleiten einen auf der einen Seite wendische, ja sogar tschechische Dörfer bis zur Stadt, und kommt man von der anderen Seite, liest man lauter bedeutungsträchtige slawische Stationsnamen, von denen der Name Jutrobog wohl der schönste ist. Hier spürt man schmerzlich auf Schritt und Tritt: Noch gestern war dies alles slawischer Boden!

Eine auf Kommando errichtete Stadt kann imposant sein, Schönheit aber läßt sich nicht einfach anordnen. Unbestritten bleibt allerdings, daß die Regenten sich hier mehr als genug bemühten, ihre Residenz mit schönen Bauwerken zu schmücken. Und sie hatten glücklicherweise geniale Meister zur Hand, Schlüter, Langhans, Schinkel[1]. Was immer diese jedoch an Schönem schufen, alles ist Imitation, alles aus dem Geist anderer Völker erwachsen, originale Architektur gibt es hier nicht. Berlin gelang nicht, was Wien geglückt ist, das sich so vieler origineller und schöner Schöpfungen der modernen Renaissance rühmen kann. Das Brandenburger Tor wurde von Langhans nach dem Vorbild der Athener Propyläen gebaut, Schinkel errichtete ein Theatergebäude in reinstem griechischen Stil, und auch sein Altes Museum ist eine Reproduktion griechischer Baukunst im höchsten Sinne; es sind schöne Gebäude – griechische. Nicht einmal der für den deutschen Norden so typische und gut zu ihm passende reine Ziegelbau, der sich in einigen Städten wie etwa Hannover zu einem originalen hübschen Stil entwickelte und diese Städte so wohltuend prägt, wiewohl er bei übermäßiger Verwendung und strikter Wiederholung der einzelnen Motive auch wieder Monotonie erzeugt, nicht einmal diese Bauweise hat sich in Berlin besonders eingebürgert. Zwar gibt es hier einige Backsteinbauten auch von Schinkel, doch sind ihm nicht alle gelungen. Von der Bauakademie zum Beispiel berichtet man, sie wäre schön. Ich habe diesen viereckigen Klotz von allen Seiten umrundet, eifrig nach Schönheit gesucht, aber wo ich mich auch hinstellte, die Schönheit war wohl immer auf der anderen Seite.

Zur Ausschmückung von Straßen und Plätzen sind zahlreiche Standbilder aufgestellt. Meist handelt es sich allerdings um Skulpturen militärischer Natur, und das an den auffälligsten Stellen, in den Hauptstraßen – das berühmte deutsche Zivil ist an abgeschiedenere Orte verbannt. Dazu zählen die Arbeiten Rauchs[2], aber wahrlich nicht seine besten. An allen erkennt man, daß der Meister zuviel bewirken wollte, was die Bildhauerei überstieg. Manche der Statuen sind von solcher Unruhe, als wollten sie gleich vom Sockel springen, andere von schweren Draperien eingezwängt und dergleichen mehr. Der Einfluß des preußischen Kommandos, die ganze Gemachtheit Berlins nimmt den Künstlern ihre ursprüngliche Frische.

Auch die Berliner Museen sind mit dem, was sie an Kunst besitzen, noch nicht das, was sie sein sollen. Alle Sammlungen sind vorerst lediglich Embryos künftiger großer Sammlungen, vom Wert her weit hinter München zurück. Der prachtvollste Teil der beiden miteinander verbundenen Museen ist das

Treppenhaus mit Kaulbachs[3] Fresken. Der riesige Raum ist leer, enthält nichts als zwei Stiegen. Über diesen befinden sich die weltberühmten Fresken, als Illustrationen sehr reich, als auf einen gesammelten, ganzheitlichen Eindruck abzielende Bilder (mit Ausnahme der »Hunnenschlacht«) weitaus weniger gut ausgeführt. Auch Kaulbach wollte immer in einem einzigen Bild einen ungeheuren Reichtum an Gedanken darstellen, zum Beispiel die Kulturgeschichte gleich mehrerer Jahrhunderte skizzieren. Es ist das gleiche deutsche Streben nach Übermaß, das auch ihre Musik dazu verführte, selbst das eingehend ausdrücken zu wollen, was sich durch den bloßen Ton und Rhythmus nie erklären läßt. Über den Fresken sind hunderterlei allegorischer Kinderfiguren, gezeichnet mit jenem frischen Witz, den wir aus Kaulbachs »Reineke« kennen. Allerdings reicht kein Opernglas so weit hinauf, wir müssen daheim einen Bildband zur Hand nehmen und uns erst dort daran ergötzen, was in dem riesigen Museumsraum am besten ist.

Von den Privatgebäuden sind manche nach guten Vorbildern, sogar florentinischen, erbaut, die überwiegende Mehrheit aber ist schablonenhaft, und die oft mit Akazien bepflanzten Straßen zeichnen sich durch zu große Ähnlichkeit aus. Dazu kommt, daß die öffentlichen Gebäude profanen Zwecken dienen, kirchliche Bauten sind verhältnismäßig rar, und es herrscht, zumindest gegenüber anderen, damit reich bestückten Städten, ein Mangel an Kirchtürmen. Die nobelste Straße ist die Wilhelmstraße mit einem für Fußgänger, Reiter und Wagen verschiedenen Belag

(Mosaik, Asphalt, Quader). Sie strotzt von Palästen und Ministerien. Auch die Reichskanzlei, wo Bismarck residiert, befindet sich hier – Nummer 74 und 75, sollte sich jemand dafür interessieren.

[…]

III

»Weltstadt« nennt sich Berlin jetzt. Es ist auch eine, anders jedoch als andere Weltstädte ist es diese durch ihre plötzlich gewonnene politische Bedeutung geworden, die die Blicke der Welt zur Spree lenkte. Das wichtigste Merkmal einer Weltstadt fehlt, Berlin weist nicht jenes Gemisch verschiedener Nationalitäten auf, das oft unerwartet an einem einzigen Punkt der Stadt den Osten wie den Westen, die alte und die neue Welt, die nivellierende Zivilisation und mannigfache nationale Originalität – den Mikrokosmos – anschaulich macht. Berlin ist von so unverwechselbarem preußischen Charakter hinsichtlich der Menschen, ihrer Sprache, ihrer Lebensphänomene, daß hier alles, was nicht preußisch ist, einfach untergeht. Ein fremdes Element fällt hier nicht einmal soviel auf wie ein einzelner roter Punkt in einem dunkelgrünen Heliotrop. Noch dazu macht sich der Berliner über Ausländer, ihre Sprache und Tracht auch noch lustig – das ist charakteristisch genug!

Ich wiederhole: Es handelt sich nicht um einen spezifisch deutschen, sondern einen spezifisch preußischen Charakter. Ganz verschiedene Nationalitäten, und jede in beträchtlichem Maß, haben zu seiner Ausbildung beigetragen, die slawische, französische, deutsche, das Amalgam aber ist komplett. Der sandige Boden zwang zur Arbeit, unter einer eisernen Regierung häufte sich die Arbeit, und durch die Arbeit bildete sich bei den Menschen eine ruhige Bedachtheit, eine ernste Wahrhaftigkeit aus. Das slawische Volkslied hat sich von hier längst verflüchtigt, seither erklang kein Volkslied mehr in diesem sandigen Landstrich, das Volk singt hier nicht. Allerdings gelangten die Berliner durch wenigstens etwas Lebhafteres zu Berühmtheit, durch eine Art beißenden gesellschaftlichen Witz, doch ist auch dieser nur ein neuerlicher Beleg für jenen nüchternen Ernst, eine ganz psychologische Konsequenz. Es ist ein gekünstelter Witz, wie er immer dann entsteht, wenn es keinen herzhaften, warmen Humor gibt, Berlin hat der deutschen Welt seinen Kalauer, das Wortspiel, das witzig verdrehte Wort geschenkt. Bekanntlich leidet der Berliner auch heute noch an der Manie, unentwegt witzig zu sein, möchte besonders Ausländern gegenüber stets möglichst geistreich brillieren, freut sich aber auch bei gleich welcher heimischen Unterhaltung erst, wenn er sie satirisch zerlegt und analysiert hat. Früher war diese Satire wenigstens noch auf soziale Belange gemünzt, wodurch sie etwas mehr lebendiges Fleisch und Blut besaß, der Eckensteher Nante[4] hatte sein besonderes Gewicht, aber Nante macht heute keine Witze mehr, die Satire befaßt sich nunmehr einzig und allein mit politischen Angelegenheiten, ist kalt und langweilig. Man denkt dabei an die den Wasserspiegel der Spree zierenden traurigen Schwäne, die allesamt gebrochene Flügel haben. […]

Allein schon die Mundart der Berliner ist absolut eintönig, unangenehm, hart, es rasselt und krächzt einem nur so um die Ohren, knarrt und knirscht. Der Vers:

Was Frankreich liederlich durch Gleisnereien dudelt,
das spricht ein deutscher Mund recht majestätisch aus,

»von Johann Moritz Friedrichen« wurde schon 1652, vier Jahre nach dem Ende des Dreißigjährigen Krieges, geschrieben, nicht jetzt.

Berlin ist eine große Stadt, es ist eine reiche Stadt, und seine Einwohnerzahl wird bald eine volle Million erreichen. Daher ist es natürlich von pulsierendem Leben erfüllt. Doch ist es ist nicht überall gleich belebt; in den Hauptstraßen, besonders an den Kreuzungen, strömen und wirbeln Massen von Menschen, anderswo wiederum herrscht eine bald kleinstädtische, bald aristokratische Ruhe. Machen wir doch einen kleinen Spaziergang durch die belebtesten Straßen, schauen wir uns die Geschäfte, die Wagen und Menschen an, ob es irgendwo etwas spezifisch Berlinisches gibt.

Wagen holpern hier in enormen Mengen herum. Rund sechstausend Droschken besitzt Berlin, nicht gerade schöne, auch keineswegs schnelle; steigt man ein, wird der Kutscher nur die vorgeschriebene Taxe verlangen, möchte man aber früher ans Ziel kommen als ein Fußgänger, muß man ihm freiwillig etwas mehr in Aussicht stellen. Auf den Omnibussen lesen wir sogar die Zahl 10.000, womit aber wohl die Anzahl sämtlicher öffentlicher Fahrzeuge gemeint ist, während die Omnibusse irgendwo bei der Zahl 9.000 beginnen. Das Publikum benutzt sie eifrig. Sie schaukeln behäbig vorüber, sind im Inneren voll besetzt, und auf dem Dach sitzt oft eine ganze Militärwache mit ihren Gewehren – sie haben einen weiten Weg zu der ihnen zugewiesenen Wachstube und wurden von ihrem Korporal aufs Omnibusdach kommandiert. Kleine Einspänner, die mit einem Bärchen bezeichnet sind, jagen wie Mücken hin und her, sie sind Eigentum der Stadtgemeinde. Noch kleinere Gefährte, manchmal nur von einem Menschen gezogen, transportieren Sodawasser; der Besitzer bleibt irgendwo auf der Straße stehen, fertig ist das Lokal und brüstet sich mit der Aufschrift »Trinkhalle«. Mit großer Geschwindigkeit rasselt ein Postwagen vorbei; die Kanzlei befindet sich gleich im Wagen, wir können durchs Fenster sehen, wie der Beamte während der Fahrt Briefe sortiert. Da kommt ein anderes, etwas schäbiges Fahrzeug, der Form nach eine Kiste – laut Aufschrift »Finanzministerium«. Und hinter diesem Wagen ein Lastwagen mit lauter Namen: »Brauerei« dort und dort – »Stanitzelfabrik« – »Eisfabrik« – »Dampfwäsche« – »Koks, Torf, Kohle – Franz L.« – zweispännige Reklamen, auf vier Rädern.

In das Gerassel der Wagen tönt ständig Brettergepolter, als würde Holz auf Holz trommeln. Es verrät uns die berüchtigte Berliner Gosse. Das heißt den oberen Teil der Berliner Kanalisation, Rinnen mit schmutzigem, stinkendem Wasser, die wie ein Straßengraben zwischen Fahrspur und Gehsteig verlaufen. Wo sie sich quer über die Straße vereinen, sind Bretter darüber gelegt, die unter jedem Fuhrwerk hüpfen und trommeln. Dann liegt das Abwasser häßlich offen. »Der geborene Berliner«, berichtet Graf, »muß ein großer Freund von Naturforschungen sein, er deckt diese Rinnen nie zu, um zu sehen und zu riechen, was in ihnen liegt und schwimmt.« Immer wieder sieht man, wie ein Kind in diesem Schmutz watet, und am Morgen findet sich eine ganze Sammlung erwachsener Verirrter darin vor. – Auf diese Art und Weise sind die Straßen sauber, man kehrt sie mit Besen, wie sie bei uns in Haushalten verwendet werden, nur daß die Querstange mit härteren Borsten als bei unseren Haarbesen versehen ist.

Die Läden sind sehr verschieden, vom Schuhputzerspezialisten, der mit einem Kästchen und zwei Bürsten an einer Straßenecke Aufstellung nimmt, bis zum Spezialisten, der nur Perlenschmuck, oder einem anderen, der nur seidene Damenschlafröcke verkauft. Eine Menge Geschäfte, besonders Unter den Linden, hat russische Aufschriften. Viele davon sind Tabakläden, und zwar sehr gut sortierte. Da steht auch ein »Haarkünstler«, ein Mann, der aus Haaren Bilder komponiert. Neben ihm ein Tandler, der dekoratives Spielzeug aus hauchdünnem Eisendraht – »fer de Berlin« – anbietet. Ferner werden »böhmische Federn« verkauft. Dann kommt ein »Milch- und Sahnebureau«, anschließend ein »Rindfleischbureau«. Hierauf ein Obsthändler, der riesige Gestecke aus Obst – Ballblumen für Damen – in der Auslage hat. Hinter ihm annonciert ein »Institut für die Auferweckung von Scheintoten«. Abermals ein Kellergeschäft, dessen Schild verkündet, man bekäme hier »Bier, Milch, Mangeln für Wäscherinnen und ein Bett für einen Bettgeher«. Und jetzt wieder ein Lokal, wo Blutegel und Schröpfköpfe gesetzt, Klistiers verabreicht werden, zur Ader gelassen wird – wie in Neapel. Von außen sind an den unteren Rand der Ladentüren kleine Blechtafeln genagelt mit der Aufschrift »Mitglied des Vereins gegen Verarmung und Bettelei«, was heißen will: Hier wird nicht gebettelt. An den Straßenecken hat man am Rand des Trottoirs Holzsäulen in den Boden gerammt, auf denen täglich Theateraufführungen, Lustbarkeiten und andere Dinge angekündigt werden, aus Paris kommende, sogenannte Litfaßsäulen. All das ist großstädtische Vielfalt, entschieden kleinstädtisch sind die Lebensmittelmärkte. Bis heute besitzt das große Berlin keine überdachten und sauberen Markthallen! Zwischen Ziegeln arrangierte Butter, Wannen mit ungeheuren Mengen von Aalen, Fleischstände, in Form langer Biskuits gebackenes Brot, alles steht und kugelt unter freiem Himmel herum und erinnert uns an unsere berüchtigten Prager Märkte mit grünstichigen Ferkeln auf Strohschüsseln und einfach in den danebenliegenden Kanal geschmissenen Geflügeldärmen.

Das Zentrum der Stadt ist die breite Straße Unter den Linden. Hier wurde der einstige Spreewald abgeholzt, vier Reihen Linden gepflanzt, und rechts und links hinter ihnen liegen die Straße, dann der Gehsteig, anschließend Paläste und Hotels, eines größer und reicher als das andere. Diese einzige Straße, die an Pariser Boulevards gemahnt, ist aber nur eine Viertelstunde lang. Hier ist das Leben am buntesten, und dort, wo die eine Stunde lange Friedrichstraße sie durchschneidet, herrscht manchmal ein lebensgefährliches Gewimmel. Der hier stehende – stets höfliche und zuvorkommende – Schutzmann hat am meisten Fragen zu beantworten und am meisten Mißgeschicke auszubügeln. Hier folgt auch ein Extrem auf das andere, größter Reichtum berührt sich unvermittelt mit bitterster Armut. Auf Schritt und Tritt stehen einem Zeitungsverkäufer im Weg, Blumen anbietende Jungen lärmen, alte Brezelhändlerinnen kreischen. Distinguierte Herren sitzen auf Terrassen vor Kaffeehäusern, und gleich daneben kauert sich eine ausgehungerte, in Lumpen gehüllte Bettlerin mit einem halbtoten Kind an die Mauer. »Modelöwen« promenieren, mit Reitgerten in der Hand und Bulldoggen an ihrer Seite (Bulldoggen sind in Berlin Mode, auch ein Symptom der Rauflust). Damen, fast alle in geschmacklosen, wenngleich vielleicht teuren Gewändern, müssen jeden Augenblick halten, um sich von jemandem zu befreien, der ihnen auf die Schleppe getreten ist. Zu Mittag, wenn neben der Hauptwache ein Militärorchester spielt, herrscht hier emsigeres Treiben als in einem Bienenstock, und am Abend ist es hier am längsten lebendig. Aus allen Richtungen tönt lautes Reden, und manchmal hört man auch ein fremdsprachiges Gespräch, meist auf polnisch, heraus.

Hier überzeugt man sich aber auch am leichtesten davon, wie gut es ist, daß in Berlin gleich am Bahnhof und überall in der Stadt zahlreiche Schilder »Vorsicht vor Taschendieben!« angebracht sind. Es sind ihrer so viele, daß ein einfacher Berliner sogar die lateinischen Inschriften an den öffentlichen Gebäuden, wie »Nutrimentum spiritus«, »Suum cuique« u.ä., einfach »Vorsicht vor Taschendieben« übersetzt. Allerdings übertrifft die Zahl der Diebe jene der an den Straßenecken angeschlagenen Plakate. Bauernfänger und Schlepper treten hier in tausenderlei Exemplaren auf. Kein Ausländer, um den sich nicht zumindest ein Bauernfänger bemüht hätte. Auch mir ist ihre Methode vertraut: »Ich führe Sie dorthin, Herr …« – »… ich zeige Ihnen das, Herr …« – »vorher gehen wir aber, ich bin hungrig, in dieses Gasthaus hier, nur für einen Moment« – und in dem Gasthaus spielt eine Betrügerbande Karten oder kegelt usw., das alles ist so bekannt, und trotzdem floriert das Geschäft der Bauernfängerei immer noch! »Endlich«, sagt der Berliner, »haben wir auch was Besonderes. Wir sind ja Weltstadt!«

IV

Daß natürliche Fröhlichkeit den Berlinern fehlt, erwähnte ich schon. Fast alle öffentlichen Orte, wo man sich unter freiem Himmel amüsieren kann, z. B. der schattige, ausgedehnte Tiergarten, haben einen aristokratischen Anstrich. Kaum daß sich die Mittelschicht dorthin wagt, die untersten Schichten haben nichts. Es sei denn, daß sie, wenn irgendwo, meist außerhalb der Stadt, ein Volksfest stattfindet, dort die umliegenden Gaststätten aufsuchen, ohne Heiterkeit herumkrakeelen, sich bis zu blutiger Rauflust betrinken. Familien der mittleren Schichten machen sonntags Ausflüge irgendwohin ins sandige Umland, das heißt zu den letzten Ausläufern Berlins, wo in kleinen Kneipen Bier, Brot und Käse angeboten werden und an den Außenwänden dieser winzigen Wirtshäuser die komischen Worte »Hier können Familien warmes Wasser haben und selbst kochen« stehen. Den Kaffee bringt die Familie sich nämlich selber mit.

Trunkenheit ist das Hauptvergnügen der untersten Schichten Berlins, angeblich wütet dieses verderbliche Laster besonders stark seit dem letzten Krieg. In der Königsstraße und den angrenzenden Straßen und Gäßchen, wo sich bevorzugt das »Volk« bewegt, begegnet man abends auf Schritt und Tritt torkelnden Menschen. Der unselige Branntwein umnebelt ihnen den Kopf und macht ihre Beine schwer. Dieses verheerende Getränk wurde im 16. Jahrhundert hier eingeführt, heute ist es der wichtigste Trost des Armen. Die humoristischen Verse:

> Wahrlich mundet am Morgen der Schnaps,
> ist dann auch köstlich nach dem Mittagsmahl;
> wer ihn sich abends schmecken läßt,
> wird vor ihm sitzend alles vergessen;
> angeblich ist der manchem so vortreffliche
> aber auch um Mitternacht nützlich gewesen –

erfahren hier ihre ganz realistische, tagtägliche Umsetzung im Leben. Kellerlokale, Likörläden, Destillationen sind abends gerammelt voll, bis Mitternacht wird dort mehrmals gerauft und hinausgeworfen – der Schutzmann geht vorsichtig ein Stück weiter, dort patrouillieren würde er nicht. Zum Teil ist dies das natürliche Resultat jedes blutigen und sei's auch siegreichen Krieges. Es wird hier aber wahrlich ziemlich viel getan, um Abhilfe zu schaffen. Gerade jetzt sollen entschiedene Schritte gesetzt werden, um das Volk vom schädlichen Branntwein zum gesunden Bier umzulenken, die Bierbrauer sollen gezwungen werden, auf übermäßige Einkünfte zu verzichten und ihr Produkt billiger zu verkaufen.

Von unglaublicher Vielfalt allerdings sind die Berliner Restaurants, noch mannigfaltiger sogar als die Pariser. Bier- und Weinlokale, Kaffeehäuser sind hier nämlich sehr selten, so selten, daß man sagen muß, es gibt sie gar nicht. Statt dessen gibt es die Konditoreien, in denen manchmal auch ein Lesezimmer untergebracht ist sowie ein meist kleines, dunkles und ungemütliches Stübchen, wo man rauchen kann – Rauchern ergeht es in fast ganz Norddeutschland ohnehin schlecht, sie sind gleichsam aus der Gesellschaft verbannt. Die originellsten Berliner Wirtshäuser, wo nämlich das berühmte Weißbier gezapft wird, werden immer seltener. »Ein kühles Blondes!« – »Eine Stange Weißbier!« hört man kaum mehr, läßt es sich aber ein Berliner Philister schmecken, ist der Eindruck für den Fremden entschieden komisch. In einem hübsch großen Glaskrug bleibt, wenn sich der Schaum gesetzt hat, nur drei Finger hoch gelbes Naß, und der Trinker stemmt, wie mit großer Anstrengung, das Gefäß mit beiden Händen hoch. Mit dem Essen kann jeder zufrieden sein, es ist weit besser als sein wahrlich sehr schlechter Ruf, hier hat schon das Hamburger Vorbild gesiegt, die Fleischstücke sind schön, die Portionen ausreichend, die Preise manchmal fast unglaublich niedrig, das Brot meist umsonst, à discretion, wie in Paris. Für 60 bis 70 Kreuzer unserer Währung kann man hier sogar in manchen Restaurants Unter den Linden gut zu Mittag speisen. Allerdings liegen meist sogar in verhältnismäßig besseren Gasthöfen keine Tischtücher auf den Tischen, dafür aber ist der mit Halbschuhen bekleidete und leicht ausschreitende Kellner flink und entgegenkommend. In abgelegeneren Straßen sind die Preise viel geringer, dort liest man: »Großer Mittagstisch samt Bier – fünf Silbergroschen« (25 Kr.) oder auch nur »2 1/2 Sgr.« An den Wänden der Gasthäuser steht häufig das Gedicht:

Hier verkehr',
tüchtig verzehr',
mußt dich ja pflegen zu Gottes Ehr';
was dein Magen kann vertragen,
kostet sicher nicht Kopf und Kragen!

und ähnliches.

Große und prächtig ausgestattete Gartenrestaurants gibt es in großer Zahl, manche von ihnen sind allgemein bekannt, etwa »Vauxhall«, »Kroll's Etablissement«, »Tivoli« usw. Das großartigste ist derzeit das mitten in der Stadt eingerichtete »Stadtpark«. Ein ausgedehnter Raum mit tausend Tischen und Arkaden rundherum, in denen abermals tausend Tische stehen. Dicht belaubte, dunkle Baumkronen ragen empor, und unter ihnen ist es abends taghell. Sechsundsiebzigtausend Gasflammen beleuchten den Raum. Tausende von großen Kugeln aus Milchglas bilden über den Arkaden rundherum ein Sonnenrelief. Flammengirlanden und Sterne und Säulen leuchten auf allen Seiten. Durch einen rauschenden Wasserfall dringt hinter ihm verstecktes blendendes Licht. Hohe künstliche Bäume spenden mit ihren grünen gläsernen Blättern Licht und haben große violette, dunkelrote und hellgrüne Blüten aus matt-koloriertem Glas, aus dem Inneren jeder Blüte strömt ein angenehmer Schein. Aus einem tiefen Gebüsch schießt plötzlich ein ganzer Schwall winziger goldener Flämmchen hervor. Die Flämmchen laufen auf den Stämmen alter Bäume hinauf ins Geäst, ein Lüftchen spielt mit ihnen, jagt sie hin und her, krümmt sie, drückt sie nieder, löscht sie aus, läßt sie unvermutet wieder emporhüpfen, und hoch über unseren Köpfen spielen blaue Funken wie herumfliegende Mücken im dunklen Laub. Es ist viel, zuviel, fast manieriert viel, aber der Effekt ist überraschend.

Speisen und Getränke sind hier am erlesensten. »Gerichte, die nicht schmecken, werden zurückgenommen«, steht auf Tafeln. Und der Kellner selbst betreut einen, und wählt man etwas aus, dem er nicht mehr vertraut, sagt er aufrichtig: »Kann ich Ihnen wohl nicht empfehlen.« Die Musik spielt unentwegt. Es sind immer zwei Kapellen da, die eine spielt Opernkompositionen, die zweite Tanzmusik, kaum hat die eine aufgehört, beginnt sofort die andere. Junge Blumenmädchen, in idealisierter Nationaltracht, gehen mit ihren duftenden Körbchen von Tisch zu Tisch. Laternenanzünder mit glänzenden gelben Helmen auf dem Kopf machen die Runde und bewachen das Leben der Flammen. Auf den breiten sandbestreuten Wegen promeniert das Publikum, elegante Offiziere, laut und fröhlich plappernde Polinnen.

Das »Stadtpark« hat noch eine weitere Annehmlichkeit. Es ist der einzige Ort, wohin die berüchtigte Berliner Halbwelt keinen Zutritt hat. Gelangt so ein Dämchen hier herein, tritt im Nu ein Kellner auf sie zu und präsentiert ihr auf einem glänzenden Tablett ein Briefchen. Sie bricht es auf und liest: »Geruhen Sie unverzüglich den Garten zu verlassen; der Eintritt wird an der Kasse zurückerstattet.«

Die Halbwelt ist ohnehin überall. Ein Lokal kündigt einen »Ball mit Tänzerinnen verschiedenster Nationalitäten« an, ein anderes Restaurant verkündet, es sei für »interessante Bedienung« gesorgt, ein drittes meldet: »Täglich Ball, ab Montag frische Tänzerinnen«. In gewisser Hinsicht famos geworden ist das Berliner »Orpheum«, aber »Orpheen« gibt es in Berlin viele. An fünfzig Orten wird bis zum Morgen das Tanzbein geschwungen oder wenigstens ein solcher Anschein erweckt, die Töchter seriöser Berliner Familien werden sich aber nicht satt tanzen, in »Orpheen« darf ein Vater mit Familie sich nicht hineinwagen.

V

Suchen wir uns eins der Berliner Tingeltangel aus. Die Suche kostet keine Mühe, gibt es doch fast in jeder zweiten Straße eine dieser »Kunstanstalten«, und das rote Glas ihrer Laternen leuchtet schon von weitem. Manchmal liegt eine ganze Reihe davon nebeneinander. Manchmal steigt man eine Treppe hoch in den ersten Stock, manchmal hinunter wie in einen Keller, in diesem Fall nennt man sie auch »Tunnel«.

Wir haben fünf Groschen Eintritt bezahlt und ein Programm erhalten. Fünfundvierzig Nummern stehen auf dem Programm und dann noch »diverse Gesänge!« – ja, hier dauert die Unterhaltung bis zum Morgen.

Ein ganz hübscher Raum, nur der Fußboden ist etwas schmutzig, von den Leisten an den Wänden an manchen Stellen die Vergoldung abgescheuert, über den Sitzen an der Wand stellenweise große runde Flecken, als hätte sich ein stark pomadisierter Kopf lange an sie gedrückt, die Luft wie alkoholgesättigt, ungelüftet, säuerlich. Reihen ungedeckter Tische, an denen zum Teil Gäste sitzen – wir sind ein wenig zu früh gekommen, es geht erst auf zehn. An der Spitze des kleinen Saals eine erhöhte Bühne, auf dieser im Vordergrund ein Klavier. Im Hintergrund eine die Wand eines Salons darstellende Leinendekoration und in ihr eine Tür. Längs der Wand sitzen, in gestärkten Kleidern, etwa zehn herausgeputzte junge Damen, ab Zwanzig bis etwas über Dreißig, mehr über. Das sind offenbar die Konzertistinnen. Andere aufgedonnerte Damen sitzen bei den Gästen oder spazieren zwischen den Tischen herum – auch Konzertistinnen? Soeben hat der Applaus geendet und die Pause angefangen.

»Sie wünschen?« fragt ein betreßter Kellner.

»Eine Flasche Tivoli.«

»Die Herren sind Bierliebhaber?« fragt eine weibliche Stimme, der Sopran einer der promenierenden Damen. »Ist es gestattet, Ihnen Gesellschaft zu leisten?« Und schon hat sich die ganze Tüll- und Schleifenwolke auf den Stuhl neben uns niedergelassen. »Sie werden sich heute hier amüsieren, Martha ist heute richtig in Wut.«

»Wer ist Martha?«

»Die grüne oben, gleich neben dem Klavier. Oh, Martha hat Humor!« Die grüne ist am weitesten über Dreißig, ganz schön beleibt und ganz schön häßlich – wir werden hören! Unsere Begleitung ist auch schon ziemlich bejahrt, ihre Gesichtshaut trotz der Schminke gelb, die Augen glanzlos. Sie hat unsere Flasche genommen und gießt uns zuvorkommend ein.

»Wollen Sie sich auch einschenken?«

»Ich bin durstig, stimmt, aber bitte eine Limonade. Franz, eine Flasche Limonade gazeuse für die Herren!«

»Sofort, Fräulein Marie!«

In dem Moment fängt ein bleicher, schwarzgekleideter Jüngling auf dem Klavier zu klimpern an. Eine der Konzertistinnen, groß und knochig, ist aufgestanden, verneigt sich, lächelt und beginnt mit kräftigem Mezzosopran zu singen. Die Begleitdamen haben unten Platz genommen und sind verstummt, die Gäste zum Teil ebenfalls. Die Konzertistin singt auf englisch. Wir bieten unsere sämtlichen Englischkenntnisse auf, verstehen aber nichts als den Refrain: »Every woman – every woman« – also ein Couplet über Frauen. Die übrigen Anwesenden verstehen noch weniger, applaudieren am Ende aber trotzdem, am meisten die Begleitdamen.

»So applaudieren Sie doch auch, meine Herren«, fordert Fräulein Marie uns auf.

Warum nicht, vielleicht ist es gratis. Die Beklatschte war hinter der Tür verschwunden, kam jetzt wieder heraus, verbeugte sich und setzte sich auf ihren früheren Platz – einen anderen Zweck hat diese Tür nicht.

Fräulein Marie war bereits mit ihrer Flasche fertig. Sie hatte jedes Glas gierig hinuntergekippt und sich sofort wieder eingegossen. »Anni, Engelchen, komm her!« ruft sie einem Fräulein über die Tische hinweg zu. Ein schönes, ungefähr achtzehnjähriges Mädchen. Das Gesichtchen ein regelmäßiges Oval mit südlichem Teint, das Haar üppig und rabenschwarz, die Augen schwarz und feurig.

»Meine Schwester«, stellt Fräulein Marie vor. Keine Spur von Ähnlichkeit!

»Schwester?«

Fräulein Marie lacht auf. »Setz dich, Engelchen! Die ist schön, was? Franz, zwei Flaschen Limonade gazeuse für die Herren!« kommandiert unsere selbsternannte Hausmutter.

Je länger wir Anni betrachten, desto schöner kommt sie uns vor. Aber schrecklich dumm ist sie. Ihr Lächeln ist nichtssagend, ihre Augen wissen nicht, wohin sie schauen sollen, auf Fragen antwortet sie immer nur mit einem einzigen Wort, und selbst das spricht sie nicht zu Ende. Ihre Hände sind grob, abgearbeitet – gestern höchstwahrscheinlich noch Dienstmagd, heute Animierdame, die schöne Dekoration eines Tingeltangels. Vielleicht wird es ihr Glück sein, aber eher nicht.

»Ich bin hungrig, meine Herren, darf ich mir Aal kommen lassen?«

»Je nachdem, wieviel er kostet. Die Speisekarte!«

Fräulein Marie verdreht die Augen.

»Na gut, bestellen Sie von mir aus.«

»Zweimal Aal und noch eine Limonade«, befiehlt Fräulein Marie. Vielleicht hat sie gar keine Lust darauf, aber die Animierdamen haben im Tingeltangel keine andere Aufgabe, als soviel wie möglich zu essen und zu trinken zum Profit des Herrn Wirts. Wir beobachten, wie einzelne Männer von den Nebentischen sich nach uns umsehen und uns auslachen.

Abermals Stille. Das Klavier spielt ein weiteres Präludium. Jetzt ist Fräulein Martha aus der Tür getreten, aber in neuer Kleidung, männlichem Rokoko. Sie ist unendlich fesch, wirklich frivol – aber ohne Humor. In allem Müdigkeit, traurige Affektiertheit. Nach ihrem deutschen Couplet über die Erlebnisse eines jungen Stutzers unmäßiger Applaus, daraufhin Wiederholung der letzten Strophe.

Der Aal ist inzwischen verschwunden. Fräulein Marie streicht Anni übers Haar und preist sie uns wieder an, wie schön sie sei. »Franz, zwei Limonaden! Und Zigaretten!« beendet sie ihre Lobrede.

»Franz, nichts mehr!«

Fräulein Marie stutzt. »Warum nicht?«

»Weil wir's nicht wollen. Im übrigen«, fügen wir gutmütig, wie zur Erklärung hinzu, »wir gehen gleich.«

»Na, wenn Sie nicht wollen, dann trinken Sie allein. Komm, Anni.«

»Adieu, Engelchen!«

Das Klavier trommelt, als wollte es durchgehen. Die Konzertistinnen steigen alle von der Bühne herunter, und aus der Tür stürmen zwei Tänzerinnen hervor, Bacchantinnen. Beide hager, alt. Ihre Kleidchen sind mit Weinblättern bekränzt, in der Linken halten sie ein umkränztes Stäbchen, in der Rechten ein Champagnerglas. Sie hüpfen über die kleine Bühne, drehen sich, sie können nichts und sind ohne jegliche Anmut. Applaus.

Es folgt eine Kontraaltistin mit mächtiger Stimme, die Gäste singen mit ihrem Baß den Refrain mit. Nach ihr eine blonde Coupletsängerin, angenehm, in einem schneeweißen Kleid, mit einem goldenen Kreuzchen am Hals. Unnötig hervorzuheben, daß hier keine einzige singen kann. Und jetzt tritt neuerlich Fräulein Martha auf. Sie hat wieder ihr früheres grünes Damenkleid an.

Fräulein Marie hatte sich uns unterdessen wieder genähert.

»Unser Klavierspieler ist gerade von einer Krankheit genesen. Würden Sie ihm nicht ein Glas Portwein schicken? Ich hab es ihm versprochen.«

»Nein! Psst! Wir möchten zuhören!«

Fräulein Martha singt die erste Strophe eines gefühlvollen Liedes. Aber sie singt es seltsam. Andauernd schaut sie von der Bühne auf den nächsten Tisch hinunter. Ein liebevoller Blick ist das gerade nicht.

Sie beginnt mit der zweiten Strophe, hält nach dem vierten Takt plötzlich inne, tritt an den Bühnenrand und schreit: »Ist das eine Art? Mir Grimassen schneiden? Sie wollen ein gebildeter Herr sein?«

»Singen Sie Ihr Lied! Was wollen Sie von mir!« ruft eine fröhliche junge Stimme von unten.

»Hetz! Hetz!« tönt es von allen Tischen.

»Nicht einen Takt singe ich, solange dieser Mensch hier sitzt!« schreit Fräulein Martha, die schon vor Zorn kocht, Richtung Tür, in die die Lokalbesitzerin von der Kasse getreten ist. »Ein Halunke, ein Lümmel ist das …«

Der junge Mann war schon hinausgelaufen.

»Gehen wir!«

Fräulein Marie kehrte uns, als wir an ihr vorbeigingen, den Rücken zu.

Draußen hörten wir, wie die Besitzerin mit dem Jüngling sprach. »Fräulein Martha ist eine Künstlerin – eine Künstlerin läßt sich nichts gefallen!«

Anmerkungen

München

1 Georg Friedrich Christian Bürklein (1813-1872), Architekt, entwarf den Münchner Hauptbahnhof (1847 bis 1849) und andere deutsche Bahnhofsbauten sowie die Maximilianstraße in München (ab 1851).

2 »Humoristické listy« (Humoristische Blätter), tschechisches illustriertes Wochenblatt (1858-1941).

3 »Stadtfraubas« (1862-1892).

4 »Hans-Jörgel«, satirische Wiener Wochenschrift (1837-1879).

Paris

1 Ironische Bezeichnung für Napoleon III. (1808-1873), den Neffen Napoleons I.

2 Eugène Sue (1804-1857), populärer Romanschriftsteller, verfaßte u.a. *Les mystères de Paris* (1843; Die Geheimnisse von Paris).

3 Hôtel Rambouillet: Palais der Marquise de Rambouillet (1588-1665), ab 1610 Treffpunkt der Aristokratie und der Intellektuellen.

4 Gamin (franz.): Gassenjunge.

5 »Moniteur«: Franz. Staatszeitung, 1789 als »Gazette nationale ou le Moniteur universel« begründet, bis 1869 Amtsblatt.

6 Karl X. (1757-1836), franz. König (1824-1830), seine reaktionäre Politik führte zu seinem Sturz in der Julirevolution (Erhebung der Pariser Bevölkerung am 27.-29. Juli 1830).

7 Okeaniden: Meeresnymphen; Äolus (auch Aiolos): König der »schwimmenden Insel« Äolia, Hüter der Winde«.

8 Henri Murger (1822-1861), Verfasser sentimentaler Romane,

u.a. von *Scènes de la vie de bohème* (1851), Grundlage für Puccinis Oper *La bohème* (1896).

9 Letzter Vers von Heinrich Heines Gedicht *Alte Rose*.

10 Jan Erazim Vocel (1803-1871), tschech. Dichter, Archäologe, Kulturhistoriker und Volksaufklärer; studierte Philosophie und Rechtswissenschaft u.a. in Wien, dort auch als Erzieher in Adelsfamilien (1824-1842). Begleitete seine Zöglinge auf zahlreichen Reisen in Europa.

11 Beseda: Im 19. Jahrhundert bei den Tschechen Bezeichnung für einen Unterhaltungs- und Kulturverein.

12 Tag der Bonapartisten: 16. 8. (Geburtstag Napoleons I.).

13 Tschamara: Schnürrock mit niedrigem Stehkragen, Teil der tschech. Nationaltracht. Symbolisierte im 19. Jh. Patriotismus.

14 Die »Humoristické listy« (Humoristische Blätter) karikierten häufig Napoleon III.

15 J. G. Debureau (1796-1846), eigentlich Jan Kašpar Dvořák aus Kolín in Böhmen.

16 Otava (dt.: Wotawa), südböhmischer Fluß.

17 Heinrich Jaroslav Clam-Martinic (1826-1887), Politiker, Repräsentant des böhmischen Landesadels.

18 Einnahme von Prag durch vereinigte franz., bayer. und sächsische Truppen.

19 Marko Vovčok, d.i. Marija A. Vilinska-Markovyc (1834-1907); B. Němcová (1820-1862), bedeutendste tschech. Schriftstellerin des 19. Jahrhunderts.

20 Adam Bernard Mickiewicz (1798-1855).

21 Alexander Chodźko (1804-1891).

22 Karel J. Erben (1811-1870), tschech. Dichter und Sammler von Volksliedern, Märchen und Sagen.

23 Graupensuppe, kalter Borschtsch, Borschtsch (Rote-Rüben-Suppe) und Rindsrouladen mit Buchweizengrütze.

24 Alexandre Dumas d.J. (1824-1895), Romancier, veröffentlichte u.a. 1848 *La dame aux camèlias*. (Die Kameliendame) und prägte mit der Komödie *Demimonde* (1855) den Begriff »Halbwelt«.

25 Charles Paul de Kock (1794-1871), Verfasser schlüpfriger Trivialromane.

26 Louis XV. (1710-1774), bekannt für die Günstlings- und Mätressenwirtschaft.

27 Ludwig XIV. (1638-1715)), Sonnenkönig genannt.

Etwas über Wien

1 Pariser Weltausstellung 1867.

2 Marie Geistinger (1833-1903), Schauspielerin, Sängerin, bekannte Operettendiva.

3 Karl Wilhelm Philipp Fürst Auersperg (1814-1890).

4 Friedrich Ferdinand Graf Beust (1809-1886), sächsischer bzw. österr. Staatsmann, maßgeblich beteiligt an der Ausarbeitung des österr.-ungar. Ausgleichs von 1867.

5 Jacques Offenbach (1819-1880) komponierte die Operette *Die schöne Helena* (1864).

6 Die österr. Ämter verließen 1866 aus Angst vor der preußischen Armee fluchtartig Prag.

7 Makadam: Nach dem schottischen Ingenieur McAdam benannter Straßenbelag.

8 Nach dem österr.-ungar. Ausgleich kam es zu einer beträchtlichen Verminderung des ungar. Anteils am gesamtstaatlichen Budget.

Pensionopolis

1 Ludwig Freiherr von Welden (1780-1853), Offizier und Politiker, lebte im Ruhestand ab 1851 in Graz.

2 Moritz (Moriz) Gottlieb Saphir (1795-1858), jüdischer Journalist und Schriftsteller in Wien; im Vormärz einer der gefürchtetsten Kritiker, von Gegnern (u.a. Grillparzer, Nestroy) wegen seines Aussehens verunglimpft.

3 Schilcher, Luttenberger: Steir. Weinsorten.

4 V. A. Svoboda (1827-1902); »Tagespost«: erschien ab 1856; »Ranní list« (Morgenblatt), Prager Zeitung aus d.J. 1848.

Bukarest

1 Giaur: Im Islam übliche Bezeichnung für Ungläubige und Andersgläubige.

2 Dimitrie Bolintineanu (1819-1872), Lyriker und Romancier.

3 Constantin Brîncoveanu (1654-1714), Fürst der Walachei, in Konstantinopel hingerichtet; Ghica (Ghika, Gyka), aus Makedonien stammende rumän. Bojarenfamilie.

4 Mihail Kogălnicanu (1817-1891), Politiker, Historiker, Schriftsteller.

5 Neruda verwendet aus lautmalerischen Gründen statt des am Wortende stehenden rumänischen Artikels »ul« den tschechischen Laut »ů«. Korrekt lauten die Wörter mit Artikel: darul, glasul, bogatul, prea veselul, d. h. das Geschenk, die Stimme, der Reiche, der Überglückliche.

6 Nény – Nény!: Korrekt: »Nani – Nani!« (Heia – Heia!).

7 Motuvali: Nicht eruiert; Neruda bezeichnet die »motuvali« in einem anderen Text als »syrische Sekten der Schiiten«.

8 Vasile Alecsandri (1821-1890), Dramatiker, Lyriker und Erzähler. Seit 1859 Außenminister, später Gesandter in Paris.

9 Heliade: Wahrscheinlich ist damit Ioan Heliade Rădulescu gemeint.

10 Jan Ludevít Lukes (1824-1906), renommierter Prager Sänger (Tenor) und Gesangspädagoge, Förderer der tschech. Nationalmusik.

Athen

1 *Die Hugenotten* (1836), Oper von Giacomo Meyerbeer (1791-1864).

2 Mesolongion: Im griechischen Unabhängigkeitskrieg (1821-1829) hart umkämpfte Stadt am Golf von Patras; Begräbnisstätte des Herzens des hier 1824 im Kampf gegen die Türken gefallenen Lord Byron (1788-1824).

3 Brava: Beifallruf für eine Frau. – Bravi: Mehreren Personen geltender Beifallruf, bedeutet aber auch »Banditen«.

4 G.W.: Gemeint ist wohl Georg I., König von Griechenland (1863-1913), geboren als Prinz Wilhelm von Glücksburg-Sonderburg.

5 Nargileh: Wasserpfeife.

6 »König von Griechenland!«.

7 Handschar: Messerartige Waffe der Orientalen.

Konstantinopel

1 Heute: Üsküdar.

2 Gemeint ist das Mittelmeer.

3 Richtig: Dolmabahçe.

4 Satansstrom: Şeytan Akıntısı.

5 Alte osmanische Bezeichnung, heute: Kadır Gecesi.

6 Nicht eruiert.

7 Heute korrekte Schreibungen und Übersetzungen: maydanoz; şeker; sucuk (Würste); çömlek (Töpfe); kısrak; havuç (Möhre); kukla (Marionette, Puppe); flanel (Flanell); tenekci (Blechschmied, Klempner).

8 Kaik: Kayık.

9 Richtig: Lokumcu.

10 Richtig: Kuşlokumu; yoğurt (Joghurt); mahallebi (Reismehlpudding).

11 Selim II. (1524-1574), osmanischer Sultan seit 1566; unter seiner Regierung wurde Zypern an die Osmanen abgetreten; Mahmut II. (1784-1839), osman. Sultan seit 1808.

12 Osman II. (1603-1622), osman. Sultan seit 1618, von den Janitscharen ermordet; Murat IV., osman. Sultan von 1623 bis 1640.

13 Festung Yedikule (Kastell der sieben Türme) in Istanbul.

14 Richtig: Tespih.

15 Gemeint ist wohl: bana bak! (schau her zu mir!).

16 Araba: Wagen.

17 Guarda: Schau! Gib acht!

18 Nicht eruiert.

19 Ulemas: Gelehrte, insbesondere Theologen.

20 Kawaß: kavas. – Efendi: Früher Anredetitel für höhere Beamte.

21 Die Sarayburnu (wörtl.: Serailspitze) ist das Areal, wo der ehemalige Sultanspalast Topkapı Sarayı steht (gebaut ab 1462, Residenz der osmanischen Herrscher bis 1839, dann Umzug in den Dolmabahçe-Palast).

22 Kandia: Herakleion auf Kreta.

23 Wörtlich richtig, gemeint ist aber eher »(aus dem Meer) aufgeschütteter Garten«.

24 Richtig: Beşiktaş.

25 Padischah: einstiger Titel islamitischer Fürsten.

26 Abdülaziz, 1861 bis 1876 osmanischer Sultan; Muhammad Fuad Pascha (1815-1869), türk. Politiker, führender Vertreter der autokratischen Reformbewegung.

27 Kajiktschi: kayıkçı.
28 Hadschi: Mekkapilger.
29 Richtig: »kayık! kayık!«.
30 Wohl der Kâğıt Su.
31 Unklare Stelle: Unter »mahmil-i şerif« versteht man eigentlich die jährlichen Geschenke, die von Istanbul nach Mekka geschickt werden.
32 Ahmediye: Moschee und auch Stadtviertel.
33 Nicht eruiert (weder Schreibung noch Bedeutung).
34 Richtig: Yaşmak, mahrama; ferace. – Jermak: nicht eruiert.
35 Richtig: Kağithane.
36 Schloß Stern.
37 Kiaman, wohl »keman« (Geige).

In den Bergen Judäas

1 Lud (Lydda), vgl. Apostelgeschichte 9,32.
2 Joppe: Jaffa.
3 Amwâz: Arab. Ort, von den Byzantinern angeblich Emmaus genannt.
4 1 Samuel 17, 40.

Jerusalem

1 Laurenziberg (tschech.: Petřín) in Prag.
2 Nicht eruiert.
3 Gurusch: heute: Kuruş.
4 Keffeh: Vielleicht »kefiye« (Männerkopftuch), »emamech« nicht eruiert.
5 Eine Art rundes »Unterkäppchen« unter dem Turban.
6 Tympanon: Handpauke, Tamburin.
7 Nicht eruiert.
8 Amtsbezirk eines Paschas.
9 Isa ben Mirjam: Jesus, Sohn der Maria.
10 Mar Saba: Kloster bei Jerusalem.

Masr el-Kahira

1 Kryštof Harant z Polžic a Bezdružic (1564-1621), aus altem Adel, allseitig gebildet, reiste 1598 nach Palästina und gab 1608 das Buch *Cesta z království českého do Benátek, odtud po moři do*

země Svaté, země judské a dále do Egypta a do velikého města Kaira atd. (Reise aus dem Königreich Böhmen nach Venedig, von dort auf dem Meer ins Heilige Land, nach Judäa und weiter nach Ägypten und in die große Stadt Kairo usw.), das Karel Jaromír Erben im Jahre 1854/1855 in gekürzter Form nachdruckte.

2 Mehmed Ali (1796-1849), osmanischer Statthalter in Ägypten, dessen Nachkommen bis 1953 als Vizekönige (Khediven) und Könige von Ägypten herrschten.

3 Auguste Mariette (1821-1881), franz. Ägyptologe.

Bakschisch

1 »He, Bakschisch!«.

2 Teskere: Amtlich ausgestellter Passierschein.

Die Hunde von Konstantinopel

1 Der Schakalkopf des Anubis wurde von den Griechen in Unkenntnis für einen Hundekopf gehalten.

2 »Niggis«: Korrekte Schreibung »Nagis«, bedeutet: »im theologischen Sinne unrein«.

3 Khedive (türk.), Titel des Statthalters oder Vizekönigs von Ägypten.

4 »Weißes Meer«: Deutsche Übersetzung des Wortes »Akdeníz«, der türkischen Bezeichnung für »Mittelmeer«

Neapel

1 *Die Stumme von Portici*, Oper von Daniel François Auber (1782-1871) aus dem J. 1828, deren Titel sich auf Fenella, die Schwester von Tommaso Masaniello (d.i. T. Aniello; 1623-1647), bezieht.

2 Schutzheiliger von Neapel.

3 Altrömische Stadt am Fuß des Vesuvs, 79 n. Ch. mit Pompeji verschüttet.

4 Strabon (um 63 v. Ch.-20 n.Ch.), griech. Geograph.

5 Giuseppe Garibaldi (1807-1882), italien. Freiheitskämpfer, eroberte 1860 Sizilien und Neapel.

Teplitz

1 »Neue Freie Presse«: Aus der »Presse« hervorgegangene Zeitung (1864-1939); »Bohemia«: Deutschsprachige Prager Zeitung (1828-1938).

2 Schneekoppe (1603 m): Höchster Berg des Riesengebirges. Keilberg (1244 m): Höchster Berg des Erzgebirges.

3 Prokop und Žižka: Hussitische Heerführer.

Karlsbad

1 Die Thermen waren wahrscheinlich schon lange vor der sagenhaften Entdeckung durch eine Jagdgesellschaft Kaiser Karls IV. bekannt.

2 Bohuslaus Lobkowitz von Hassenstein (1461-1510), böhm. Humanist, Verfasser eines berühmten lateinischen Epigramms zum Ruhme Karlsbads.

3 Josef Labický (1802-1881), Kapellmeister und Tanzkomponist, dem seine Kompositionen den Ruf eines »böhmischen Walzerkönigs« einbrachten. 1835 bis 1868 Leiter des Karlsbader Kurorchesters.

4 Posthof und Freundschaftssaal waren berühmte Kaffeerestaurationen.

Franzensbad

1 Georg Habermann, *Franzensbad und seine Umgebung*, Wien 1865.

2 Aus F. Schillers Gedicht *Die Flüsse*.

3 Gavotte: Ländlicher französischer Tanz.

4 Nach einem bekannten Vers aus Karl Hynek Máchas (1810-1836) berühmtem romantischen Poem *Máj* (1835/36; *Mai*), übers. von O.F. Babler. In: Karel Hynek Mácha, *Die Liebe ging mit mir … Prosa, Poesie, Tagebücher*. Tschechische Bibliothek 2000, S. 209.

Pester Blätter

1 Budapest entstand 1872 durch die Zusammenlegung der 1148 erstmals erwähnten Städte Buda und Pest.

2 Krönung von Kaiserin Elisabeth zur Königin von Ungarn i.J. 1867.

3 Pandur: Ungarischer Fußsoldat; Pandur diente in Ungarn auch

als Bezeichnung der landesüblichen Polizeitruppe (Gendarmerie).

4 Ende des 18. Jh.s von Graf Josef Emanuel Canal auf dem Gebiet des heutigen Prager Viertels Vinohrady (Weinberge) angelegter Garten, 1884 aufgelöst und parzelliert.

5 »Der Floh« (1869-1919): »Borsszem Janko« (Närrischer Janko), Pester Witzblatt.

6 Karel Klíč (1841-1926), tschech. Karikaturist.

7 George Peabody (1795-1869), in Nordamerika geborener, nach London übersiedelter Unternehmer und Philanthrop, der dort ein Vermögen vor allem für die Verbesserung des Erziehungswesens spendete.

8 Matthias Corvinus (1440/1143?-1490), ab 1458 König von Ungarn, machte die Stadt zu einer blühenden Renaissancestadt.

9 Josef Slavík (1806-1833), als »böhmischer Paganini« bezeichnet, starb während einer Tournee in Pest.

10 Galatz (Galati), rumänischer Donauhafen.

11 George Morland (1763-1804).

12 Sándor Petöfi (1823-1849), erster ung. Dichter von europäischem Rang; viele seiner heimatbezogenen Gedichte wurden zu Volksliedern.

13 *Szózat* (dt. *Aufruf*): 1835/36 entstandenes, 1839 vertontes Gedicht von Mihály Vörösmarty (1800-1855), das zur inoffiziellen Nationalhymne wurde. 1860 von Neruda übersetzt.

14 Tátošík: Diminutiv des in Märchen vorkommenden »tátoš« (geflügeltes Pferd).

15 Isten: Gott.

16 Dolman: Kurze, reichverschnürte Jacke der ungar. Nationaltracht und bis 1850 Uniformrock der ungar. Husaren; ursprünglich Leibrock der alttürk. Nationaltracht.

17 Georg Raphael Donner (1693-1741), österr. Barockbildhauer.

18 Gambrinus: Sagenhafter flandrischer König, angeblicher Erfinder des Bieres, Schutzherr der Brauer.

19 Kalpak: Ungar. Husarenpelzmütze.

20 István (Stephan) Széchényi (1791-1860), bedeutender ungar. Staatsmann.

21 János Maršalkó (1818-1877), aus der Slowakei stammender Bildhauer.

22 Halljuk!: Laßt uns hören!
23 Im Original deutsch.
24 Výborně!: Ausgezeichnet!
25 *Hej, Slované!* (Auf, auf, ihr Slawen!): Panslawistisches Kampflied, 1834 komponiert von dem Slowaken Samuel Tomášík (1813-1887).
26 Ať žije!: Es lebe hoch!
27 Éljen!: Hoch!
28 Im Original deutsch. – Bodeprat: Podiebrad (tsch. Poděbrady), böhm. Stadt.
29 Bild des Historien- und Genremalers Alexander, geb. 1838 in Ungarn.

Im Jahre 1873 im Wurstelprater

1 Prater: 1403 urkundlich erwähnter Naturpark auf dem Gebiet der ehemaligen Praterauen; ab 1767 erste Wurstelpraterbuden.
2 Stuwer: Wiener Feuerwerkerfamilie des 18. und 19. Jh.s; Johann Georg Stuwer aus Ingolstadt veranstaltete 1774 in Wien das erste Kunstfeuerwerk; sein Urenkel Anton verließ nach seinem letzten Feuerwerk (1876) Wien.
3 Wiener Weltausstellung: 1. Mai bis 2. November 1873; Neruda nahm an der Eröffnung als Berichterstatter teil und schrieb eine Reihe von Reportagen.
4 Anton Kratky-Baschik (1810-1889), kam nach Tourneen in Europa und Amerika 1863 nach Wien zurück und eröffnete im Wiener Prater ein »Zaubertheater«.
5 Hier und im folgenden kursiv Gesetztes ist im Original deutsch.
6 Teller fürs Trinkgeld.
7 Der glatzköpfige Bismarck wurde auf politischen Karikaturen mit drei Haaren auf dem Scheitel abgebildet.
8 Fürst-Theater: Ursprünglich vom Volkssänger Johann Fürst 1862 eröffnete Singspielhalle, 1873 Neubau und Umgestaltung zum Theater.

Hamburg

1 Salomon Heine (1767-1844), wohlhabender Hamburger Kaufmann und Bankier, Onkel von Heinrich Heine (1797-1856).

Berlin

1 Andreas Schlüter (1664-1714); Karl Friedrich Schinkel (1781-1841); Carl Gotthard Langhans (1732-1808).

2 Christian Daniel Rauch (1777-1857), Bildhauer, Hauptrepräsentant des deutschen Klassizismus.

3 Wilhelm von Kaulbach (1805-1874); Hauptrepräsentant der Historienmalerei.

4 Eckensteher Nante: In der Folge auch von anderen Autoren aufgegriffene Bühnenfigur aus Karl von Holteis (1798-1880) Drama *Ein Trauerspiel in Berlin* (1832).

Christa Rothmeier

Jan Neruda, Prager Lokalpatriot und Kosmopolit

> »So wie das Kleben an der heimatlichen Scholle noch keinen Patriotismus schafft, ruft auch das Reisen nicht als notwendige Folge Kosmopolitismus hervor.«
>
> *Jan Neruda, Das Reisen*[1]

Jan Neruda, einer der bedeutendsten tschechischen Schriftsteller des 19. Jahrhunderts und zusammen mit Karel Havlíček-Borovský und Božena Němcová Wegbereiter des Realismus, wurde in Prag geboren, wohnte dort zeit seines Lebens und fand mit seinen Einblicken in das Leben des alten Prag, vor allem den 1885 erstmals in deutscher Übersetzung erschienenen *Kleinseitner Geschichten*, Eingang in die Weltliteratur. Diese Genrebilder aus einem der malerischsten Viertel der Stadt, mit denen Tschechen wie Ausländer den Namen Neruda hauptsächlich verbinden, stellen seit jeher sein populärstes Werk dar und wurden für Generationen tschechischer Erzähler bis hin zu Hašek und Hrabal richtungweisend. Daß sie bis in jüngere Zeit nicht an Reiz verloren haben, beweist unter an-

---

1 J. Neruda, *Cestování* (Das Reisen), zit. aus: Ders., *Doma a v cizině* (Daheim und in der Fremde), hg. von Q. M. Vyskočil, Prag 1927, S. 115.

derem Pavel Kohouts Liebesbekenntnis in seiner 1983 in Frankfurt veröffentlichten Anthologie *Mein Lesebuch* (S. 310): »Jan Neruda ist meine größte literarische Liebe des vergangenen Jahrhunderts, und seine *Geschichten von der Prager Kleinseite*, von denen Sie eine hier lesen können [...], sind eines der wenigen Bücher auf der Welt, die mich rühren, wann immer ich sie zur Hand nehme.« Sie wurden nach 1885 noch mehrmals ins Deutsche übertragen, 1965 etwa vom großen Vermittler tschechischer Literatur Josef Mühlberger (1903-1985), und in anderen, wiewohl schmalen Auswahlbänden um weitere Kurzprosa mit Prager Thematik ergänzt. Obwohl man sich, besonders zwischen 1881 und 1937, auch der Übersetzung seiner Lyrik widmete, nimmt sich die Ausbeute der auf deutsch vorliegenden Texte angesichts des gewaltigen Gesamtwerks bescheiden aus.

Insgesamt veröffentlichte Neruda, der sich als Journalist, Dichter, Dramatiker und Übersetzer betätigte, zwischen 1858 und 1888 sieben Gedichtsammlungen, mehrere (allerdings nicht erfolgreiche) Theaterstücke, drei Bände Erzählungen und fünf mit journalistischer Prosa, wobei letztere nur einen Bruchteil der über 2000 von ihm verfaßten Feuilletons ausmachen. Seine gesamten journalistischen und publizistischen Arbeiten füllen allein 30 der 39 Bände zählenden akademischen Werkausgabe, die zwischen 1950 und 1976 in Prag ediert wurde. Dort findet man wertvolle Zusatzinformationen zu den Feuilletonbänden, die Neruda in den siebziger Jahren des 19. Jahrhunderts nach strikt ästhetischen Kriterien zusammenstellte, und es ist auch so mancher Text zu entdecken, der sich als inhaltlich interessant und formal überraschend modern erweist wie beispielsweise die zahlreichen Reiseskizzen über Wien und andere Städte, die Neruda seinerzeit nicht für die Veröffentlichung in Buchform in Betracht zog. In der vorliegenden Auswahl handelt es sich um *München* sowie *Wien* (1868) und *Pensionopolis*.

Die Reisebilder stellen im übrigen den zweiten, unter den deutschen Übertragungen bisher nicht vertretenen Pol von Nerudas Œuvre dar und weisen ihn als den »nahezu ersten Europäer in Böhmen« und »Weltbürger« aus, als den ihn Karel Čapek 1921 und 1934 bezeichnete. Čapek, selbst ein leidenschaftlicher Journalist[2] und von der befruchtenden Wirkung der Zeitungsarbeit auf das literarische Schaffen im engeren Sinne überzeugt, äußerte 1921 in einer kurzen Hommage anläßlich des dreißigsten Todestages Nerudas den rhetorischen Wunsch, dieser »Mann mit Welthorizont, ein auch für die heutige Zeit betont moderner Geist« möge wenigstens einen einzigen Tag als Beobachter des Tagesgeschehens ins Leben zurückkehren. Nerudas Bedeutung auf die *Kleinseitner Geschichten* einzuengen, hält er für verfehlt: »Ich glaube, daß die literarische Legende vom altpragerisch-biederen, väterlichen Kleinseitner Neruda entbehrlich ist. Dieser Ruhm sei anderen überlassen. Für meine Person sind Nerudas schönste Feuilletons nicht jene, mit denen er amüsierte, sondern jene, in denen er, sei es auf Reisen oder in seinem heimatlichen Prag, mit fast soziologischer Aufmerksamkeit

---

2 Vgl. Eckhard Thiele, *Karel Čapek*, Leipzig 1988, S. 164.

die Menschen studierte. [...] Der Dichter Neruda wird genug und gebührend gewürdigt; gestatten Sie mir, an den Journalisten Neruda, den Beobachter, den ironischen Beurteiler von Aktualitäten zu erinnern.«[3]

Zur Welt kam Jan Neruda als Sohn eines Kriegsveteranen und einer Aufwartefrau am 9. Juli 1834 in der ehemaligen Aujezder Kaserne auf der Prager Kleinseite – zwei Jahre bevor Karel Hynek Mácha (1810-1836), wie er ein Klassiker der tschechischen Literatur, sein romantisches Poem *Máj* (*Mai*) und der große tschechische Historiker und Politiker František Palacký (1798-1876) den ersten Teil seines Lebenswerks *Geschichte von Böhmen* veröffentlichte – somit am Anfang des sich vollendenden Selbstfindungsprozesses im Rahmen der tschechischen Nationalen Erneuerung, als bereits maßgebliche tschechische Werke zu erscheinen begannen. Neruda wuchs in bescheidenen Verhältnissen auf und genoß, wie damals üblich, eine deutsche Schulbildung am Kleinseitner und später am Akademischen Gymnasium, wo er 1853 das Abitur machte, besuchte aber, um sich auch in seiner Muttersprache zu bilden, schon im Alter von 13 Jahren Vorträge über die tschechische Sprache. Nachdem er ein begonnenes Studium der Rechte aus finanziellen Gründen abbrechen mußte, schlug er schließlich die Laufbahn eines Journalisten ein und wurde 1856 Lokalredakteur bei der deutschsprachigen Prager

3 K. Čapek, *Třicet let* (Dreißig Jahre) [Lidové noviny, 21.8.1921], in: Ders., Spisy 18 (Werke 18), Prag 1985, S.320 f.; vgl. auch Ders., *Národní světoobčan* (Ein nationaler Kosmopolit) [Lidové noviny, 8.7.1934], in: Ders., *Spisy* 19, S. 582 f.

Zeitung »Tagesbote aus Böhmen«. Ab 1860 arbeitete er für fortschrittlich eingestellte tschechische Zeitungen, die sich erst jetzt, nach Ende des Bachschen Absolutismus (1852-1860) entfalten konnten, und von 1865 bis zu seinem Tod am 22. August 1891 gehörte er der Redaktion der »Národní listy« (Nationalblätter) an. Er profilierte sich dort rasch als führender Literatur- und Theaterkritiker, wurde aber bald auch in gesellschaftspolitischen Fragen zur anerkannten Autorität. Er kreierte und entwickelte für eine ihm vorbehaltene Rubrik die Form des Feuilletons als ein der zeitgenössischen Wirklichkeit zugewandtes und auf den Leser ausgerichtetes literarisches Genre, machte es in der tschechischen Literatur heimisch und wurde so zum Begründer der tschechischen Feuilletonistik mit wahrscheinlich immer noch bestehender Vorbildwirkung.

Daß Neruda in seiner Jugend und als beginnender Journalist ein Bohemien und besonders dem Tanz ergebener leidenschaftlicher Gesellschaftsmensch war, sei hier nicht nur als Reverenz an das Literaturlexikon der tschechischen Akademie der Wissenschaften[4] erwähnt, sondern weil sich darauf verschiedene thematische und motivische Dominanten seines Werks, wie die Feuilletons über Tanz, Fasching und Bälle (der erste Prager öffentliche Ball fand 1840 statt) zurückführen lassen, wie auch das Augenmerk, das er in seinen Reisebildern stets auch auf den Unterhaltungssektor legte, sowie vielleicht mancher frivole Akzent.

---

4 *Lexikon české literatury 3*/I, Prag 2000, S. 493.

Als Dichter debütierte er in einer Zeitschrift im Jahre 1854, etwa zu der Zeit, als die gleichfalls weltberühmt gewordene Božena Němcová (1820-1862) ihre wie Nerudas *Kleinseitner Geschichten* zum klassischen Kanon der tschechischen Literatur gerechnete und in zahlreiche Weltsprachen übersetzte Prosa *Babička* (*Die Großmutter*, deutsch 1885) fertigstellte, deren beruhigende ländliche Idylle angesichts ihrer persönlichen und der allgemeinen gesellschaftlichen Situation wohl nur als persönliche und auch nationale Wunschvorstellung einzuschätzen ist[5], genauso wie Nerudas Prager Genrebilder bei reflektierender Lektüre ein nicht unbeträchtliches menschliches Konfliktpotential wie auch sozialkritische Untertöne erkennen lassen. Der in Anknüpfung an Mácha so genannte Almanach *Máj*, den Neruda 1858 zusammen mit anderen jungen Dichtern herausgab und nach dem diese demokratisch gesinnte und den Kontakt zur Weltliteratur suchende Generation den Namen »Máj-Schule« bekam, signalisierte die Hinwendung zum Realismus und die Überwindung der kulturellen Stagnation in den auf die 1848er Revolution folgenden reaktionären fünfziger Jahren. – Zum Kreis der *Máj*-Autoren zählte im übrigen der auch in Peter Demetz' Buch *Prag in Schwarz und Gold* (1997) aufscheinende rebellische Journalist und Poet Josef Václav Frič (1829-1890), der zur Revolutionszeit mit Bakunin sympathisierte und den Neruda Anfang der sechziger Jahre in dessen Pariser Exil besuchte.

5 Vgl. Božena Němcová, *Mich zwingt nichts als die Liebe. Briefe.* München 2006. (Tschechische Bibliothek).

Gleichzeitig mit dem *Máj*-Almanach kam 1858 Nerudas erster Lyrikband mit dem auf die damaligen, von ihm als eine »Zeit der lebendig Begrabenen« bezeichneten Verhältnisse anspielenden Titel *Hřbitovní kvítí* (Friedhofsblumen) heraus, der im Gegensatz zur heutigen Einschätzung bei der seinerzeitigen Kritik kaum Lob geerntet hat: wegen der provokant vorgebrachten sozialen Kritik, der Bemängelung des in der Literatur herrschenden schönfärberischen Konservatismus und nicht zuletzt wegen des Einflusses des bei tschechischen Kleinbürgern nicht beliebten Heinrich Heine[6]. Seinen Erfolg als Prosaautor im engeren Sinn leitete Neruda 1864 mit der Herausgabe der *Arabesky* ein (Arabesken, deutsch 1883 *Genrebilder* und in späteren deutschen Ausgaben *Bilder aus dem alten Prag*), psychologischen Studien von Bewohnern der Kleinseite aus mittleren und armen Schichten, wie es auch die die Leser am meisten einnehmenden *Povídky malostranské* (1878; *Kleinseitner Geschichten*) sind. Nachdem er der zweiten, erweiterten Ausgabe der *Arabesky* 1880 unter dem Titel *Různí lidé* (Unterschiedliche Menschen) einen Zyklus von 15 ironisch-sarkastisch oder scherzhaft erzählten Episoden mit erotischen Motiven angefügt hatte (die Inspiration dazu fand er auf seiner Orientreise), veröffentlichte Neruda keine belletristische Prosa mehr.

Den überwiegenden Teil von Nerudas Prosaœuvre machen die während seiner über dreißig Jahre währenden journalistischen Tätigkeit für Zeitungen

---

6 Vgl. Aleš Haman et al., *Literatura v diskusi* (Literatur in Diskussion), Prag 2000, S. 78 f.

geschriebenen Texte aus, Artikel über Literatur und Kunst und hauptsächlich die Feuilletons, die er, wie Vladimír Křivánek in seiner 1983 veröffentlichten Monographie *Jan Neruda* (S. 79 f.) schreibt, »als seriöses künstlerisches Schaffen begriff und sie [...] auf das Niveau künstlerischer Prosa oder Lyrik stellte«. Im Wissen um die Vergänglichkeit des Zeitungsgenres komponierte er aus den seit Anfang der sechziger Jahre entstandenen Feuilletons (das erste hatte er 1861 auf seiner ersten Reise nach Wien verfaßt) folgende in seinen Augen repräsentativen Auswahlbände mit einer bedacht konstruierten inneren Struktur: die zweiteiligen *Studie, krátké a kratší* (1876; Studien, kurze und kürzere), die *Žerty, hravé i dravé* (1877; Scherze, verspielt und ungestüm), *Menší cesty* (1877; Kleinere Reisen) und die schon 1872 außerhalb der Serie publizierten *Obrazy z ciziny* (1879; Bilder aus der Fremde). In den ersten beiden Bänden beschäftigte sich Neruda mit verschiedensten Aspekten des Prager Lebens, verfolgte die Entwicklung der tschechischen Gesellschaft, deckte soziale Probleme und Stereotypen auf, suchte das nationale Selbstbewußtsein seiner Landsleute zu stärken und schuf damit – wie es alle gewichtigen Interpreten betonen – ein auch noch heute fesselndes mosaikartiges Zeitdokument, eine Chronik des tschechischen Lebens der sechziger und siebziger Jahre des 19. Jahrhunderts. Die gleiche »mosaikartige Polythematik«, die – wie der bedeutendste lebende Neruda-Spezialist Aleš Haman 1968 in der theoretischen Abhandlung *Neruda prozaik* (Der Prosaist Neruda, S. 48) ausführte – seine Texte zu einem »Kaleidoskop von aus dem

Leben gegriffenen Szenen« macht, manifestiert sich auch in den zwei Bänden Reisefeuilletons, der Frucht seiner zwischen 1861 und 1875 unternommenen Reisen. Im damals noch provinziell verschlafenen Prag mußten sie reichlich exotisch wirken. Vor allem, so der international bekannte Strukturalist Felix Vodička (1909-1974) auf alle fünf Feuilletonbände bezogen, sei man in der tschechischen Literatur »bis zu dem Zeitpunkt mit keiner so zeitgenössischen Literatur wie [diesen] Feuilletons« konfrontiert gewesen[7]. – Auch nicht mit vergleichbaren Reiseskizzen, sieht man von Karel Havlíček-Borovskýs (übrigens 2001 in der Tschechischen Bibliothek vorgestellten) *Bildern aus Rußland* aus den vierziger Jahren des 19. Jahrhunderts ab, wie Bohumil Svozil im Nachwort (S. 571) zu seiner Neruda-Auswahl *Obrázky z domova i ciziny* (1983; Bilder aus der Heimat und der Fremde) meint.

Neruda erwies sich in allen seinen Feuilletons, in denen er im übrigen bevorzugt marginal erscheinende Alltagsphänomene und die gesellschaftliche Peripherie schilderte, als genauer Beobachter mit einem Blick für Details und Lokalkolorit und mit einem besonderen Gespür für soziale Mißstände und Ungerechtigkeit, was auch für sein Gesamtwerk gilt. Dem Reichtum und der Buntheit der aufgegriffenen Themen und der sich mit jedem neuen Text verdichtenden intertextuellen Vernetzung entspricht die stilistische Vielfalt – eine Mischung, mit welcher der versierte Zeitungsmann die Leserschaft zu fesseln und auf

7 F. Vodička, *Nerudův výbor z fejetonů* (N.s Auswahl aus den Feuilletons), in: *Spisy J. Nerudy 9* (J.N.s Werke 9), Prag 1961, S. 528.

unterhaltsame Weise zu bilden und auch zu erziehen versuchte. Er charakterisierte diese Strategie als »pikanten Stil«, der dem Tempo der modernen Zeit und dem zeitgenössischen Menschen entspreche: »Denkt der Schreiber weitaus mehr an die Sache als an den Leser, fließt ein dichterischer oder wissenschaftlicher Stil aus seiner Feder, denkt er aber mehr an den Leser als an die Sache, entsteht der pikante Stil. Dieser pikante Stil ist eine Konzession an den modernen Menschen, er stellt eine Form der modernen Literatur dar, und sein vorrangigster Prophet ist der Journalist.«[8] An einer anderen Stelle, in *Fejeton* (Feuilleton), postulierte er 1873: »Ins Fach des Feuilletonisten gehört die ganze Welt«, und führte in dieser aufschlußreichen Selbstdefinition des feuilletonistischen Schaffens aus: »Hatte Gott Janus für sein gesamtes ›ewiges Leben‹ zwei Gesichter, muß der Feuilletonist in einem einzigen Jahr wenigstens hundert und jedesmal ein anderes haben. Einmal ein begeistertes, beim zweiten Mal ein verweintes, beim dritten Mal ein kindliches, beim vierten Mal ein weises, beim fünften Mal ein ausgelassenes usw. Er muß unterhalten, gleichviel, ob mit der Wahrheit oder einem Scherz. Ist es jedoch aufrichtig, bekommt er gesagt, er besäße keinen Witz, ist er spaßig, er würde sich über alles nur lustig machen, – es allen recht machen wird er nie. […] Er muß Dichter, Philosoph, Gelehrter, Humorist, Kritiker, ein Mann voller Gefühl, dann wieder ein Mann mit steinernem Herzen sein, aber um nicht

8 J. Neruda, *Moderní člověk a umění* (Der moderne Mensch und die Kunst), in: Ders., *Studie, krátké a kratší, II*, hier zit. aus einer Ausgabe von 1923, S. 32.

zu langweilen, nicht eintönig zu sein oder was man ihm sonst noch oft vorwirft, darf er von allem wiederum nur eine Prise besitzen. Der Feuilletonist muß selbst ein Mosaik wie sein Feuilleton sein.«[9]

Nerudas Feuilletons gliedern sich, ohne daß damit sämtliche Varianten erfaßt wären, in verschiedene Typen[10]: die sich häufig durch enzyklopädische Kenntnisse auszeichnenden oder auch reportagehaften »Studien«, die »Scherze«, worunter kurze, manchmal polemisch eingesetzte Humoresken und Satiren oder von Motiv zu Motiv springende geistreiche Causerien auf ein beliebiges Thema zu verstehen sind, und die »Reisebilder«. Die »Studien« wie auch die ihnen verwandten »Reisebilder« gingen aus der Beobachtung von Lebensphänomenen hervor, die häufig mit aus diverser Sekundärliteratur geschöpftem Wissen oder dem Autor verläßlich erscheinenden Informationen angereichert wurden. Sie zeigen die Tendenz, das Wahrgenommene szenisch zu beleben und durch Typisierung und Pointierung plastischer zu machen. Philosophisch sind die Reisebilder kaum, abgesehen von kulturhistorischen Exkursionen mit der Konfrontation von Vergangenheit und Gegenwart, so wenig philosophisch auch Nerudas sonstige Feuilletons sind. Auch eine »Philosophie des Reisens« wird man vergeblich suchen, obwohl Neruda zu einer Zeit unterwegs war, als der Tourismus durch die Entwicklung des Verkehrswesens (Mácha war 1834 noch zu Fuß nach Venedig gewandert!) auch bei Nicht-Adeligen und weni-

9 J. Neruda, *Fejeton* [Národní listy, 9.3.1873], hier zit. aus: Ders., *Obrázky z domova i ciziny*, hg. von B. Svozil, Prag 1983, S. 7.

10 Vgl. F. Vodička, op. cit. in Anm. 4, S. 517 u. 523.

ger Betuchten in Mode kam. Eher sinniert er noch, dies allerdings vor seinem Orientabenteuer, über die Ziele von Reisen (wo doch schon »jeder Schneider« in Venedig gewesen sei) und über Sinnhaftigkeit und Form von Reiseliteratur, zumindest 1868 anläßlich der Zugfahrt nach Venedig in den *Cestovní zápisky mrzutého* (Reisenotizen eines Verdrossenen):

»Schließlich und endlich, wohin auch reisen, wenn nicht auf ausgetretenen Wegen! Vielleicht nach Afrika? Einen Mohren, und noch dazu gleich im Anzug der Kellnergelehrtheit, nämlich im Frack, sieht man im Prager Café ›Zum Bahnhof‹, ein Nashorn sieht man in Schönbrunn, ein Nilpferd im Pariser Jardin des Plantes, Elephant und Krokodil in jeder Menagerie, und was anderes sprießt dort nicht. Zusätzlich gibt's dort weder Pilsener Bier noch Wein mit Sodawasser, die Zunge vertrocknet, wie du Chaillu, Baker und andere berichten, und man verirrt sich dort leicht, wie einen Livingstone lehrt [...]. Mit den Beschreibungen ist es vorbei. Wollte jemand nur der Beschreibung wegen reisen, müßte er sich gebührend den Kopf zerbrechen, nach Jules Verne noch etwas Unbeschriebenes zu finden. Der hat nicht nur eine Reise zum Nordpol und eine Ballonfahrt über ganz Afrika, sondern sogar eine Reise zum Mond und des deutschen Professors Lindenbrock Reise zum Mittelpunkt der Erde beschrieben [...]. Wohin also jetzt!?«[11] – Ziele fand Neruda dann doch mehr als

11 J. Neruda, *Jen tak kvůli začátku* (Nur so des Anfangs wegen), aus: Ders.: *Cestovní zápisky mrzutého*, in: Ders.: *Spisy J. Nerudy 9*, Prag 1961, S. 309. – Paul B. du Chaillu (1835-1903), Sir Samuel White Baker (1821-1893), David Livingstone (1813-1873): Entdecker und Afrikareisende.

genug und auch noch Unbeschriebenes, zum Beispiel den 1869 eröffneten Suezkanal, den er 1870 befuhr und dem er ein Feuilleton widmete. Zusammen mit anderen, wie etwa Feuilletons über den Balkan oder über Rom und Venedig, konnte er in diesem Buch aus Platzgründen leider nicht wiedergegeben werden. Einerseits war es mir ein Anliegen, unterschiedliche Typen von Reisefeuilletons anzubieten, andererseits in Ergänzung zu den traditionell bekannten Prag-Texten Nerudas die Städteachse Wien–Berlin–Budapest herauszustreichen und in Kontrast zu setzen mit Paris, der Traumstadt der seit dem 19. Jahrhundert frankophilen Tschechen.

Waren Nerudas Fahrten in die Haupt- und Residenzstadt Wien, von wo er zwischen 1861 und 1879 häufig und vielfach polemisch, jedenfalls emotionaler als von anderswo berichtete[12], vorwiegend beruflicher Natur, so auch der Besuch der Weltausstellung im Jahre 1873, führte ihn die erste ihn wirklich begeisternde Reise 1863 – via Süddeutschland – nach Paris. Daraus entstand der als Buch erstmals 1864 veröffentlichte umfangreiche Zyklus der *Pařížské obrázky* (Pariser Bilder), eine amüsante Enzyklopädie des modernen Großstadtlebens, ein Musterkatalog der Urbanität, den er in Zukunft als Richtschnur zur Beurteilung aller anderen Städte heranzog. Für seine in den patriotischen Vorstellungen der Nationalen Wiedergeburt gefangenen und auf den böhmischen Mikrokosmos fixierten Landsleute waren diese Feuille-

12 Vgl. Ch. Rothmeier (Hg.), *Die entzauberte Idylle. 160 Jahre Wien in der tschechischen Literatur*, Wien 2004, S. 22-27.

tons wohl auch als Belebungsmittel gedacht, denn nach der Rückkehr nahm Neruda seine Heimat mit so kritischen Augen wahr, daß er noch zwei Jahre später konstatierte: »Bei uns ist jede Aktivität gleichsam nur eine morgendliche – mittags und abends haben wir Sonntag!«[13] Fünf Jahre nach der Frankreich-Reise fuhr er dann 1868 nach Venedig und Istrien, 1969 nach Ungarn und trat schließlich 1870 zusammen mit seinem Freund Emanuel Kittl, einem reichen Prager Bierbrauer, Kunstmäzen und Vater der Sängerin Ema Destinnová (1878-1930), seine wohl spannendste Reise in die Türkei, nach Palästina und Ägypten an, die auf der Hinfahrt über den Balkan und bei der Rückkehr über Italien führte. Weitere, auch einen Besuch der Weltausstellung in Philadelphia (1876) ins Auge fassende Reisepläne scheiterten aus finanziellen Gründen, daher blieb die Fahrt nach Norddeutschland Nerudas letztes großes Auslands- und Reiseerlebnis.

Seit 1880 von Krankheiten geplagt, starb Neruda als Junggeselle am 22. August 1891 und wurde auf dem Vyšehrader Ehrenfriedhof begraben. Vier Jahre später präsentierte sich die »Tschechische Moderne«, eine neue Autorengeneration, die in den Intentionen von Nerudas Kosmopolitismus »die Fenster nach Europa öffnete« und so die Weichen für die internationalen Aktivitäten der tschechischen Avantgarde in den zwanziger Jahren des 20. Jahrhunderts stellte.

---

13 Zit. nach Aleš Haman, *Neruda prozaik*, S. 88.

Zur Aussprache tschechischer Namen

Die Betonung liegt im Tschechischen auf der ersten Silbe. Die Vokale á, é, í, ó, ú (ů) und ý sind lang; a, e, i, o, u, y sind kurz; ou ist ein Diphthong (o + u, nicht u). Vom deutschen Alphabet abweichende Laute:

c – z
č – tsch
ď – dj
ě – je
ň – nj
ř – Verschmelzung von r und sch
s – stimmloses s
š – stimmloses sch
ť – tj
z – stimmhaftes s
ž – stimmhaftes sch (französisch »journal«)

Zu beachten ist ferner, daß »ch« immer wie deutsch »ch« (ach) zu sprechen ist; vor i und ě werden t, d, und n palatalisiert.

Zu dieser Ausgabe

Für die Auswahl und die Übersetzung wurden folgende Ausgaben verwendet:

Spisy Jana Nerudy, Bd. 8. *Obrazy z ciziny*, hg. von Karel Polák, Prag 1950.

Spisy Jana Nerudy, Bd. 9. *Menší cesty*, hg. von Aleš Haman, Prag 1961.

Die Numerierung in den Feuilletons stammt von Jan Neruda. Kürzungen in den Übersetzungen wurden mit drei Punkten in eckigen Klammern gekennzeichnet.

Für die Hilfe bei der Lösung fremdsprachlicher Probleme und für die Erklärung von Realia dankt die Herausgeberin Frau Universitätsprofessorin Dr. Gisela Procházka-Eibl und Dr. Michael Grünbart von der Universität Wien, dem rumänschen Botschafter in Österreich, Herrn Dr. Andrei Corbea-Hoisie, und den literarischen Übersetzern György Buda, Doreen Daume, Fabjan Hafner, Ruth Karzel sowie Alma Vallazza und Daniel Bănulescu.

Dem Sammelband *Die entzauberte Idylle. 160 Jahre Wien in der tschechischen Literatur.* Zusammengestellt und herausgegeben von Christa Rothmeier. © Veröffentlichungen der Kommission für Literaturwissenschaft Nr. 24, Sitzungsberichte 721. Band, Wien 2004, entnommen und von der Übersetzerin Christa Rothmeier überarbeitet wurde der Text *Im Jahre 1873 im Wurstelprater.*

Die Tschechische Bibliothek

Mit der Tschechischen Bibliothek in deutscher Sprache soll die Aufmerksamkeit auf die Literatur unseres östlichen Nachbarn gelenkt werden, mit dem Deutschland die längste Grenze gemeinsam hat. Die deutsch-tschechische Geschichte umfaßt ja nicht nur die verhängnisvollen Jahre vor, während und nach dem Zweiten Weltkrieg, sondern viele Jahrhunderte enger und für beide Seiten fruchtbarer Verbindungen.

Die Tschechische Bibliothek wird in dreiunddreißig Bänden eine Auswahl der wichtigsten Werke der tschechischen Literatur für deutschsprachige Leser bieten – sie will damit zur besseren Wahrnehmung der tschechischen Kultur beitragen.

Die Tschechische Bibliothek steht unter der Schirmherrschaft des Staatspräsidenten der Tschechischen Republik und des Bundespräsidenten der Bundesrepublik Deutschland.

Wir danken der Robert Bosch Stiftung, die sich der Völkerverständigung verpflichtet fühlt und deshalb diese Edition initiiert hat. Wir danken der Deutschen Verlags-Anstalt, der die Tschechische Bibliothek ein besonderes verlegerisches Anliegen ist.

Für Unterstützung danken wir auch dem Kulturministerium der Tschechischen Republik, der Botschaft der Tschechischen Republik in Deutschland, der Tschechischen Akademie der Wissenschaften und dem Goethe-Institut in Prag. Und wir danken all jenen, die uns Anregungen gegeben haben.

Die Herausgeber

Inhalt

Bibliografische Information Der Deutschen Bibliothek

Die Deutsche Bibliothek verzeichnet diese Publikation in der Deutschen Nationalbibliografie; detaillierte bibliografische Daten sind im Internet über ⟨http://dnb.ddb.de⟩ abrufbar.

Satz: Wallstein Verlag, Göttingen
Druck und Bindearbeit: Clausen & Bosse, Leck
Printed in Germany
ISBN 978-3-421-05254-4

www.dva.de

DVA
TSCHECHISCHE BIBLIOTHEK

Peter Demetz (Hg.)
Fin de siècle
Tschechische Novellen und Erzählungen

Übersetzung: Kristina Kallert, Alexandra und Gerhard Baumrucker, Peter Demetz, René Wellek
Auswahl und Vorwort: Peter Demetz
Nachwort: Marek Nekula

266 Seiten
Gebunden mit Schutzumschlag
ISBN 978-3-421-05251-3

Das Fin de siècle - die Zeit der gewagten Phantasien und des Mysteriösen – findet kunstvolle Widerspiegelung in der Dekadenzdichtung von Arbes, Karásek, Lešehrad, Marten, Neruda, Theer und Zeyer.

Egon Hostovský
Siebenmal in der Hauptrolle
Roman

Übersetzung: Markus Sedlaczek
Nachwort: Jiří Holý

312 Seiten
Gebunden mit Schutzumschlag
ISBN 978-3-421-05252-0

Prag kurz vor der deutschen Besetzung: Vor diesem Hintergrund schildert der jüdische Schriftsteller und Exilant Egon Hostovský (1908–1973) das innere Drama eines Intellektuellen angesichts der sich anbahnenden politischen Ordnung. Der Roman erscheint erstmals in deutscher Übersetzung.

DVA
TSCHECHISCHE
BIBLIOTHEK

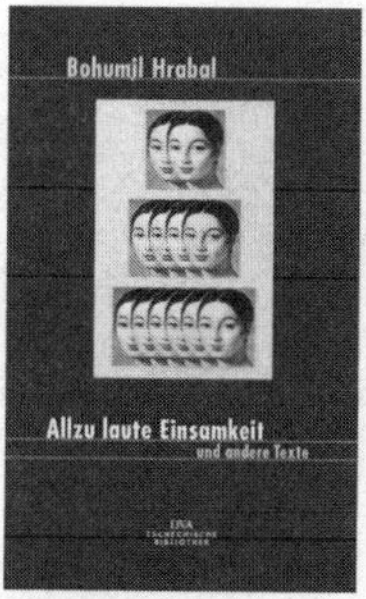

Bohumil Hrabal
Allzu laute Einsamkeit
und andere Texte

Übersetzung: Peter Sacher
Beiträge: Peter Demetz, Susanna Roth
Auswahl und Nachwort: Eckhard Thiele

192 Seiten
Gebunden mit Schutzumschlag
ISBN 978-3-421-05247-6

Über Literatur und quasi aus Literatur heraus entstanden, eine Liebeserklärung an die wundersame Kraft der Bücher. Einer der schönsten Texte von Bohumil Hrabal (1914–1997), dem »König der tschechischen Prosa«.

Eva Kantůrková
Freundinnen aus dem
Haus der Traurigkeit
Roman

Übersetzung: Silke Klein
Nachwort: Aleš Haman

424 Seiten
Gebunden mit Schutzumschlag
ISBN 978-3-421-05249-0

Psychologische Porträts von Frauen, mit denen 1981 die Regimekritikerin und Journalistin Eva Kantůrková (geb. 1930) ein Jahr lang die Gefängniszelle teilen mußte. Ein Zeitdokument auf hohem literarischen Niveau.

DVA
TSCHECHISCHE
BIBLIOTHEK

Božena Němcová
»Mich zwingt nichts als die Liebe«
Briefe

Übersetzung: Kristina Kallert
Beiträge: Jaroslava Janáčková, Václav Maidl, Hans Dieter Zimmermann
Auswahl: Eckhard Thiele

424 Seiten
Gebunden mit Schutzumschlag
ISBN 978-3-421-05260-5

Božena Němcová, die bedeutendste tschechische Schriftstellerin, ist auch für ihre Briefe berühmt. Schon Kafka schätzte sie ungemein. Dieser Band versammelt 65 Briefe, die meisten wurden erstmals ins Deutsche übersetzt .

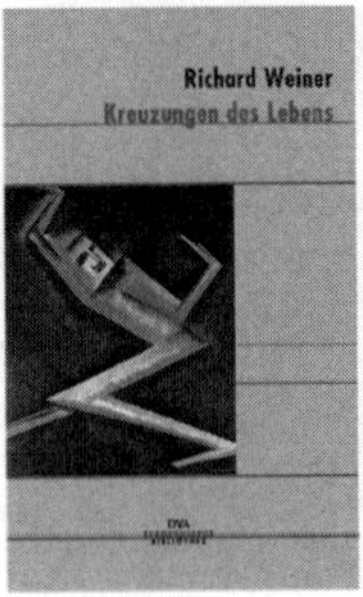

Richard Weiner
Kreuzungen des Lebens
Erzählungen, Essays, Feuilletons, Briefe

Übersetzung: Silke Klein, Susanna Roth, Karl-Heinz Jähn, Franz Peter Künzel, Peter Sacher, Eckhard Thiele
Auswahl und Kommentar: Steffi Widera

304 Seiten
Gebunden mit Schutzumschlag
ISBN 978-3-421-05253-7

Richard Weiner wird der tschechische Kafka genannt. Sein Lebensweg ähnelt dem Kafkas, auch seine Sicht auf die Welt, das parabel- und manchmal rätselhafte Erzählen.

DVA
TSCHECHISCHE
BIBLIOTHEK

Johann Amos Comenius
Das Labyrinth der Welt
und andere Meisterstücke

Auswahl, Kommentare und Nachwort: Klaus Schaller

464 Seiten
Gebunden mit Schutzumschlag
ISBN 978-3-421-05256-8

Der berühmte Pädagoge Johann Amos Comenius (1592–1670) war auch als Schriftsteller von herausragender Bedeutung. Scharfsinnig und witzig schildert er die Welt seiner Zeit in einer nichts beschönigenden poetischen Sprache.

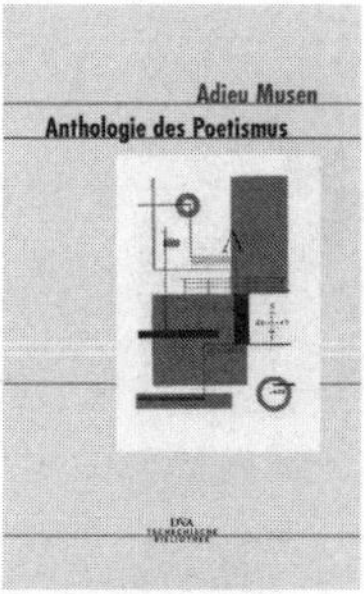

Adieu Musen
Anthologie des Poetismus

Auswahl, Einleitung und Kommentar: Ludvík Kundera mit Eduard Schreiber

320 Seiten
Gebunden mit Schutzumschlag
ISBN 978-3-421-05257-5

Erstmals in deutscher Sprache bieten ausgewählte Gedichte, kurze Theaterstücke, Prosa und Manifeste einen Überblick über die spezifisch tschechische Avantgardebewegung des beginnenden 20. Jahrhunderts.

DVA
TSCHECHISCHE
BIBLIOTHEK

Smetana, Dvořák, Janáček
Musikerbriefe

Übersetzung: Alexandra Baumrucker, Silke Klein, Christa Rothmeier
Auswahl: Alena Wagnerová mit Barbora Šrámková

560 Seiten
Gebunden mit Schutzumschlag
ISBN 978-3-421-05248-3

Die Auswahl von überwiegend privater Korrespondenz läßt die berühmten Komponisten Smetana, Dvořák und Janáček zu Wort kommen. Intime Zeugnisse ihrer Schicksalswege und ein stilistischer Hochgenuß obendrein. Mit vielen Neuentdeckungen aus dem Archiv.

Urs Heftrich und Michael Špirit (Hg.)
Höhlen tief im Wörterbuch
Tschechische Lyrik der letzten Jahrzehnte

Auswahl: Urs Heftrich, Michael Špirit
Nachwort: Urs Heftrich

448 Seiten
Gebunden mit Schutzumschlag
ISBN 978-3-421-05255-1

Liebesgedichte und Gedankenlyrik, Momentaufnahmen und Weltschau, Politisches und Philosophisches – die Vielfalt der Themen und Handschriften verschafft dem Lyrikliebhaber ein abwechslungsreiches Lesevergnügen.

DVA
TSCHECHISCHE
BIBLIOTHEK

Ludvík Vaculík
Das Beil
Roman

Übersetzung: Miroslav Svoboda, Erich Bertleff
Vorwort: Peter Kurzeck
Nachwort: Eckhard Thiele

304 Seiten
Gebunden mit Schutzumschlag
ISBN 978-3-421-05949-9

Ein Prager Journalist ist einem Skandal auf der Spur. Doch seine Wahrheitssuche wird für das kommunistische Regime zu einem Problem. Ludvík Vaculík, einer der Wortführer des »Prager Frühlings«, schrieb diesen autobiographischen Roman, der zu den Vorboten des Aufbruchs zählt.

Josef Škvorecký
Das Baßsaxophon
Jazz-Geschichten

Übersetzung: Marcela Euler, Kristina Kallert, Andreas Tretner
Auswahl und Nachwort: Jiří Holý

368 Seiten
Gebunden mit Schutzumschlag
ISBN 978-3-421-05250-6

Jazz war die Domäne der Unangepaßten in der Nazizeit und unter dem kommunistischen Regime. Niemand hat davon so hinreißend erzählt wie Josef Škvorecký in seinen Jazz-Geschichten, die hier erstmals auf deutsch erschienen sind.

DVA
TSCHECHISCHE BIBLIOTHEK

Die Tschechische Bibliothek besteht aus den folgenden 33 Titeln:

Adieu Musen
Anthologie des Poetismus
320 Seiten, Leinen mit Schutzumschlag
ISBN 978-3-421-05257-5

Karel Čapek
Gespräche mit Masaryk
536 Seiten, Leinen mit Schutzumschlag
ISBN 978-3-421-05240-7

Karel Čapek
Hordubal
Der Meteor
Ein gewöhnliches Leben
Romantrilogie
608 Seiten, Leinen mit Schutzumschlag
ISBN 978-3-421-05233-9

Jan Čep
Der Mensch auf der Landstraße
Erzählungen
312 Seiten, Leinen mit Schutzumschlag
ISBN 978-3-421-05246-9

Johann Amos Comenius
Das Labyrinth der Welt
und andere Meisterstücke
464 Seiten, Leinen mit Schutzumschlag
ISBN 978-3-421-05256-8

Peter Demetz (Hg.)
Fin de siècle
Tschechische Novellen und Erzählungen
272 Seiten, Leinen mit Schutzumschlag
ISBN 978-3-421-05251-3

Jakub Deml
Pilger des Tages und der Nacht
Prosa, Lyrik, Tagebuchtexte
328 Seiten, Leinen mit Schutzumschlag
ISBN 978-3-421-05259-9

Jaroslav Durych
Gottes Regenbogen
Roman
240 Seiten, Leinen mit Schutzumschlag
ISBN 978-3-421-05232-2

Heinke Fabritius und
Ludger Hagedorn (Hg.)
Frühling in Prag oder
Wege des Kubismus
384 Seiten, Leinen mit Schutzumschlag
ISBN 978-3-421-05261-2

Gartenfest
Dramen von Havel, Klíma,
Kohout, Topol, Uhde
544 Seiten, Leinen mit Schutzumschlag
ISBN 978-3-421-05416-6

Jaroslav Hašek
Der Urschwejk
und anderes aus dem alten Europa und
dem neuen Rußland
396 Seiten, Leinen mit Schutzumschlag
ISBN 978-3-421-05231-5

Karel Havlíček
Polemische Schriften
Essays
288 Seiten, Leinen mit Schutzumschlag
ISBN 978-3-421-05458-6

DVA
TSCHECHISCHE
BIBLIOTHEK

Urs Heftrich und Michael Špirit (Hg.)
Höhlen tief im Wörterbuch
Tschechische Lyrik der letzten Jahrzehnte
448 Seiten, Leinen mit Schutzumschlag
ISBN 978-3-421-05255-1

Egon Hostovský
Siebenmal in der Hauptrolle
Roman
320 Seiten, Leinen mit Schutzumschlag
ISBN 978-3-421-05252-0

Bohumil Hrabal
Allzu laute Einsamkeit
und andere Texte
192 Seiten, Leinen mit Schutzumschlag
ISBN 978-3-421-05247-6

Josef Jedlička
Blut ist kein Wasser
Roman
824 Seiten, Leinen mit Schutzumschlag
ISBN 978-3-421-05244-5

Eva Kantůrková
Freundinnen aus dem
Haus der Traurigkeit
Roman
424 Seiten, Leinen mit Schutzumschlag
ISBN 978-3-421-05249-20

Ludvík Kundera und
Eduard Schreiber (Hg.)
Süß ist es zu leben
Tschechische Dichtung
von den Anfängen bis 1920
488 Seiten, Leinen mit Schutzumschlag
ISBN 978-3-421-05262-9

Karel Hynek Mácha
»Die Liebe ging mit mir ... «
Prosa, Poesie, Tagebücher
432 Seiten, Leinen mit Schutzumschlag
ISBN 978-3-421-05417-3

Božena Němcová
»Mich zwingt nichts als die Liebe«
Briefe
424 Seiten, Leinen mit Schutzumschlag
ISBN 978-3-421-05260-5

Jan Neruda
Die Hunde von Konstantinopel
Reisebilder
380 Seiten, Gebunden mit Schutzumschlag
ISBN 978-3-421-05254-4

Ivan Olbracht
Die traurigen Augen
Drei Novellen
336 Seiten, Leinen mit Schutzumschlag
ISBN 978-3-421-05569-9

Karel Poláček
Wir fünf und Jumbo
Roman
256 Seiten, Leinen mit Schutzumschlag
ISBN 978-3-421-05239-1

Josef Škvorecký
Das Baßsaxophon
Jazz-Geschichten
368 Seiten, Leinen mit Schutzumschlag
ISBN 978-3-421-05250-6

DVA TSCHECHISCHE BIBLIOTHEK

Smetana, Dvořák, Janáček
Musikerbriefe
560 Seiten, Leinen mit Schutzumschlag
ISBN 978-3-421-05248-3

Milada Součková
Der unbekannte Mensch
Roman
252 Seiten, Leinen mit Schutzumschlag
ISBN 978-3-421-05234-6

Tschechische Philosophen
im 20. Jahrhundert
Klíma, Rádl, Patočka, Havel, Kosík
472 Seiten, Leinen mit Schutzumschlag
ISBN 978-3-421-05242-1

Tschechische Philosophen
von Hus bis Masaryk
616 Seiten, Leinen mit Schutzumschlag
ISBN 978-3-421-05243-8

Ludvík Vaculík
Das Beil
Roman
304 Seiten, Leinen mit Schutzumschlag
ISBN 978-3-421-05949-9

Vladislav Vančura
Der Bäcker Jan Marhoul
Roman
208 Seiten, Leinen mit Schutzumschlag
ISBN 978-3-421-05237-7

Jiří Weil
Leben mit dem Stern
Roman
392 Seiten, Leinen mit Schutzumschlag
ISBN 978-3-421-05238-4

Richard Weiner
Kreuzungen des Lebens
Erzählungen, Essays, Feuilletons, Briefe
304 Seiten, Leinen mit Schutzumschlag
ISBN 978-3-421-05253-7

Zikmund Winter
Magister Kampanus
Ein Historienbild
880 Seiten, Leinen mit Schutzumschlag
ISBN 978-3-421-05241-7